Welt der Kunst

Mary Tregear

Chinesische Kunst

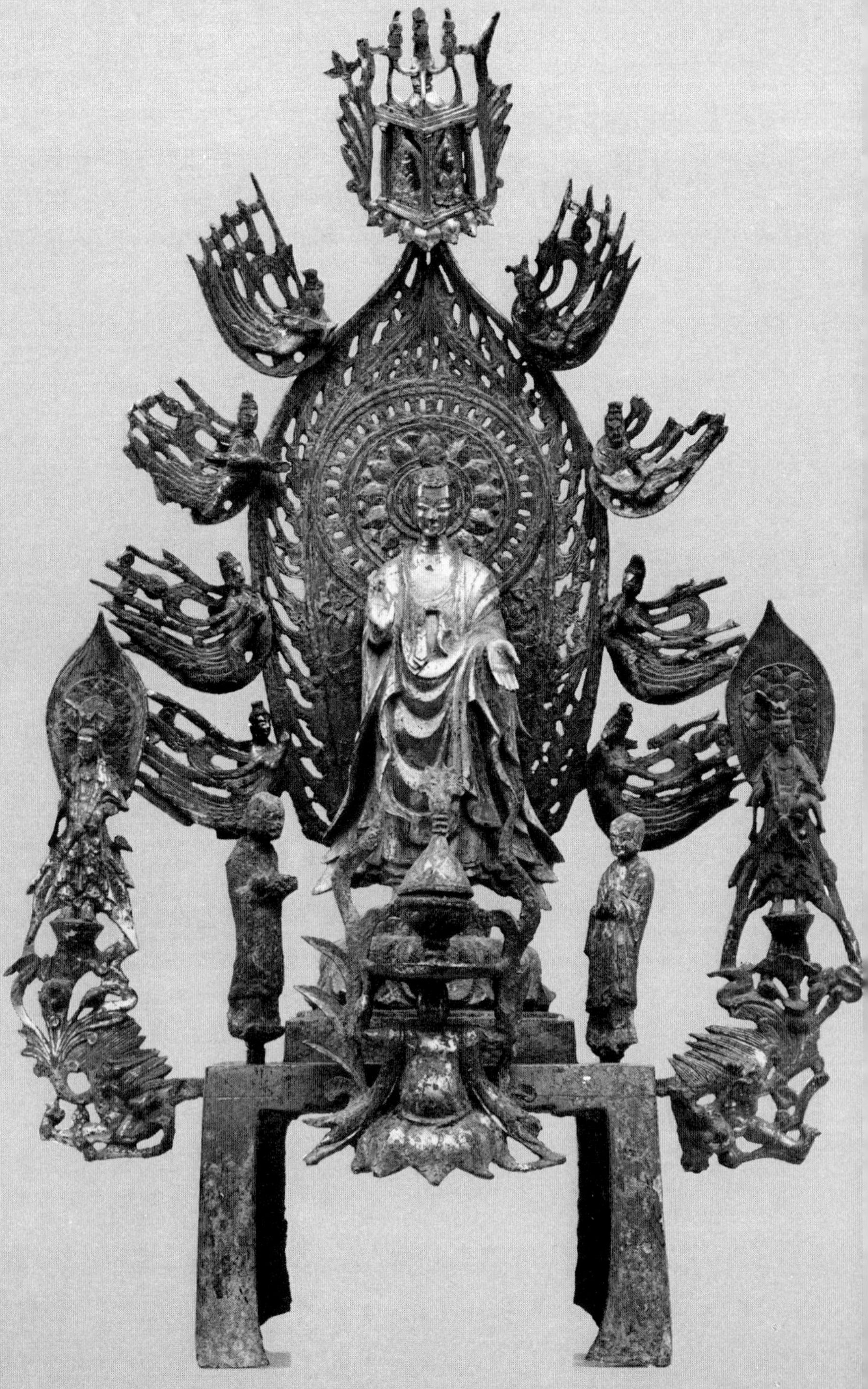

Mary Tregear

Chinesische Kunst

Aus dem Englischen von
Annette von Heinz

Lichtenberg

Titel der Originalausgabe: Chinese Art
Originalverlag: Thames and Hudson Ltd, London

Dank
Für ihre Hilfe danke ich besonders Professor Ian McMorran,
Shelagh Vainler vom Ashmolean Museum in Oxford und Sonia Lightfoot.

Umschlaggestaltung: Casa nova corporate communications, München
Umschlagabbildung: Episoden aus dem Leben des Buddha Schakjamuni (Ausschnitt). Malerei auf Seidentuch aus den Tunhuang-Höhlen, Kansu, China
British Museum, London
Satz: Ventura Publisher im Verlag
ISBN 3-7852-8421-7
Printed in Slovenia

5 4 3 2 1

Inhalt

Einleitung

In seiner langen überlieferten Geschichte blieb China, nahezu unbehelligt von fremden Überfällen, Herr über seine Grenzen. Die Tatsache, daß in China Literatur und Kunst über Jahrtausende hinweg eine auffällige gegenseitige Einflußnahme zeigen, spricht für die Annahme, daß Chinas Kultur in einem ähnlich ungestörten Prozeß entstand. Kunst und Kunsthandwerk belegen jedoch, daß die chinesische Kultur keineswegs nur auf Tradition beruht. Während Neugier und die Vorliebe für exotische Motive aus den angrenzenden Nachbarländern dazu beigetragen haben, ein großartiges technisches Können und ein reichhaltiges Repertoire an Stilmitteln hervorzubringen, hat die Vorliebe für Traditionen sichergestellt, daß eine gewisse Homogenität bewahrt wurde. Alle fremden Stile und Motive, die in die chinesische Kunsttradition aufgenommen wurden, tauchten im Verlauf der Jahrhunderte regelmäßig immer wieder auf, weil die Chinesen sich alten Kunstrichtungen besonders verbunden fühlen und daraus geradezu ein Charakteristikum ihrer Kunst gemacht haben. Tatsächlich ist es in erster Linie diese besondere Vorliebe für das Alte, die den Eindruck erweckt, China verfüge über eine monolithische und selbstgenügsame künstlerische Kultur.

Einer der einflußreichsten Importe war die Übernahme des Buddhismus im 2. Jahrhundert v. Chr., der neue religiöse und philosophische Weltbilder und die dazugehörige Kunst und Ikonographie mit sich brachte. Es bedurfte neuer Stilformen in der Figurenmalerei und der Bildhauerei, ebenso wie neuer Konzepte in der Architektur und der Ausstattung der Tempel. Dieser Assimilationsprozeß dauerte Jahrhunderte.

Ein Großteil buddhistischer Kunstformen läßt sich aus zentralasiatischen Traditionen ableiten, die sich wiederum an den nordindischen Originalen orientiert hatten. In China spielte die buddhistische Ikonographie eine wichtige Rolle, sowohl in der Plastik als auch in der Malerei. Großplastiken hatte es zuvor in der einheimischen Kunst überhaupt nicht gegeben. Im 5. und 6. Jahrhundert schuf man jedoch eindrucksvolle Reliefs und freistehende Steinfiguren für Höhlentempel und Holzbauwerke. In China waren im Mittelalter zeitweise tibetische und mongolische Kunststile und die nordindische Mogulenkunst beliebt und von Einfluß, aber im allgemeinen ohne tiefergreifende Auswirkungen auf die eigene Kunst.

Als sich die chinesische Gesellschaft in unterschiedliche soziale Schichten

gliederte, wuchs das Verlangen nach neuen Stilrichtungen und neuen Materialien. Die Chinesen entwickelten deshalb schon früh eine große Meisterschaft in der Gestaltung von Oberflächendekors, und zwar sowohl auf dem Gebiet des Steinschneidens als auch beim Metallguß. Die verwendeten Motive werden auch heute noch zur Dekoration von Keramikwaren benützt.
Seit der Han-Dynastie gelten Malerei und Kalligraphie als die angesehensten Formen künstlerischer Darstellung. Diese Künste wurden von Gelehrten ausgeübt und daher mit deren Lebensphilosophie verwoben. Die Kalligraphie, seit langem schon als bedeutende Kunstform eingestuft, wurde verstanden als gestalteter Niederschlag der Persönlichkeit des Schreibers und daher als Ausdrucksform, die mehr als bloße Worte zu vermitteln vermochte.
Im Verlauf des 20. Jahrhunderts haben politische und ideologische Beweggründe zu dem Versuch geführt, einen fremden Stil (die russische Ölmalerei und Plastik) einzuführen, um eine vermeintliche Lücke innerhalb der einheimischen, zeitgenössischen Kunst zu schließen. Es wurden Einrichtungen für die Ausbildung von Malern und Bildhauern geschaffen, um im Auftrag des Staates eine »offizielle Kunst« hervorzubringen, die den traditionellen chinesischen Kunstrichtungen stilistisch und vom Material her völlig fremd war. Es ist eine Bewegung, die man von heute aus betrachtet als vorübergehende Erscheinung abtun mag, die aber dennoch eine enorme Veränderung in der Kunstausbildung mit sich gebracht hat sowie ein breiteres Verständnis für die Kunstausübung selbst. Beides könnte sich als dauerhaft erweisen.
Es ist der Stabilität der chinesischen Gesellschaft zuzuschreiben, daß sich in China jede Art von Kunst und Kunsthandwerk durch einen unverwechselbaren Stil auszeichnet, ungeachtet der fortwährenden Assimilation fremder Ideen. Die chinesische Gesellschaft war kaufmännisch orientiert. Der Kontakt zum Ausland wurde daher hauptsächlich durch den Handel aufrechterhalten, und zwar auch in jenen Zeiten, als man Handel mit Tributzahlungen gleichsetzte und Warenaustausch als reine Gefälligkeit einstufte. Jeder Versuch, die chinesische Kunst zu charakterisieren, muß die Komplexität einer Kultur berücksichtigen, die sich über fünftausend Jahre hinweg entwickelt hat, ohne jemals irgend etwas aufzugeben oder abzulegen. Ein besonders kenntnisreicher Umgang mit alten Kunstrichtungen scheint den Chinesen jedenfalls geholfen zu haben, sich eine erstaunliche Geschmackssicherheit zu bewahren und einen facettenreichen Stil hervorzubringen.

Kommentierte Chronologie chinesischer Geschichtsperioden, Dynastien und Regierungszeiten

Neolithische Periode
Um 5. Jahrtausend–18. Jahrhundert v. Chr.

Diese Datierung ist notwendigerweise weit gefaßt. Die gegenwärtige achäologische Forschung dehnt die Periode nach rückwärts aus. Die Datierung der vielen unterschiedlichen Siedlungsgruppen dieser Periode ist ebenfalls nicht definitiv.

Shang-Dynastie
1766–1111 v. Chr.

Die aktuelle archäologische Forschung scheint zu belegen, daß die Shang-Siedlungen hauptsächlich im Tal des Gelben Flusses beheimatet waren, und daß Anyang die am längsten nachweisbare Hauptstadt war (1384–1111 v. Chr.). Während dieser langen Periode vergrößerte der Shang-Staat allerdings sein Territorium und dehnte seinen Einfluß über ein weites Gebiet aus, wie Funde im Südwesten belegen.

Zhou-Dynastie
1111–221 v. Chr.

Westliche Zhou	1111–771
Zeit der Frühlings- und Herbstannalen (Östliche Zhou)	771–481
Zeit der Kämpfenden Staaten	481–221

Wie man aus der Unterteilung ersehen kann, war diese Periode durch Unruhen gekennzeichnet. Die Bezeichnung Frühlings- und Herbstannalen für die Periode von 771 bis 481 ist die wörtliche Übersetzung des Titels der amtlichen Geschichtsschreibung für diese Periode; solche Geschichtsschreibungen existieren in ununterbrochener Folge seit der Han-Dynastie. Die Unterscheidung zwischen Westlichen und Östlichen Zhou markiert die Verlegung der Hauptstadt von Chang'an nach Luoyang. Die starke Zunahme an Staaten, ein Ergebnis der staatlichen Organisation der Zhou-Dynastie, führte schließlich zu einer Periode der Auflösung, anschaulich als Zeit der Kämpfenden Staaten bezeichnet, in der die Chu eine beherrschende Rolle spielten.

Qin-Dynastie
221–206 v. Chr.

Eine kurze Periode unter der Herrschaft des ersten Kaisers, Shi Huang (»Erster Gelber Kaiser«), der das Land einigte. Im Verlauf dieses Einigungsprozesses errichtete er ein internes Kommunikationssystem, begann mit dem Bau der Großen Mauer, die als Bollwerk gegen die Nomadenstämme aus dem Norden gedacht war, und er schränkte den Einfluß der Gelehrten und Klassiker als zersetzendes Element ein. In vieler Hinsicht legte die Qin-Dynastie den Grundstein für das Aufblühen des Han-Staates.

Han-Dynastie
206 v. Chr.–221 n. Chr.

Westliche Han	206 v. Chr.–9 n. Chr.
Wang Mang	9–23 n. Chr.
Östliche Han	25–221 n. Chr.

Eine der bedeutendsten Dynastien. Eine Periode großer geographischer Expansion, in der sich der chinesische Einfluß bis nach Zentralasien, Nordkorea und südwärts bis zur malaysischen Halbinsel ausbreitete. Die Unterscheidung zwischen Westlichen und Östlichen Han markiert auch hier die Verlegung der Hauptstadt von Chang'an nach Luoyang. Die kurze Unterbrechung in den Jahren 9–23 n. Chr. war Regierungszeit eines Usurpators. Während der Han-Dynastie wurde der Buddhismus in China eingeführt.

Nördliche und Südliche Dynastien
219–580

Nördliche:	
Nördliche Wei	386–532
Westliche Wei	535–554
Südliche:	
Westliche Jin	219–316
Östliche Jin	317–419

Im Norden errichtete das türkische Volk der Toba den Wei-Staat. Die erste Hauptstadt war Lanzhou, nahe Dunhuang, als zweite Hauptstadt folgte Datong; beides sind Hauptstädte der Nördlichen Wei. Als man die Hauptstadt in das südliche Chang'an verlegte, bezeichnete sich der Staat als Westliche Wei.

Sui-Dynastie
581–618

Eine weitere kurze Periode der Einigung.

Tang-Dynastie
618–906

Ebenfalls eine expansionistische Dynastie. Eine Periode ungeheurer Lebenskraft, insbesondere das 7. und 8. Jahrhundert. Das Tang-Reich, das seinen Herrschaftsbereich bis Asien und Nordchina ausdehnte, entwickelte sich zu einer kosmopolitischen Gesellschaft. Kulturell reichhaltige Entwicklungen auf den Gebieten von Musik, Literatur und Kunst.

Fünf Dynastien
907–960

Einem periodisch immer wieder auftretenden Muster folgend, brach die Organisation des riesigen Reiches in dieser Periode zusammen und zerfiel in viele unruhige Einzelstaaten.

Liao-Dynastie
907–1125

Ein Staat an der nördlichen Mandschu-Grenze, der oft zu den chinesischen Dynastien gezählt wird. Er ist in kultureller Hinsicht als Mittler zwischen Korea und Nordchina interessant.

Song-Dynastie
960–1279

Nördliche Song	960–1127
Südliche Song	1128–1279
(Jin	1115–1234)

Zu Anfang, mit der Hauptstadt Kaifeng, eine Periode großer ästhetischer Reichhaltigkeit. Eine Invasion aus dem Nordwesten brachte den Staat zu Fall; die türkischen Jin-Eindringlinge errichteten in Beijing eine eigene Hauptstadt, jedoch floh der chinesische Hof nach Süden und gründete 1128 den Südlichen Song-Staat mit Hanzhou als Hauptstadt.

Yuan-Dynastie
1260–1368

Das geteilte Land wurde erneut von Nordwesten her überrannt und von den Mongolen Dschingis Khans geeinigt. Die nachfolgende Yuan-Dynastie, die etwa hundert Jahre mit der Hauptstadt Beijing regierte, war eine von zwei Fremdherrschaften in der Geschichte Chinas.

Ming-Dynastie
1368–1644

Benennungen der Regierungszeiten:

Hong Wu	1368–1398
Jian Wen	1399–1402
Yong Le	1403–1424
Hong Xi	1425
Xuan De	1426–1435
Zheng Tong	1436–1449
Jing Tai	1450–1457
Tian Shun	1457–1464
Cheng Hua	1465–1487
Hong Zhi	1488–1505
Zheng De	1506–1521
Jia Jing	1522–1566
Long Qing	1567–1572
Wan Li	1573–1619
Tai Chang	1620
Tian Qi	1621–1627
Chong Zhen	1628–1644

Diese Periode begann mit der triumphalen Rückkehr heimischer Herrscher. Die Hauptstadt wurde in Beijing errichtet, wobei man den von den Jin und den nachfolgenden Yuan hinterlassenen Palast übernahm. Die Verbotene Stadt wurde entworfen und zumindest teilweise als Wohnsitz für die Kaiserfamilie geplant und als Sitz der zentralen Staatsverwaltung. Nach althergebrachter Sitte verliehen die chinesischen Kaiser ihrer Regierungszeit einen Namen, manchmal auch mehr als nur einen. In der Ming-Periode, die sich aus sechzehn Regierungen zusammensetzt, wurde der Regierungsname oft als Inschrift auf Keramik- oder Lackwaren verwendet, um das Objekt zu identifizieren und zu datieren. Der Name war nicht identisch mit dem Kaisernamen, sondern war die Bezeichnung für die Regierungszeit; der Kaiser hatte eigene persönliche und offizielle Namen.

Qing-Dynastie
1644–1911

Regierungsnamen:

Shun Zhi	1644–1661
Kang Xi	1662–1722
Yong Zheng	1723–1735
Qian Long	1736–1795
Jia Qing	1796–1820
Dao Guang	1821–1850
Xian Feng	1851–1861
Tong Zhi	1862–1874
Guang Xu	1875–1908
Xuan Tong	1909–1911

Wieder eine Fremdherrschaft. Diesmal handelte es sich bei den Eindringlingen um die Mandschu, die durch den nordöstlichen Korridor nach Süden vorgedrungen waren. Auch sie errichteten ihre Hauptstadt in Beijing und bauten die Verbotene Stadt, die in der aufrührerischen Umbruchszeit beim Fall der Ming Schaden genommen hatte, neu auf. Die Qing-Dynastie bestand insgesamt aus zehn Regierungszeiten, wobei die drei bedeutendsten, Kang Xi, Yong Zheng und Qian Long, den größten Anteil kultureller Aktivitäten dieser Periode stellten.

Republik China
1912–1949

Volksrepublik China
1949 bis heute

1 Neolithisches Handwerk

5. Jahrtausend bis 18. Jahrhundert v. Chr.

Auf dem chinesischen Subkontinent wurden weiträumige Gebiete von
neolithischen Siedlern bevölkert: Die Täler des Gelben Flusses und seiner
Seitenarme, die sumpfigen Ebenen des heutigen Shandong und die nach Sü-
den verlaufenden Küstenlandstriche bis über die Yangzi-Mündung hinaus.
Spätestens seit dem 5. Jahrtausend v. Chr. organisierten sich diese Völker-
schaften, die von unterschiedlicher Herkunft waren, in Dorfgemeinschaften
und lebten vom Ackerbau, von der Jagd und vom Fischfang. Schon sehr früh
domestizierten sie Hunde und Schweine und stellten Töpfe und einfache
1 Stein- und Knochenwerkzeuge her. Nach dem heutigen Stand der Forschung
gab es keine Wandmalereien oder Schnitzereien in dieser neolithischen Pe-
riode. Die Töpfer müssen deshalb wohl als die einzigen Künstler dieser Ge-
meinschaften angesehen werden. In den meisten neolithischen Gemeinschaf-
ten gab es zwei Arten von Keramikerzeugnissen. Eine mit einem Schnurein-
druck versehene, graue Alltagsware, die an allen Grabungsstätten zu finden
ist, und eine etwas seltener auftretende, in Technik und Dekoration wesent-
lich elegantere Ware. Die frühe Keramik des Shaanxi-Gebietes (5. bis 4. Jahr-
tausend v. Chr.) und der nordwestlichen Gemeinschaften (3. bis 2. Jahrtau-
send v. Chr.) war geglättet, poliert und mit schwarzer, roter oder weißer
Engobe bemalt. Die zeitgenössischen Schwarz-Keramik-Gemeinschaften
im Osten und Süden stellten unbemalte Waren in ausgefallener Formenge-
bung her. Eine noch keineswegs vollständige Darstellung der langen Periode
von etwa 4000 bis 1700 v. Chr. zeigt frühe Siedlungen im Zentralbecken
des Gelben Flusses und im Tal des Wei-Flusses. Die am vollständigsten er-
haltene Fundstätte einer neolithischen Niederlassung am Gelben Fluß ist
Banpo, nahe der heutigen Stadt Xi'an, wo man am Flußufer ein großes Dorf
freigelegt und konserviert hat. Die Banpo-Siedlung wurde, vermutlich in
zwei Phasen, über einen langen Zeitraum hinweg (um 4000 bis 3000 v. Chr.)
bewohnt. Sie erstreckte sich über ein ausgedehntes Gebiet und war in drei Be-
2, 3 reiche gegliedert: Einen abgegrenzten Wohnbezirk mit kleinen Rundhäusern
und einem Gemeinschaftshaus, ein vom Dorf abgelegenes Gräberfeld und ei-
nen Töpfereibezirk mit einfachen Grubenöfen. Die Banpo-Töpfer verwende-
ten einige sehr charakteristische Schmuckmotive, die dieser gesamten Kultur

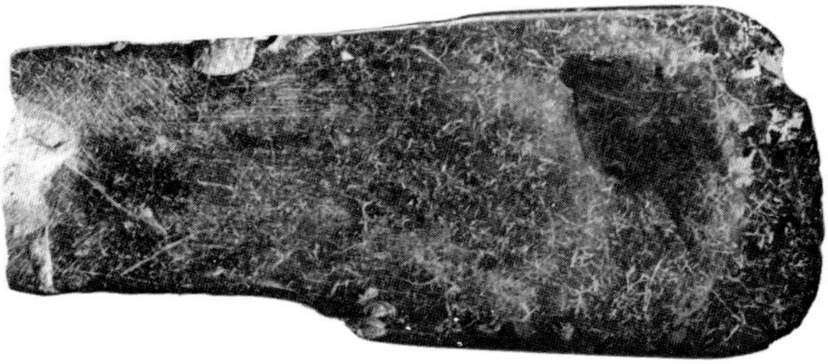

1 Polierte Steinaxt. In einen hölzernen Griff gefaßt war sie als Hackmesser oder Meißel zu verwenden. Aus Heyin, Henan. Neolithikum.

(ursprünglich bei der Yangshao-Fundstelle nachgewiesen) die Bezeichnung »Bemalte Keramik« eingetragen haben. Ein Fischmotiv, das stark abstrahiert wurde, und das Motiv eines menschlichen Kopfes mit dreispitzigem »Heiligenschein« hatten vermutlich eine symbolische Bedeutung, über die heute nur noch gerätselt werden kann. Diese fortschreitende Stilisierung realistischer Motive läßt sich auch an vielen anderen Verzierungen der Bemalten Ke- 4
ramik Nordchinas feststellen. Die Töpfer des chinesischen Subkontinents haben sich bis heute den Sinn für die Einheitlichkeit von Form und Verzierung bewahrt, und in diesem Sinne sollte die Töpferei der neolithischen Periode als Teil einer langen Tradition angesehen werden, die in China noch heute lebendig ist.

Zu den aufregendsten Schöpfungen aus der Kultur der Bemalten Keramik zählen die Töpfereierzeugnisse der spätneolithischen, westlichen Niederlassungen am Tao-Fluß in Gansu. Hier überlebte eine neolithische Kultur, die enge Verwandtschaft zu den Niederlassungen am Wei-Fluß zeigt, sogar bis in historische Zeiten. Die Funde von Ganshan, Machang und Xindian zeigen alle eine kunstvolle und reichhaltige Verzierung in der traditionellen schwarzen, roten und gelegentlich auch weißen Linienmalerei. Sich drehende und 5, 6
geometrische Motive existieren ebenso wie realistische Tiermotive. Die Ent- 37
wicklung von der bildlichen Darstellung zur Abstraktion scheint komplex und uneinheitlich verlaufen zu sein. Die Farben wurden in dicken und dünnen Linien aufgetragen, häufig wurden kräftige Farben benutzt und ausladende Ornamente aufgemalt. Man nimmt an, daß diese Malereien mit dem ausgefransten Ende eines Holzstücks oder eines Bambusrohrs aufgetragen wurden, da der Pinsel erst eine spätere Erfindung war.

Jüngste Forschungen aus China kommen zu dem Ergebnis, daß die Gansu-Kultur einheimischen Ursprungs ist, zum Teil wegen der späteren Datierung (um 3000–3500 v. Chr.) der Ausgrabungsplätze im Nordwesten Chinas. Da die archäologischen Fundstätten Zentralchinas alle beträchtlich früher datiert sind (um 5200–3500 v. Chr.), scheint sich die Kultur vom Zentrum nach

2 Rekonstruktion einer Rundhütte vom Typus der Banpo-Ausgrabungen, Shaanxi. Die Hütten wurden auf einem Gerüst von Pfosten errichtet, dessen Löcher man gefunden hat. Es wird angenommen, daß Wände und Dächer aus Stroh und Flechtwerk bestanden.

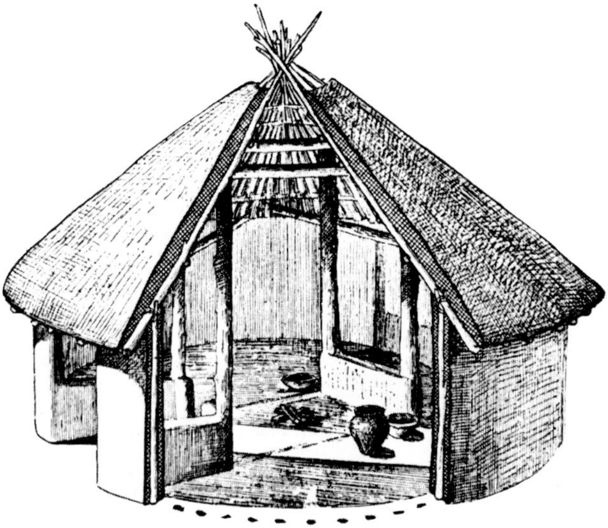

3 Ausgrabung eines Rundhüttenfundaments in Banpo. Benachbarte Gruben deuten darauf hin, daß in der Nähe der Wohnhäuser auch Keramik hergestellt wurde.

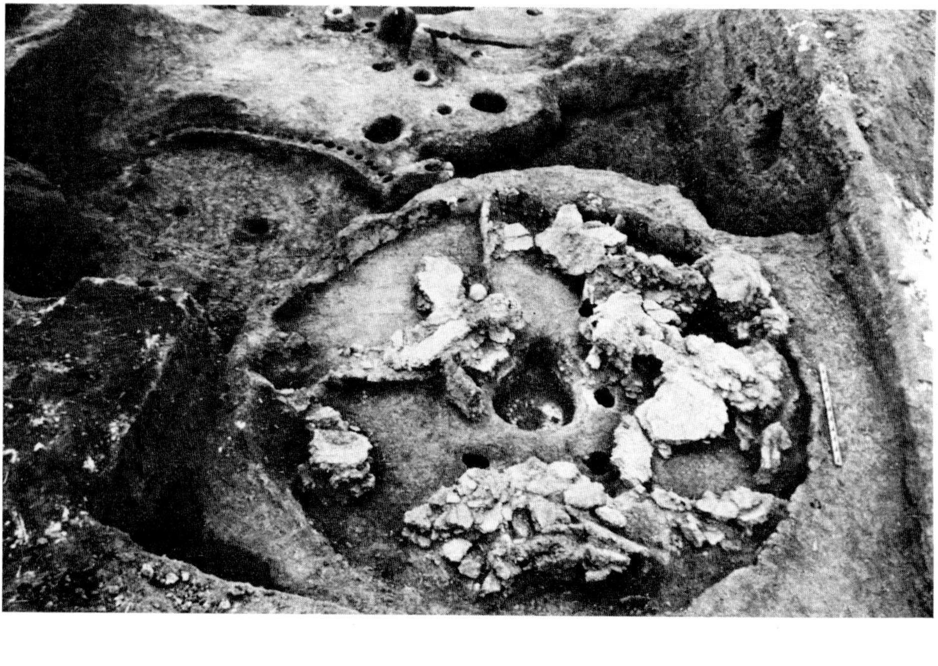

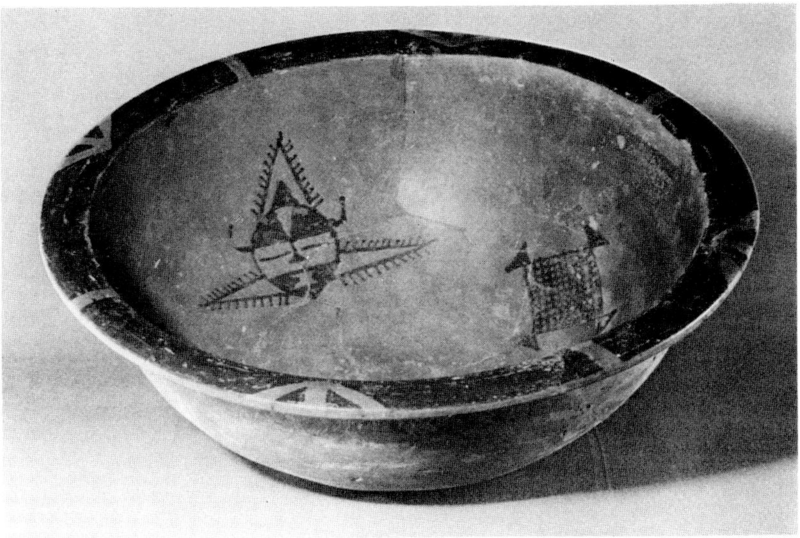

4 Lederfarbene Schale mit Zierbemalung aus dunkler Engobe. Ein menschliches Gesicht mit dreispitzigem »Heiligenschein« in Verbindung mit einer geometrischen Figur in Form zweier stilisierter Fische. Aus Banpo, Shaanxi. 5. bis 4. Jahrtausend v. Chr.

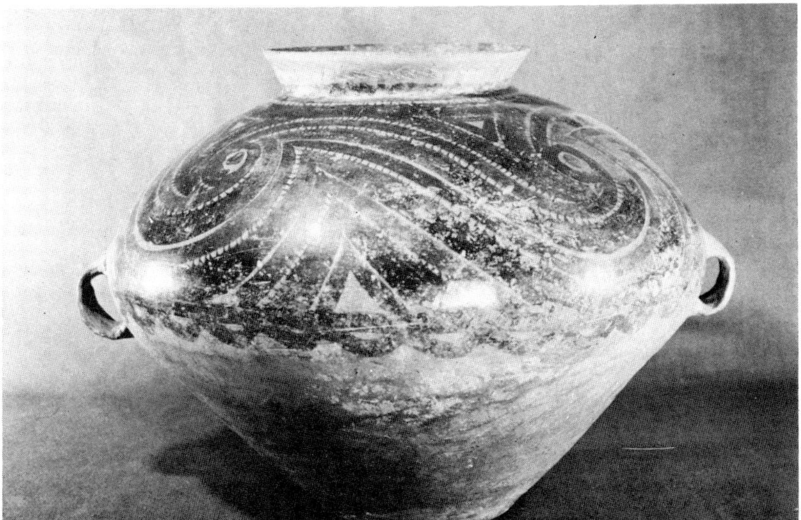

5 Große Graburne aus poliertem, rotem Steinzeug. Mit schwarzer und roter Engobe in spiraligen Mustern bemalt. Typus Banshan, aus Gansu. 3. Jahrtausend v. Chr.

Nordwesten hin bewegt zu haben. So ist es nach dem jetzigen Stand der Wissenschaft möglich, die Kultur der Bemalten Keramik im Zentralbecken des Gelben Flusses früher zu datieren als die Kultur der Schwarzen Keramik von Shandong und den südöstlichen Gebieten (um 3500 bis 2000 v. Chr.). Obwohl einiges dafür spricht, daß die Völker der Bemalten Keramik und der Schwarzen Keramik Zeitgenossen waren, gibt es noch keinen sicheren Beweis dafür.

Das Volk der Schwarzen Keramik, das erstmals an der Ausgrabungsstätte Chengziyai in Shandong nachgewiesen wurde, siedelte weiträumig von der Ostküste bis hin zu den fruchtbaren Lößgebieten im Zentralbecken des Gelben Flusses. Wie das Volk der Bemalten Keramik lebten die Schwarz-Keramiker in Dorfgemeinschaften mit exakt abgegrenzten Bereichen für die handwerkliche Produktion und für die Bestattung der Toten. Obwohl sie als Material für ihre Erzeugnisse hauptsächlich Stein, Knochen und Ton verwendeten, kann man aus Abdrücken in Gräbern schließen, daß in dieser frühen

6 Fußschale aus poliertem, rotem Steinzeug. Mit schwarzer Engobe in wellenförmigen und spiraligen Mustern bemalt. Aus Lanzhou, Gansu. Spätes 3. Jahrtausend v. Chr.

7 (rechts) Hoher Becher aus dünnem, schwarzem Steinzeug. Eine Form, die nur in den östlichen Gebieten der Kultur der Schwarzen Keramik vorkommt. Aus Weifang, Shandong. 3. oder frühes 2. Jahrtausend v. Chr.

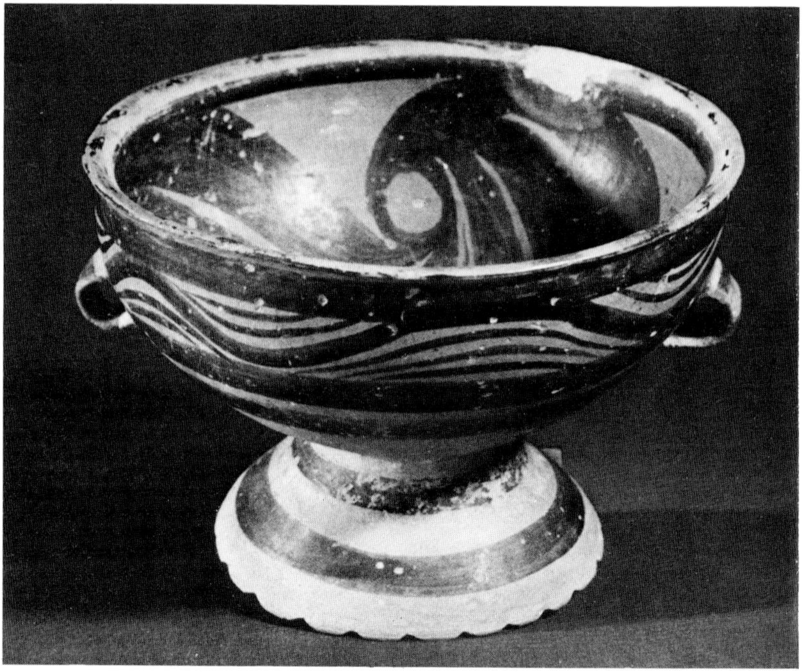

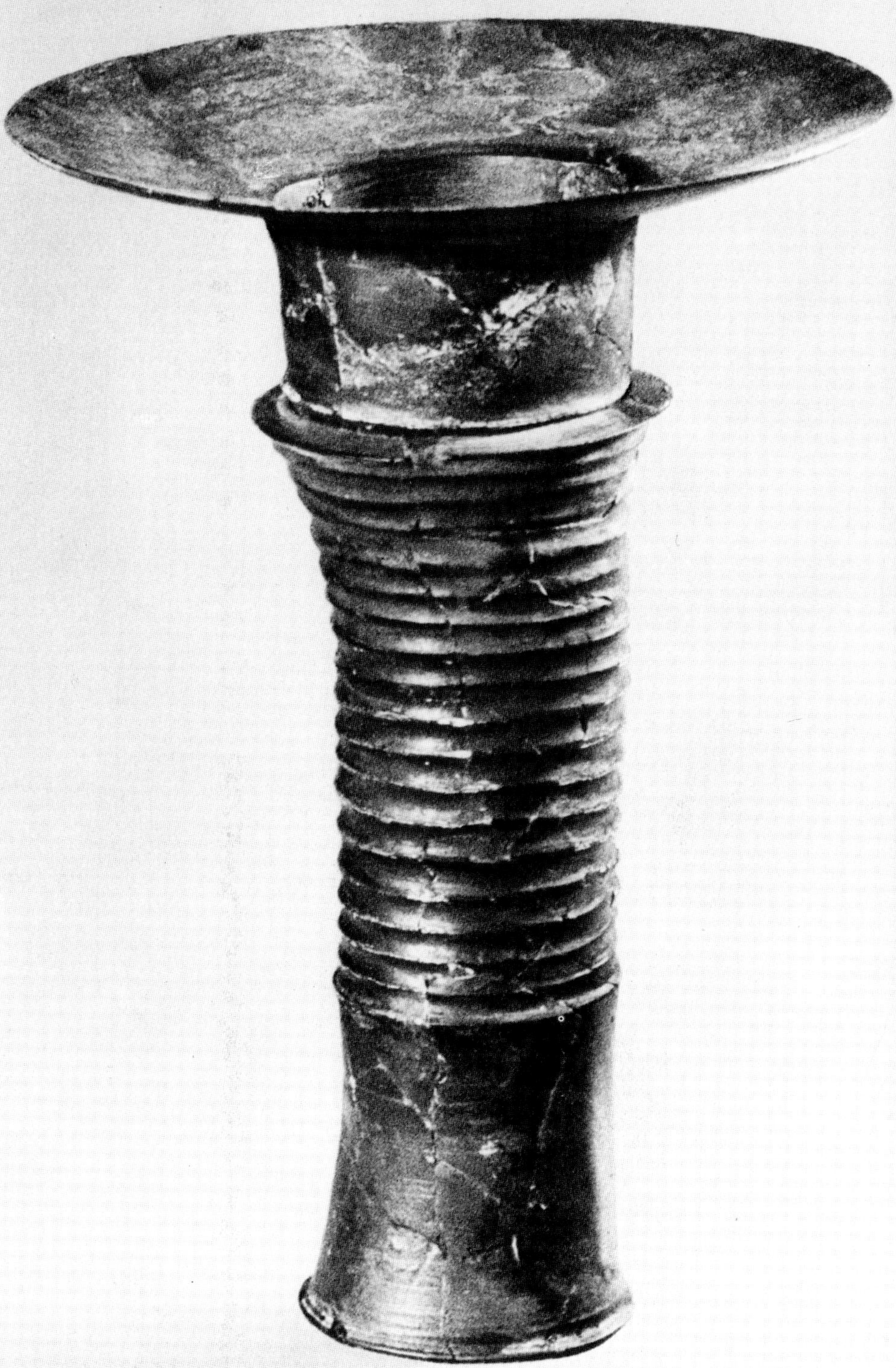

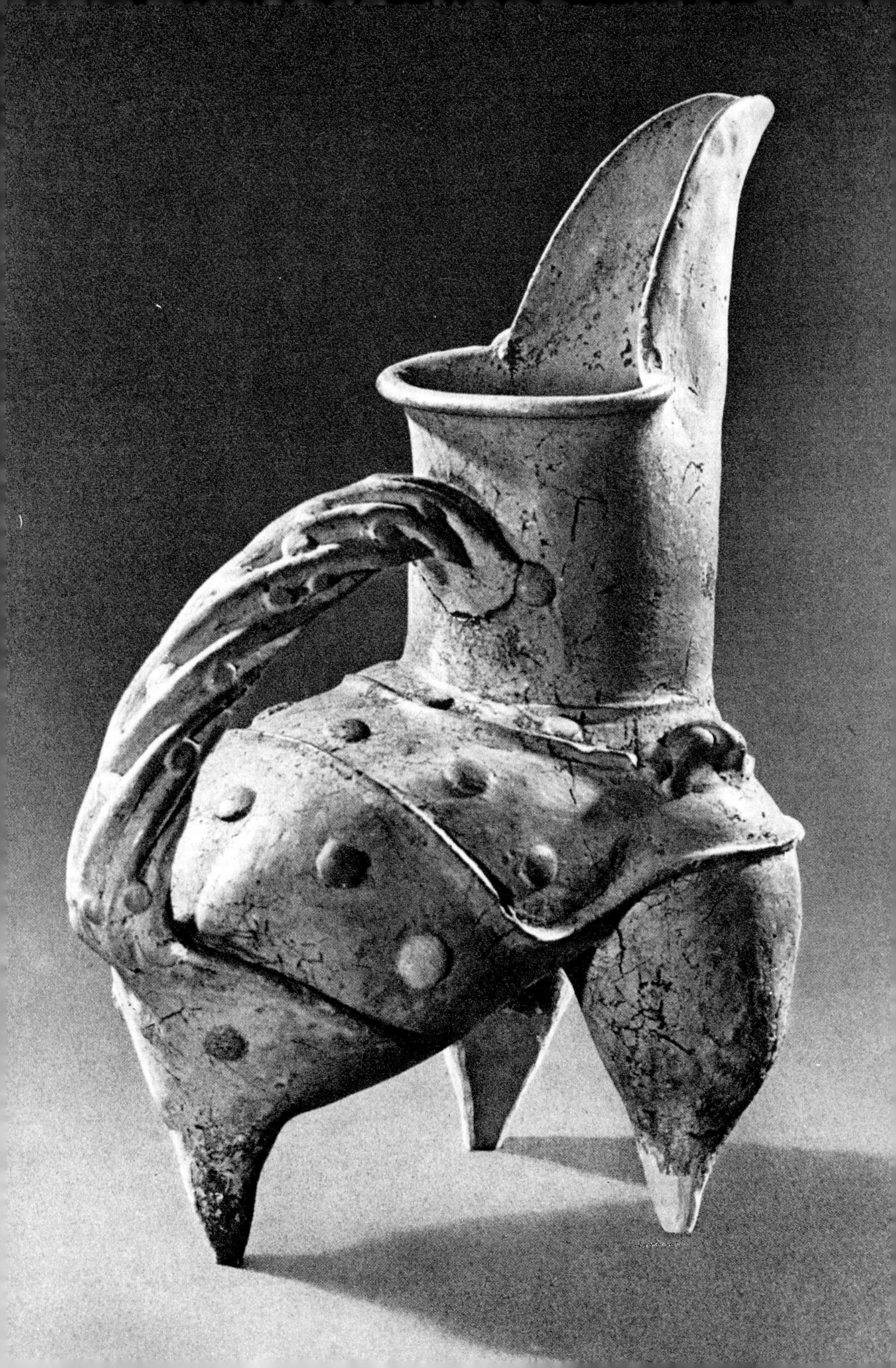

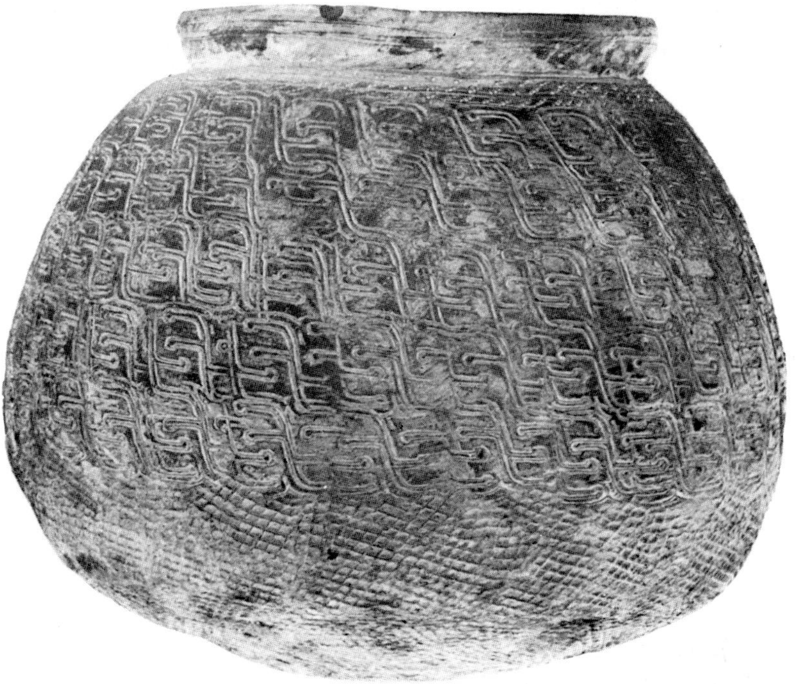

8 (links) Dreifüßiger Krug aus weißem Steinzeug. Eine weitere für den Osten bezeichnende Form, die wie die Kopie eines Gefäßes aus einem anderen Material erscheint. Die angebauschte Dreifußform wird bis in Bronze-Zeitalter beibehalten. Aus Weifang, Shandong. 3. oder frühes 2. Jahrtausend v. Chr.

9 Rundtopf mit eingepreßter »Doppel-F«-Verzierung. Der unglasierte, graubraun gesprenkelte Gefäßkörper ist bei hoher Temperatur gebrannt, die Verzierung mit einem Stempel eingestanzt. Die Wandung ist stark verzerrt. Aus Wuhua, Guangdong. Spätes Neolithikum oder Bronze-Zeit.

Kultur bereits beachtliche Fertigkeit im Flechten von Körben und wahrscheinlich auch eine einfache Webtechnik bekannt waren. Das archäologische Beweismaterial läßt jedoch keinerlei Rückschlüsse auf die künstlerische Qualität dieser Handwerkserzeugnisse zu. Auch in diesem Fall hat es den Anschein, daß es außer der Töpferei keine künstlerische Produktion gegeben hat. Wenigstens zwei Arten von Keramik sind aus dieser Kultur bekannt. Eine mit einem Schnureindruck versehene Gebrauchsware, die ähnlich wie die Gebrauchskeramik ihrer westlichen Nachbarn grau ist und in großer Formenvielfalt zum Kochen und zur Vorratshaltung hergestellt wurde. Und eine Spezialkeramik, die gekennzeichnet ist durch das Fehlen jeglicher Schmuckelemente. Sie ist aus hauchdünnem, zerbrechlichem und feinkörnigem Ton

hergestellt und in einer reichen Formensprache zu komplizierten, oft mehr-
fach zusammengesetzten Gefäßen verarbeitet, die schwarz oder rot gebrannt
und poliert wurden. Während in der Kultur der Bemalten Keramik nur eine
begrenzte Auswahl an Schüssel- und Krugformen für die gehobene Tonwa-
renherstellung zur Verfügung stand, gab es in der Kultur der Schwarzen Ke-
ramik auch noch Schnabelkrüge mit Henkeln, hohe Becher, geradwandige
7 Töpfe und hohe, gestielte Kelche. Bei der Anfertigung dieser Stücke wurden
die unterschiedlichsten Techniken angewendet. In einigen Fällen drängt sich
sogar die Vermutung auf, es könnte sich um Kopien von ursprünglich aus ei-
nem anderen Material gearbeiteten Gefäßen handeln. Der dreifüßige Krug
8 mit den »Beschlagnägeln« am Henkelansatz und an beiden Seiten des Schna-
bels mag ein Beispiel dafür sein. Diese erfindungsreichere Art der Töpferei
setzt sich deutlich ab von der Bemalten Keramik, die nur mit dem Dekor ex-
perimentierte. Die Töpfer der Schwarzen Keramik waren dagegen eher an der
Formgebung und der Profilgestaltung interessiert. Ihre Vorliebe für phanta-
sievolle Formgebung wird noch betont durch die Verwendung eines schwer
zu verarbeitenden Materials, denn die Spezialkeramik war ganz offensicht-
lich für den rituellen Gebrauch oder zur reinen Dekoration bestimmt. Über
Jahrhunderte hinweg gab es in China nichts Vergleichbares.

Zeitgleich mit der Kultur der Schwarzen Keramik, in abgelegenen Gebieten
sogar noch länger nachweisbar, entwickelte sich ein Volk, das auf oder am
Wasser lebte. Es siedelte an den Küstenstrichen und den Flußarmen des Yang-
zi-Deltas und stellte gedrungene Krüge und sehr einfach geformte Schüsseln
her. Für die größeren Stücke wurde ein deutlich härterer und höher gebrannter
9 Ton verwendet. Die Oberflächenverzierung dieser Stücke bestand aus einge-
drückten, geometrischen Motiven, die die Gefäßwand bedeckten und eine bis
dahin völlig unbekannte, dicht gefüllte Struktur bewirkten. Aus der Sicht der
Keramiktechnologie kommt dieser südlichen Kultur eine große Bedeutung
zu, da die chinesischen Töpfer gerade auf dem Gebiet der höher gebrannten
Ware später ihre hervorragendsten Leistungen erbringen sollten.

Ohne Zweifel gab es aber auch schon in dieser Frühperiode, noch vor dem Aufkommen des Metalls und anderer Merkmale höherer Zivilisation in China, eine überraschende Vielfalt künstlerischer Ausdrucksmöglichkeiten. Es liegen keine eindeutigen Beweise für die Theorie vor, daß zwischen einer dieser neolithischen Kulturen und den nachfolgenden Völkern der Bronzezeit irgendeine direkte Verbindung bestanden habe. Dennoch gibt es genügend Anknüpfungspunkte, besonders zwischen der Kultur der Schwarzen Keramik und dem Volk des Yangzi-Deltas, die auf eine technologische und künstlerische Kontinuität des Kunsthandwerks schließen lassen.

2 Hieratische Kunst und Bronze-Zeitalter

18. bis 12. Jahrhundert v. Chr.

Mit der Herrschaft der Shang-Dynastie (1766 bis 1111 v. Chr.), die über einen beträchtlichen Teil Nordchinas herrschte, begann ein technologischer und kultureller Wandel, der neue Maßstäbe im Kunsthandwerk setzte. Wann und wie die Bronze und die Technik des Bronzegusses nach China gekommen sind, ist archäologisch noch nicht geklärt. Man geht davon aus, daß der Beginn der Bronzezeit mit dem Aufstieg der Shang-Dynastie zusammenfällt. Der Beginn der Shang-Dynastie ist durch schriftliche Überlieferung belegt, die archäologische Auswertung und Datierung der frühesten Fundplätze steht jedoch noch aus. Deshalb gehen die Meinungen noch weit auseinander. Da die Bronzezeit in China relativ spät begonnen hat, tendieren westliche Archäologen zu einer Diffusionstheorie und suchen die Ursprünge der Bronzekultur außerhalb Chinas. Die Annahme einer Völkerbewegung aus Zentralasien durch den im Nordwesten Chinas gelegenen Gansu-Korridor hat allerdings wenig für sich, und zwar wegen der ausgeprägten neolithischen Kultur dieser Region (Gansu eingeschlossen), in der Siedlungen der Bemalten Keramik bis zum Ende der Shang-Zeit überdauerten, ohne ein einziges Merkmal der Shang-Kultur. Einige Wissenschaftler weisen auf einen möglichen Einfluß aus dem weit entfernten Norden hin, wo sich am Baikalsee eine Bronze-Tradition entwickelt hatte. Aber auch hier käme als Eintrittstor nach China nur der erwähnte nordwestliche Korridor in Frage. Dagegen gewinnt die Theorie von einer eigenständigen Entwicklung der Bronze-Kultur in China zunehmend an Glaubwürdigkeit. Diese Entwicklung könnte ihre Wurzeln in der Technologie des Südostens haben.

Welche Theorie sich auch immer als richtig herausstellen mag, unstrittig ist, daß die chinesischen Kunsthandwerker einen völlig eigenständigen Beitrag zur Bronze-Technologie leisteten. Sie verwendeten eine spezifische, nur in China auftretende Legierung und eine hochkomplizierte Gußtechnik mit mehrteiligen Gußformen. Bronze besteht aus Kupfer und Zinn in unterschiedlicher Zusammensetzung, wobei Kupfer den größeren Anteil bildet. Diese Legierung versetzten die chinesischen Metallurgen mit Blei. Der Grund dafür ist nicht klar. Möglicherweise versuchten sie auf diese Weise, die Gießfähigkeit der geschmolzenen Legierung zu verbessern. Die Zugabe von Blei ist auch für den grauen Schimmer verantwortlich, der den typischen Glanz chinesischer Bronzen ausmacht. Möglicherweise gründet sich die Verwendung dieser ungewöhnlichen Legierung auch auf einheimische Kenntnisse im Schmelzen metallischer Oxyde. Da die Bestandteile der Legierung einzeln aufbereitet werden müssen, kann man das natürliche Vorkommen eines Mischerzes als Ursache für die besondere Technik ausschließen. Die verstreut liegenden Kupfer- und Zinnvorkommen und die relative Konzentration von Blei im abgelegenen Südwestchina deuten ebenfalls darauf hin, daß fachkundiges Wissen über das benötigte Material vorhanden war und einen weiträumigen, planvollen Abbau ermöglichte. Überdies wendete man beim Formen der Objekte eine ganz spezifische Methode an. Es gibt keinen Hinweis darauf, daß Metall je durch Hämmern bearbeitet wurde, und insofern existieren auch keine Funde von reinen Kupfergefäßen. Zuerst fertigten sie ein Modell, vermutlich aus Ton. Von diesem Modell wurden, unterteilt in einzelne Stücke, Tonformen abgenommen. Zusammengesetzt und aneinander befestigt, bildeten die Einzelteile die endgültige Gußform, in die die flüssige Bronze gegossen wurde. Zweifellos verwendeten die Chinesen auch das unter dem Namen »cire perdue« bekannte Wachsausgießverfahren, bei dem eine Matrix aus Wachs hergestellt und mit einem Tonmantel umgeben wird. Durch Ausschmelzen des Wachskerns entsteht ein Hohlraum, der als Gußform für die flüssige Bronze diente.

Die Shang-Herrscher entstammten möglicherweise einem Stamm, der im Zentralgebiet des Gelben Flusses siedelte. An der Spitze des Shang-Staates stand ein Gottkönig, der seine Herrschaft auf rituelle Praktiken, Orakel und Kriegsführung gründete. Riten durchdrangen fast alle Lebensbereiche der herrschenden Klasse, und natürlich war auch die Kunst in ihren Dienst gestellt. Die Kunsthandwerker der Shang mußten sich also den speziellen Erfordernissen eines theokratischen Regimes anpassen und schufen mit dem neuen Material, das ihnen zur Verfügung stand, einen Kunststil mit einem unverwechselbaren Kodex an Ideen. Die meisten Informationen über die Shang-Kultur verdanken wir Ausgrabungen in den Hauptstädten und den kunstvollen, unterirdischen Grabstätten der Herrscher.

Der älteste Fundplatz einer Shang-Stadt (16. Jahrhundert v. Chr.) liegt bei Zhengzhou, wo sich die erste Hauptstadt Ao befunden hat. Hier wurde eine Stadt mit einfachem Mauerwall und gesonderten Bereichen für Bronzeher-
10, 11 stellung, Steinbearbeitung und Töpferei gefunden. Ein großes, zentral gelegenes Haus, möglicherweise ein Palast, beherrscht den Wohnbezirk, der in Nord-Süd-Richtung angelegt ist. Die hier ausgegrabenen Bronzeobjekte gehören zum frühen Shang-Stil. Sie sind zerbrechlich und relativ schlecht gegossen, aber komplex in der Formgebung. 1927 wurde mit den Grabungen

an einem umfangreichen Gräberfeld bei Xiaotun, Anyang (um 1384 bis 1111 v. Chr.) begonnen. Aus dieser kaiserlichen Begräbnisstätte der mittleren Shang-Zeit, die jahrhundertelang in Benutzung war, stammen die meisten Funde dieser Zeit. Bei den Ausgrabungen, die bis heute andauern, wurden bis jetzt keine Wohnbezirke oder Stadtmauern freigelegt, aber eine umfangreiche Bronzegießerei, Handwerksbezirke, eine Zeremonienhalle und eine Reihe von reich ausgestatteten Grabstätten. Man schloß daraus, daß es sich nicht um einen Siedlungsplatz gehandelt haben kann, sondern möglicherweise um die königliche Begräbnisstätte einer anderen Hauptstadt. Daraus ergab sich die Frage nach der Lage der Hauptstadt des späteren Shang-Reichs, denn die Shang-Dynastie führte ein strenges Regiment und ihre Hauptstadt muß von großer Bedeutung gewesen sein. Die schriftliche Überlieferung weist aber auf keine andere Stadt hin. Neueste Ausgrabungen belegen jedenfalls, daß die Shang vom 14. bis 12. Jahrhundert v. Chr. ihren Einflußbereich über weite Gebiete Chinas ausdehnten. Eine ganze Reihe von Shang-Funden, die jüngsten aus Yunnan im weit entfernten Südwesten Chinas, verändern die traditionelle Vorstellung, die Shang seien ein geographisch zusammenhängendes Gebilde gewesen.

Es gibt zahlreiche Funde von Ritual- und Haushaltsgeräten aus königlichem Besitz. Am besten erhalten sind die Bronze- und Jadeobjekte, jedoch wissen wir, allerdings nur aus Abdrücken in den Gräbern, daß die Shang, ähnlich wie die von ihnen unterworfenen neolithischen Völker, bemalte und geschnitzte Holzbalken in der Architektur verwendeten und Textilien und Körbe herstellten. Steinbearbeitung ist dagegen selten. Bronze war das neue Material, auf das die Kunsthandwerker all ihr Können verwandten, so daß sie, etwa im 14. Jahrhundert v. Chr., Gefäße von beeindruckender Pracht hervorbrachten. Die Formen, die den Erfordernissen der Ritualpraktiken angepaßt wurden, lassen sich in vielen Fällen auf Vorbilder der Schwarzen Keramik zurückführen. Die Metallgefäße wirken allerdings wesentlich imposanter. Die Shang-Gefäße sind nicht groß, aber sie sind so proportioniert und verziert, daß sie auf jeden Fall auffällig sind. Die Gefäßtypen wurden benannt und kategorisiert. Im 14. Jahrhundert v. Chr. erreichten sie eine standardisierte Form, die man als klassisch bezeichnen kann. Der Dekor, der mit einem Minimum an zusätzlichem Werkzeug durch Gußtechnik hergestellt ist, zeigt eine ständig wachsende Fülle an Ausdrucksmöglichkeiten.

Am eindrucksvollsten ist dabei die Entwicklung hieratischer Motive, so daß der Begriff »Verzierung« bald nicht mehr ausreichend ist. Die bei Zhengzhou gefundenen Bronzegefäße aus dem 17. Jahrhundert v. Chr., die mit Sicherheit nicht zu den ganz frühen Zeugnissen der Shang-Bronze gehören, zeigen einen einfachen Faden- und Flachreliefdekor, der in einer Borte um den Ge-

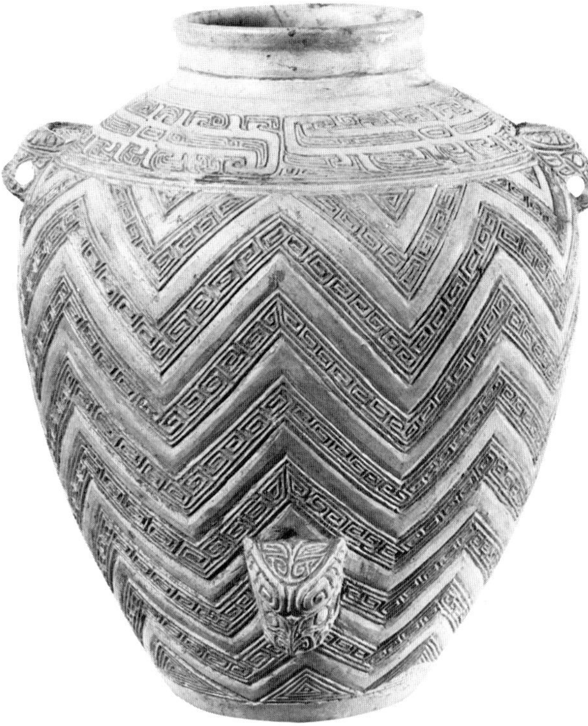

10 Topf aus weißem Steinzeug. Die eingepreßte Verzierung ist dem Bronze-Stil nachempfunden, mit umlaufenden *kui* an der Schulter und gehörnten Masken als Kartuschen. Der Gefäßkörper ist aus reinem, weißem Ton mit hohem Kaolingehalt. Aus Anyang, Henan. 14. bis 13. Jahrhundert v. Chr.

fäßkörper herumgelegt ist. Daraus entwickelte sich bald ein kunstvoller Reliefstil, der die gesamte Gefäßoberfläche bedeckte. Typisch für den Shang-Dekor sind Ornamente, die horizontal auf der Gefäßwand verlaufen und selbst dort, wo die Muster sehr komplex werden, äußerst fein aufeinander abgestimmt sind. Aus einfachem Fadenrelief entwickelte sich ein Flachrelief, das selbst in ein Grundmuster aus rechteckigen Spiralen, *leiwen* oder Donnerspirale genannt, eingearbeitet ist. Auch bei diesen Hintergrundmustern erreichte man eine bemerkenswerte Präzision in der Linienführung. Sie ist ein charakteristisches Merkmal der Gefäße des 14. Jahrhunderts v. Chr.
Tierformen bilden ständig wiederkehrende Motive im Dekor. Hier gibt es zwei gegensätzliche Richtungen: Den sogenannten »realistischen« Stil, mit

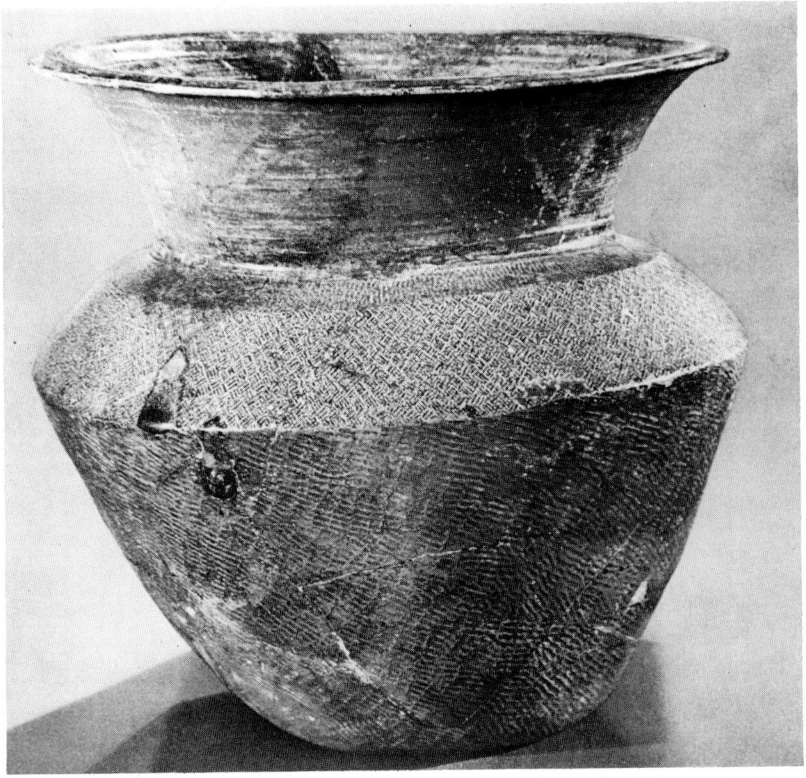

11 Topf aus Steinzeug mit eingepreßter Verzierung, überhängender Lippe und eckiger Schulter. Das eingepreßte Schmuckmotiv ist mit einer hoch gebrannten Glasur überzogen. Das früheste Beispiel für glasiertes Steinzeug. Aus Zhengzhou, Henan. 16. bis 15. Jahrhundert v. Chr.

gegenständlichen Masken und Gesichtern nicht mythischer Wesen, wie bei-
spielsweise menschlichen Gesichtern, Hirschen oder Elefantenköpfen, und 15
den mythischen Stil mit ebenso kraftvollen Darstellungen mythischer Tiere.
Diese beiden Strömungen durchdringen sich manchmal auf ein und demsel-
ben Objekt, was eine geradezu unheimliche Ausstrahlung bewirkt und die ur- 18
sprüngliche Symbolik viel eindringlicher heraufbeschwört als die alleinige Darstellung einer der beiden Stilrichtungen. Der Übergang von einem Stil zum anderen scheint keine besondere Bedeutung gehabt zu haben. Da die hier zur Betrachtung stehenden Gefäße alle für den Ritualgebrauch bestimmt waren, ist es wahrscheinlich, daß dem Dekor eine Bedeutung zugrunde liegt. Es ist anzunehmen, daß die besonders auffälligen Darstellungen auf jene Tiere

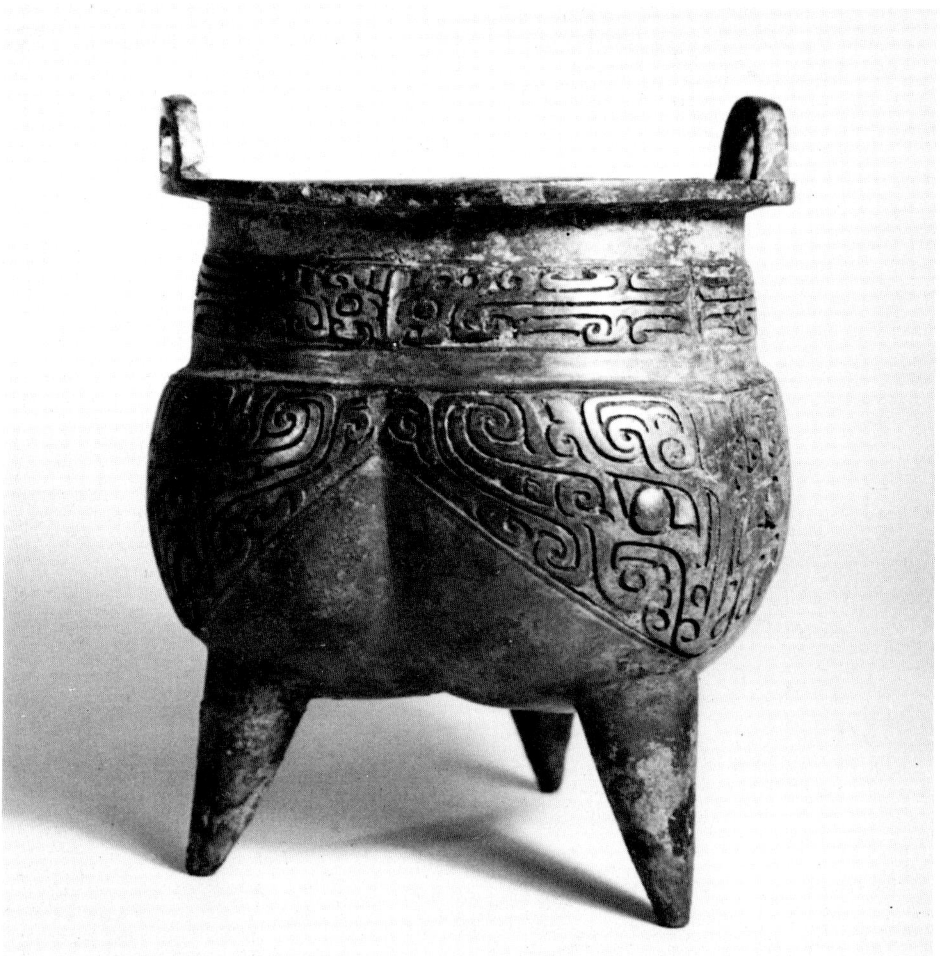

12 Dreifüßiges Gefäß vom Typus *liding*. Bronze. Diese Form wurde zum Kochen verwendet; die hohlen Füße sind ein Relikt aus der früheren Keramiktechnik. (Siehe Abb. 8). Die flach reliefierte Verzierung setzt sich aus *kui* zusammen. 14. Jahrhundert v. Chr.

Bezug nehmen, bei deren Opferung die Gefäße benutzt wurden. Die Frage nach dem Symbolgehalt der mythischen Motive ist nicht so leicht zu beantworten. Die allgegenwärtige *taotie*-Maske mit den vorstehenden Augen und dem furchterregenden Oberkiefer muß für die Opferung, die bekanntlich häu-

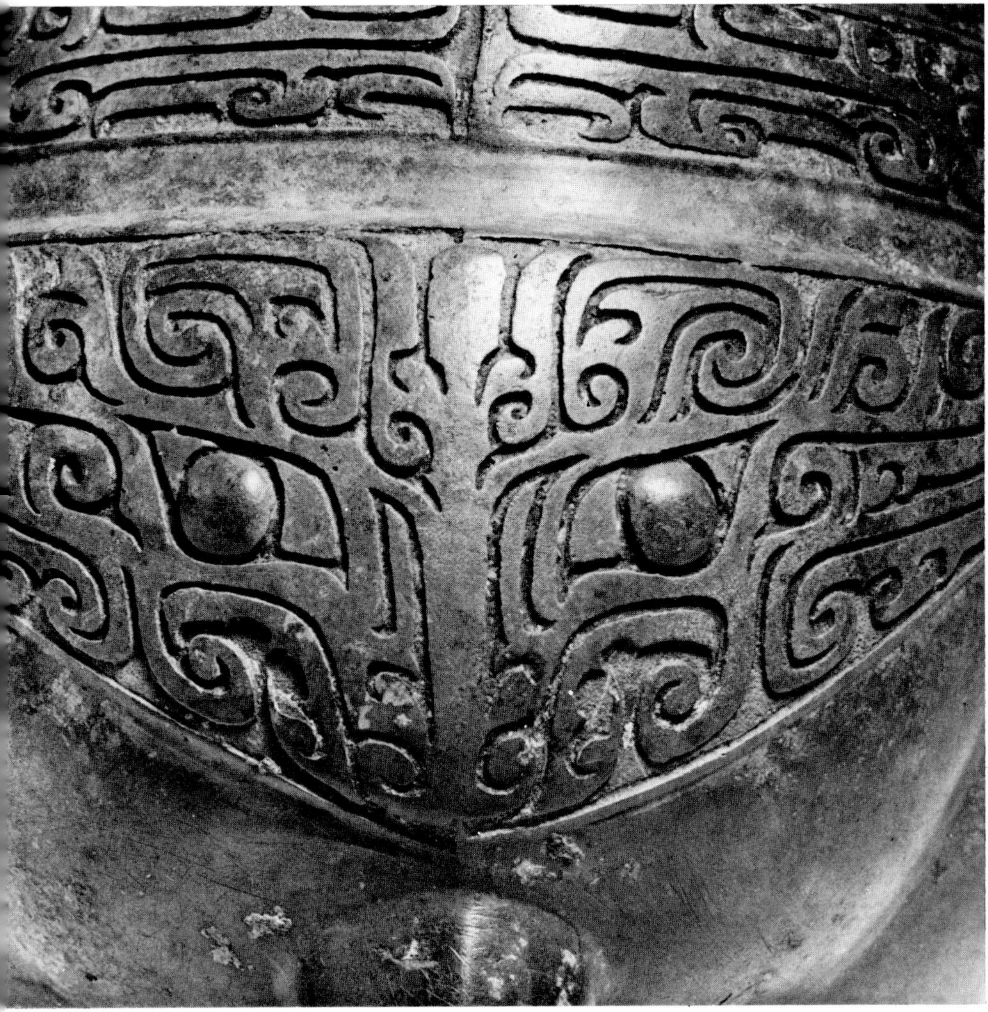

13 Ausschnitt von Abb. 12. Gegeneinandergestellte *kui*, die eine *taotie*-Maske bilden.

fig als blutiges Opferritual praktiziert wurde, eine wichtige Bedeutung gehabt haben. Man nimmt an, daß es sich um ein Symbol für Gefräßigkeit handelt oder ganz einfach um eine Schreckensmaske. Noch weniger weiß man über das in freier Übersetzung als »Drachen« bezeichnete *kui*, ein kleines zwei-

beiniges Tierwesen mit deutlich erkennbarer Schnauze, Ohren und einem
kurzen, geringelten Schwanz. Das *kui* bildet im Hauptdekor ein hervorste-
chendes Element, manchmal in Form eines Bandes von Kopf bis Schwanz
den Gefäßkörper umziehend, oder in stark kürzelhafter Form als fortlaufen-
12, 13 des Muster. Spätere *taotie*-Masken sind zum Teil nur aus *kui* zusammenge-
setzt, aus vollständigen *kui* und abstrahierten Versionen. Die weniger wich-
tigen Gefäßzonen sind von geometrischer Ornamentik oder Tiermotiven be-
deckt, wie beispielsweise der Zikade, der in der chinesischen Kultur immer
eine besondere Bedeutung beigemessen wurde. Da sie sich im Larvenzustand
in eine Erdhöhle verkriecht und als schönes, singendes Insekt wieder zum
Vorschein kommt, galt sie als vollkommenes Symbol der Unsterblichkeit.
Gefäße mit derartigem Reliefschmuck sind auch von ihrer Form her interes-
12, 13 sant. Die dreifüßigen Gefäße, die zum Erwärmen von Wein oder zum Kochen
benützt wurden, sind höchst elegante Nachkommen der schlichten, grauen
8 Töpferware bzw. der dreifüßigen Gefäße aus der neolithischen Kultur der
Schwarzen Keramik. Die Bronze-Versionen haben allerdings verlängerte
Füße, die in einem separaten Gußvorgang hergestellt und durch Löten befe-
38, 14 stigt wurden. Die Gefäßtypen *jue* und *gu*, die man zum Ausschenken erwärm-
15, 27 ten Weins benützte, sind sehr frühe Formen, die bald aus der Mode kamen.
Die Gefäßtypen *ding* (Kessel) und *xian* (Dampftopf) überdauerten dagegen
mehrere Jahrhunderte. Bei den Gefäßen, die zur Vorratshaltung flüssiger und
fester Speisen dienten, zählt der *gui* zu den beständigsten und der *yu* (Eimer)
16–18 mit seinem schwenkbaren Henkel zu den schönsten Formen. Charakteristisch
25, 26 für China ist das frühe Kategorisieren, Benennen und Verzeichnen dieser Ge-
19, 20 fäße. Seit der mittleren Shang-Zeit wurde es üblich, die Inschriften in den
Guß einzubeziehen. Oft ist der Anlaß für die Gefäßherstellung vermerkt (die
Namengebung), ebenso der Auftraggeber und die Funktion. Die Inschriften
sind knapp, mit nur wenigen Ideogrammen in einer einfachen Bilderschrift.
21 Mehr Zusammenhang zeigen die Inschriften auf den Orakelknochen.

14 (rechts) Hoher Kelch vom Typus *gu*. Bronze. Dieses trompetenförmige Gefäß wurde zum Trinken von Wein benützt. Der Fuß ist bis zur Mittelzone hohl. Die aufsteigenden Blätter stellen ein Zikadenmotiv dar. 14. bis 13. Jahrhundert v. Chr.

15 (Seite 30) Vierfüßiges Gefäß vom Typus *ding*. Bronze. Die menschliche Maske deutet auf eine Verwendung als Opfergefäß hin, aber dieses Gefäß trägt die Inschrift »reichlich Korn«. Die Vereinfachung der Einfassung und die vergrößerten Flansche verweisen auf die späte Shang-Zeit. Aus Ningxian, Henan. 14. bis 12. Jahrhundert v. Chr.

16, 17 (Seite 31) Gefäß zur Vorratshaltung von Speisen vom Typus *gui*. Bronze. Die wenig ausgeprägte *taotie*-Maske trennt zwei sich gegenüberstehende Tiere mit Rüssel voneinander und wird von einer katzenähnlichen Kartusche überragt. Das Hauptmotiv ist in einfachem Relief ausgeführt und wird von verschiedenen *leiwen*-Mustern umrahmt (siehe Ausschnitt). 12. bis 11. Jahrhundert v. Chr.

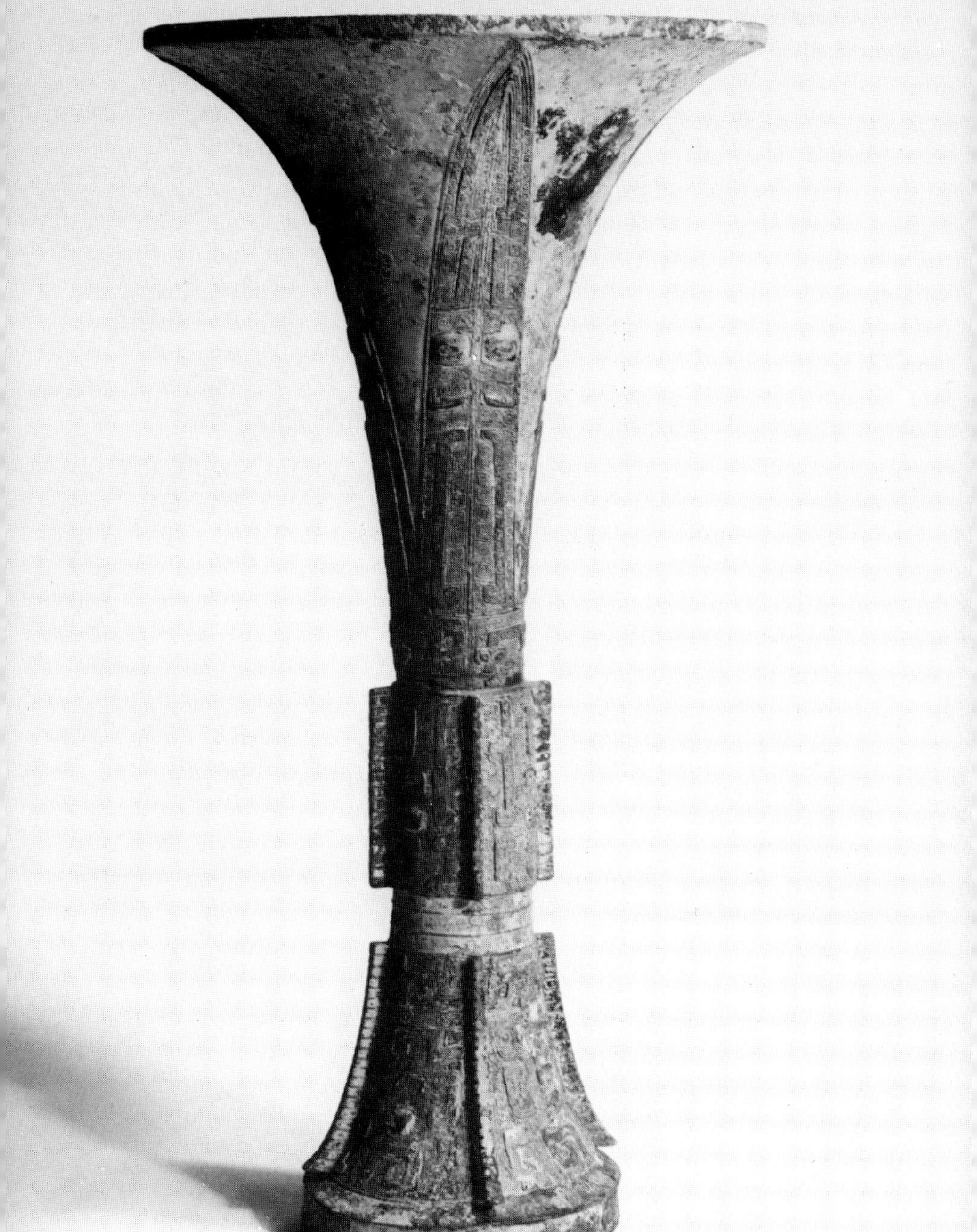

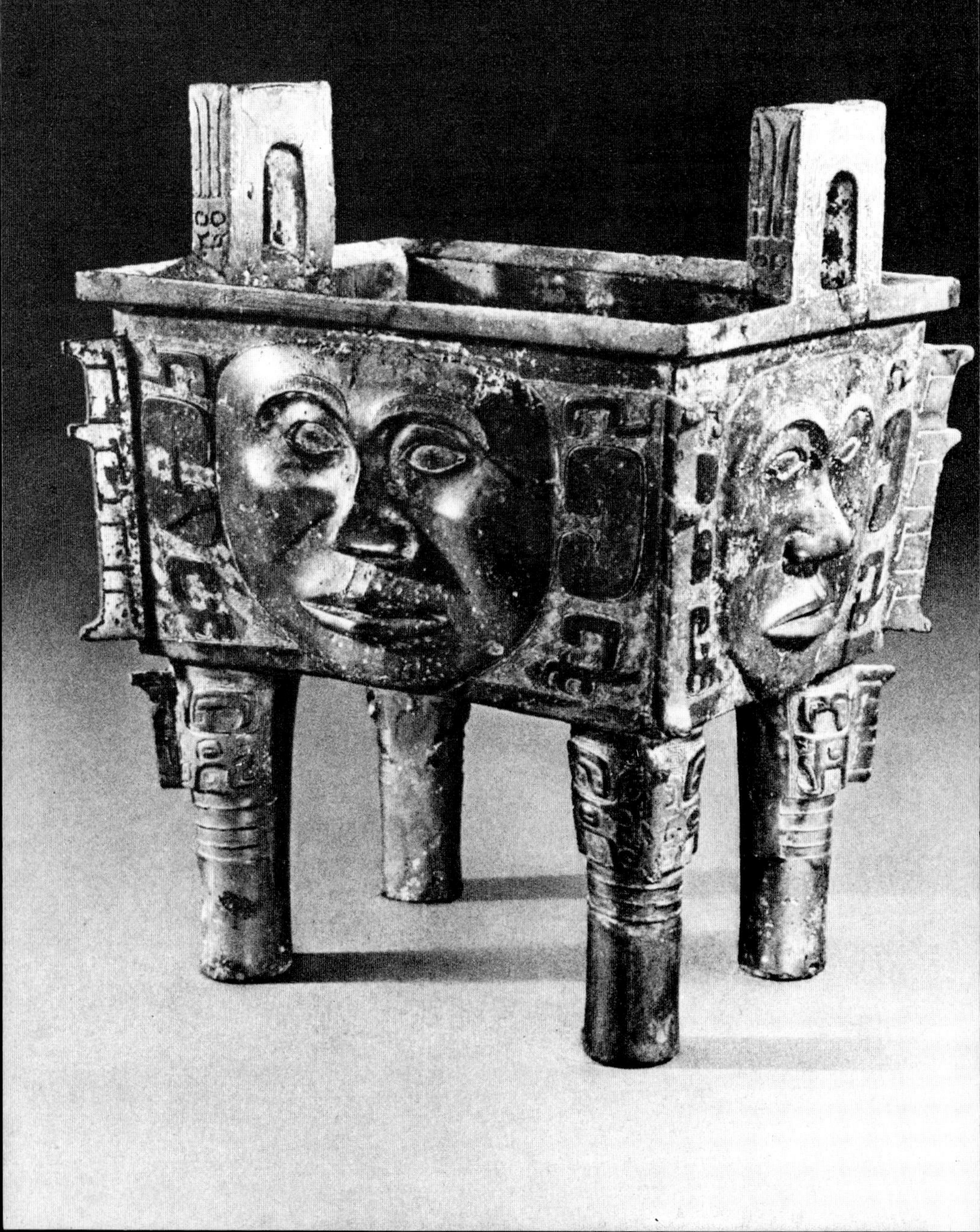

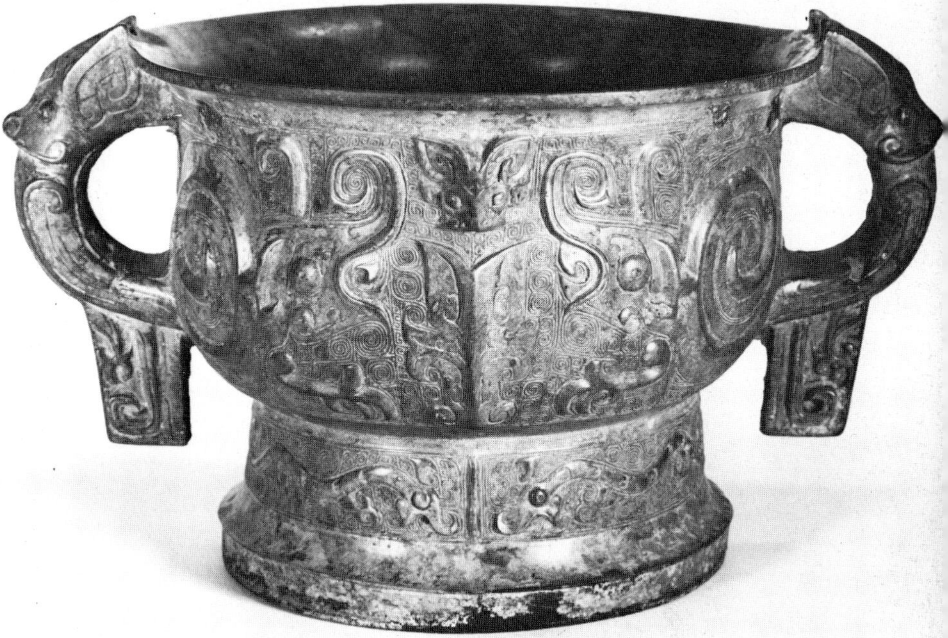

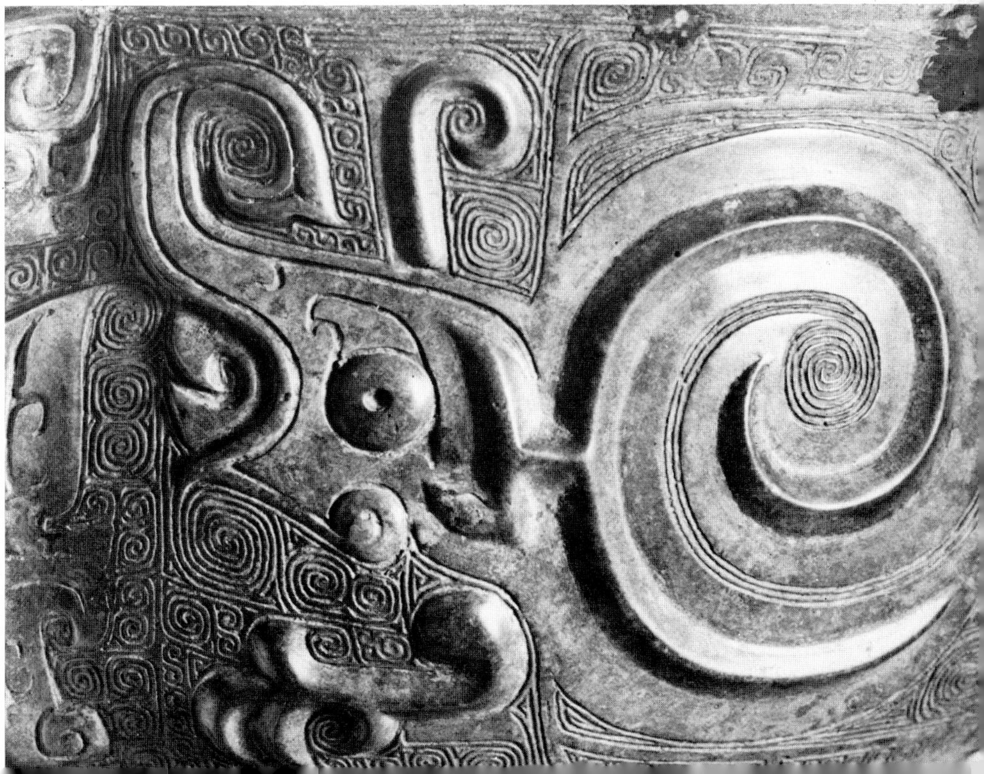

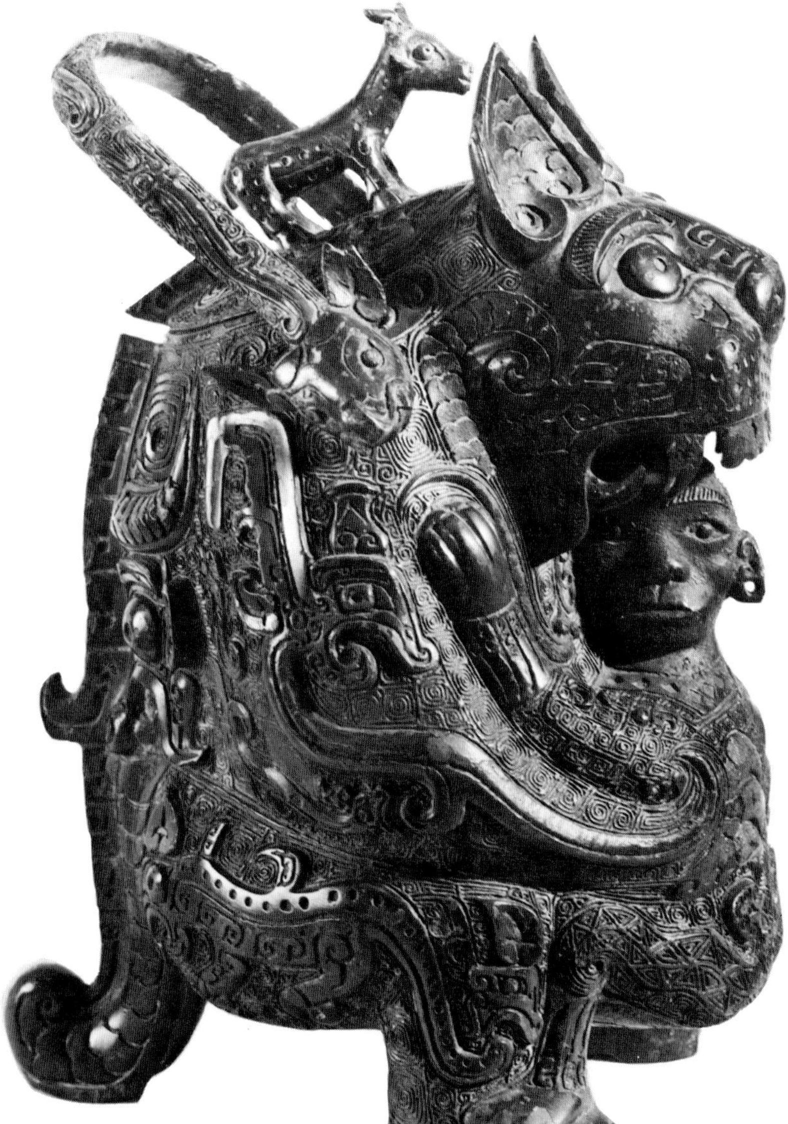

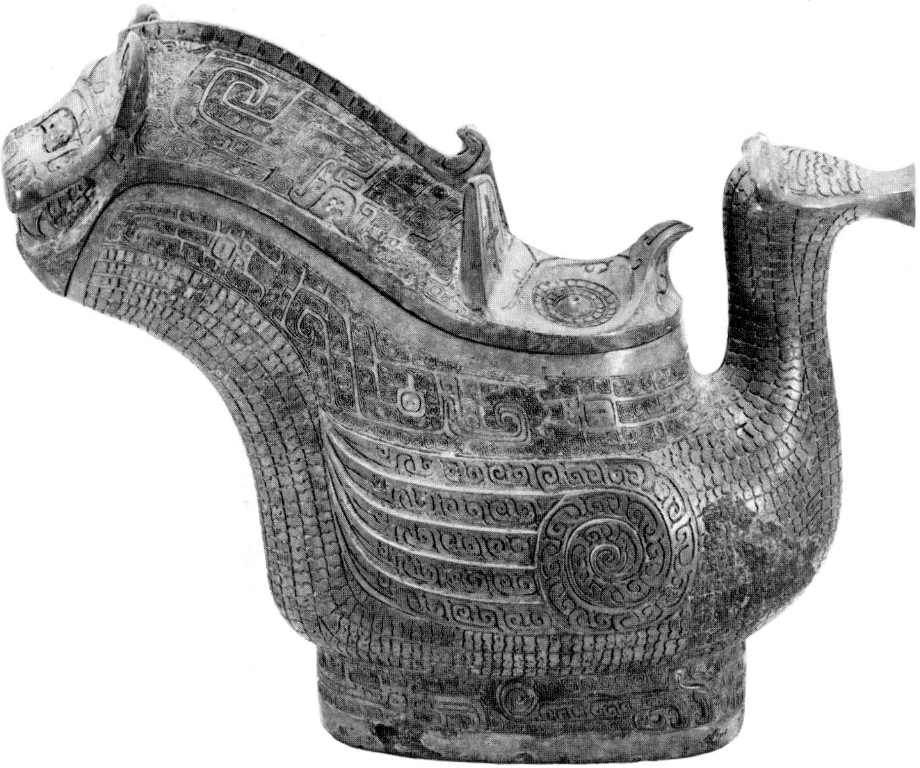

18 (links) Kübel mit schwenkbarem Henkel vom Typus *yu*. Bronze. Das Monster mit dem angstvollen Menschen ist repräsentativ für den späten Shang-Stil. Die kunstvolle Oberflächenverzierung besteht aus *kui*, Katzentieren und Schlangen. Ein kleiner Hirsch dient als Griff. Reiche *leiwen*-Ornamente sorgen für eine noch aufwendigere Verzierung.

19 Gieß- und Vorratsbehälter für Wein vom Typus *guang*. Bronze. Hervorragendes Beispiel für die Verwendung von Tiermotiven, hier in Form einer Ente mit einer Monstermaske am Schwanz und einer Eule an der Schulter. Die Oberfläche ist zusätzlich mit Mustern aus *kui* und einem Schuppenmotiv geschmückt. 12. Jahrhundert v. Chr.

Diese wurden gemäß der Tradition der Schwarzen Keramik für die Weissagung präpariert, indem man die eingewölbten Innenseiten der Knochen in regelmäßigen Abständen leicht einkerbte. Wenn man seitlich an einer Kerbung einen Punkt erhitzte, spaltete sich der Knochen längs und quer. Der Winkel zwischen diesen beiden Rissen war maßgeblich für die Beantwortung der im Orakel gestellten Frage. Während der Shang-Dynastie schnitt man die Frage entlang eines solchen Risses in den Knochen ein. Oft wurden die Daten und der Name des Herrschers hinzugefügt. Diese Knocheninschriften dienten der

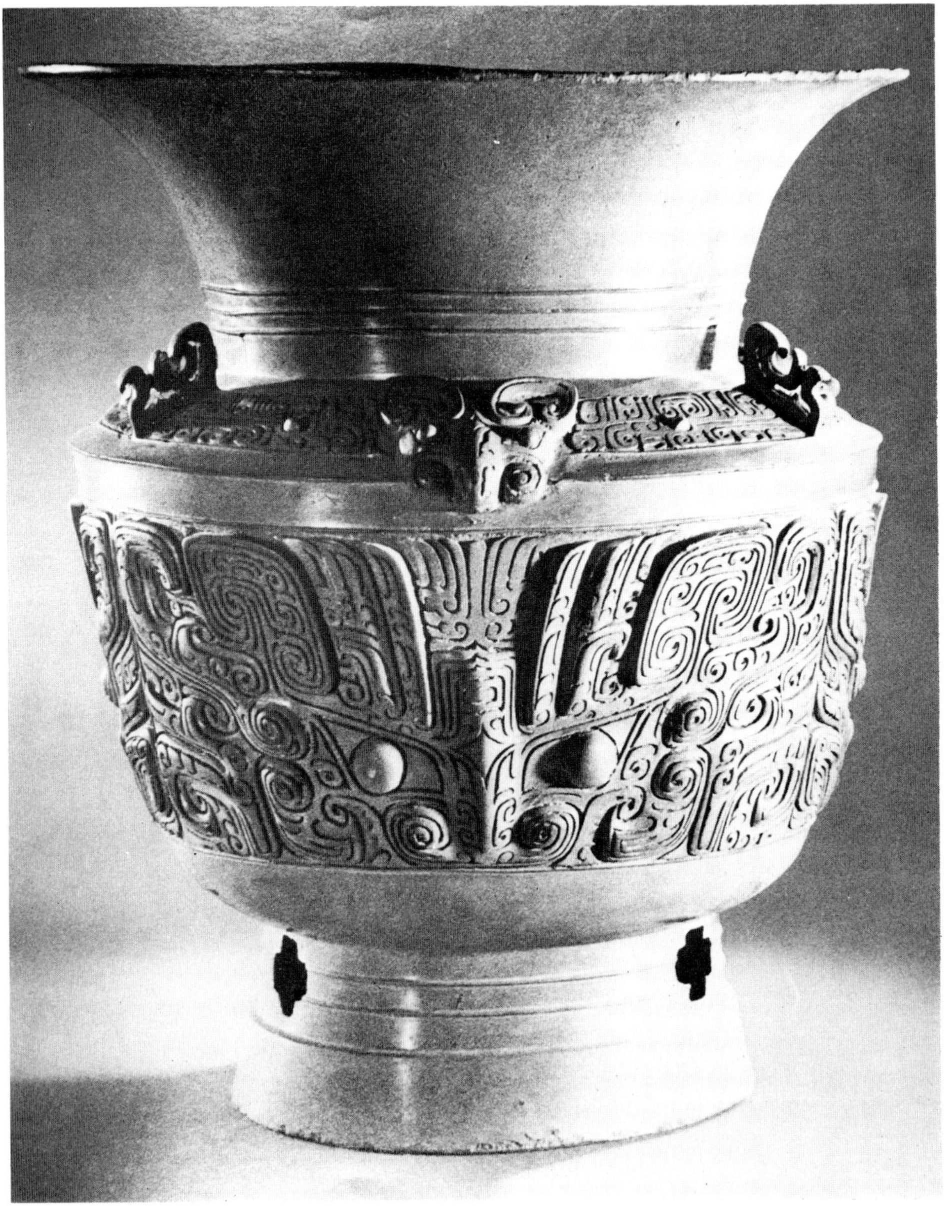

20 Vase mit weitem Mündungsrand und hohem Fuß vom Typus *zun*. Bronze. Die kreuzförmigen Öffnungen am Fuß finden sich auch an Gefäßen vom Typus *gu* (Abb. 14) und sind auf die Gießtechnik zurückzuführen. Die Verzierung besteht aus *taotie*. Aus Funan, Anhui. 14. bis 11. Jahrhundert v. Chr.

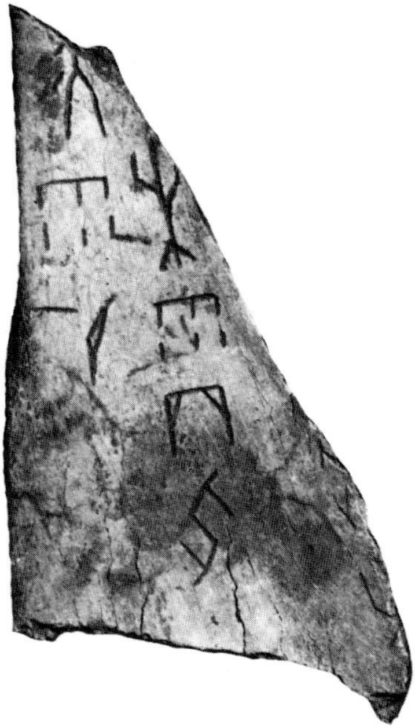

21 Fragment eines Orakelknochens mit eingeritzter Inschrift, die eine Regenbeschwörung zum Inhalt hat. Aus Anyang. Um 1500 v. Chr.

Wissenschaft als Grundlage für die Erstellung einer Chronologie der Herrscher und ihrer Beziehungen zu anderen Staaten. Sie konnten sogar als Informationsquelle zur Landwirtschaft und zum Militärwesen genutzt werden. Eine genaue Datierung für das Aufkommen der Schrift steht noch aus. Unstrittig ist jedoch, daß bereits in der mittleren Shang-Zeit ein beträchtliches Repertoire an Zeichen, in der Regel Bildzeichen, zur Verfügung stand. Diese Zeichen können heutzutage entziffert werden und sind ganz augenscheinlich in vielen Fällen die Vorläufer der modernen Schrift. Darüber hinaus läßt sich an ihnen ein immer deutlicheres Bestreben nach einer Schreibkunst ablesen. Anders als bei den Gußinschriften zeigt der neue Schreibstil auf den Knochen sowohl planerische Phantasie als auch Ausgewogenheit und dazu eine gewisse Kühnheit in der Gestaltung. Wir erleben hier den Beginn einer Kunstform, die in China später höchste Bedeutung erlangen sollte.

In den Gräbern hat man neben den Bronzegegenständen auch Objekte aus Jade gefunden, einer Steinart, die die Chinesen auch heute noch fasziniert. In der Shang-Zeit war der Jade, abgesehen von den magischen Qualitäten, die 23, 24
man ihm zuschrieb, vor allem wegen seiner Haltbarkeit geschätzt. Er wurde deshalb bei Bestattungen unter anderem auch zum Verschließen von Körperöffnungen verwendet. Außerdem fand man Gefallen an dem volltönenden Klang des Steins und verarbeitete ihn seit frühesten Zeiten zu Glockenspielen. Die größeren Jadestücke sind in einem ähnlichen Stil verziert wie die

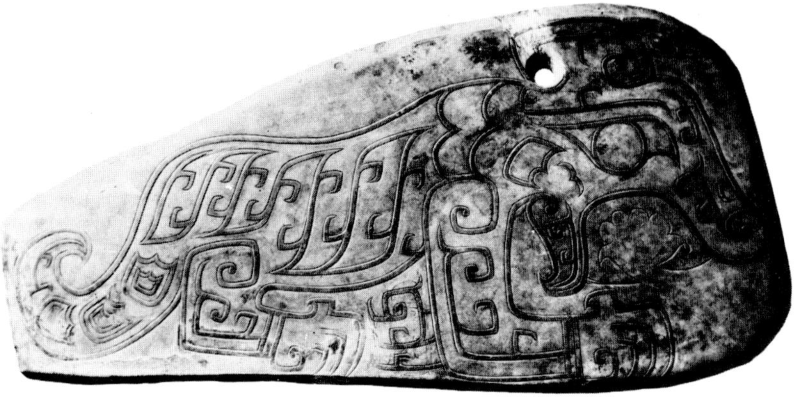

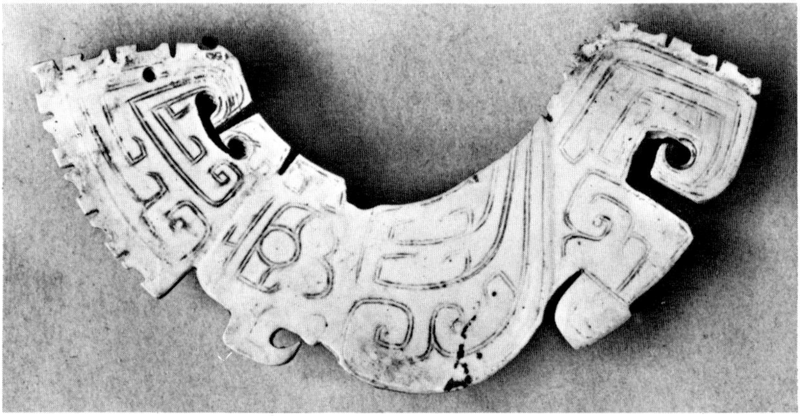

22 Klangstein mit Lochung. Die Oberflächenverzierung besteht aus einem kauernden Tiger in doppelliniger Reliefausführung und entspricht dem zeitgenössischem Bronzestil. Aus Anyang. 14. bis 12. Jahrhundert v. Chr.

23 Geschnitzte Agraffe aus Jade. Das eingeschnittene Bild eines Haubenvogels mit gezackten Ecken und Oberflächenmotiven entspricht ebenfalls dem Bronzestil. 13. bis 11. Jahrhundert v. Chr.

24 (rechts) Weißer Jade vom Typus *zong*. Ein Kultgegenstand unbekannter Verwendung. Die Form, ein in ein Viereck gesetzter Zylinder, gehörte zum Standardrepertoire. 12. bis 11. Jahrhundert v. Chr.

22 Bronzen. Die Technik des Schneidens von Jade haben die Shang-Künstler den Bauern ihrer Zeit abgeschaut, die noch genauso lebten wie ihre neolithischen Vorfahren, und den Stein, der härter als Metall ist, mit Hilfe eines Schleifpulvers bearbeiteten. Die Bronze und alle damit verbundenen Künste waren ausschließlich für die Aristokratie und deren Rituale bestimmt.

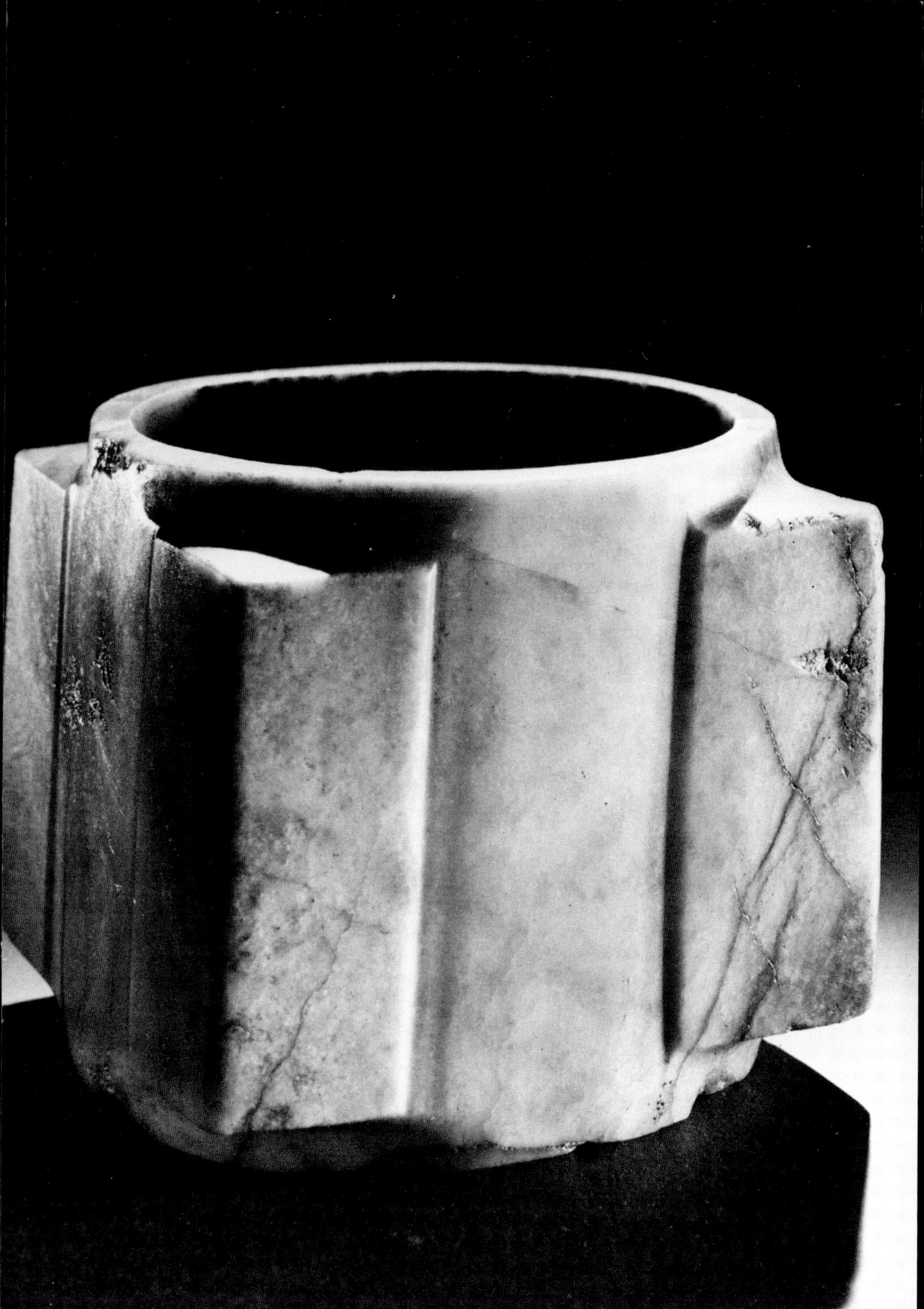

3 Status und Dekoration

12. bis 3. Jahrhundert v. Chr.

Nach dem Niedergang der Shang errichtete ein kriegerisches Volk am Fen-Fluß, nahe dem heutigen Xi'an, seine Hauptstadt. Die Zhou, wie sich dieses Volk nannte, sind auf den Orakelknochen von Anyang (14. bis 12. Jahrhundert v. Chr.) als feindseliger Stamm im Westen vermerkt. Die neuen Herrscher gestatteten dem besiegten Shang-Herrscher, die Residenz in Anyang unter Aufsicht der Zhou-Prinzen beizubehalten. Aber ein Aufstand des Gefangenen und seiner Leibwache nach dem Tod des ersten Zhou-Königs, Wu Wang, machten diese Abmachungen zunichte. Nach der Niederschlagung errichtete der Zhou-Regent Einzelstaaten, die er blutsverwandten Prinzen als Lehen übergab. Dieses Feudalsystem brachte den Zhou Wohlstand, und es entstanden immer mehr und auch größere Einzelstaaten, die zunehmend an Einfluß gewannen, während die Zentralmacht, obwohl sie formal die kaiserliche Oberhoheit beibehielt, ihren politischen Einfluß verlor. Diese Entwicklung endete damit, daß die theokratische Kunst der Shang ihre Daseinsberechtigung verlor: Obwohl das alte Kunsthandwerk fortgeführt wurde, machte es eine grundlegende Veränderung durch. Der gesellschaftliche Stand begann nun eine große Rolle zu spielen. Bronzen und andere Kunstgegenstände verloren ihren hieratischen Charakter und symbolisierten jetzt Rang und Stellung. Stilistisch gesehen setzte sich vom 11. bis 9. Jahrhundert eine Tendenz fort, die sich schon in der späten Shang-Zeit abgezeichnet hatte. Das Repertoire an Schmuckmotiven wurde zunehmend erweitert, was unter anderem auch an der Einführung eines Vogelmotivs erkennbar wird. Die Formgebung machte ebenfalls einen Wandel durch: Die Gefäßtypen *jue* und *gu*
25–27 wurden durch die Gefäßtypen *yu, gui* und *ding* ersetzt. Die breiteren Formen des *yu* und *gui* eigneten sich besonders gut für das Vogelmotiv mit dem auf-
26 gestellten Fasanenschwanz. Südliche Funde aus Anhui zeigen dieses ineinander verflochtene Motiv in besonderer Schönheit. Bronzeobjekte wurden in

25 Kübel mit schwenkbarem Henkel vom Typus *yu*. Bronze. Ein Objekt, das die stilistischen Übersteigerungen der frühen Zhou-Periode deutlich macht. Die hakenförmigen, aufgerichteten Flansche geben dem Gefäß ein neuartiges Profil, während die Verzierung rein traditionell ist. 12. bis 11. Jahrhundert v. Chr.

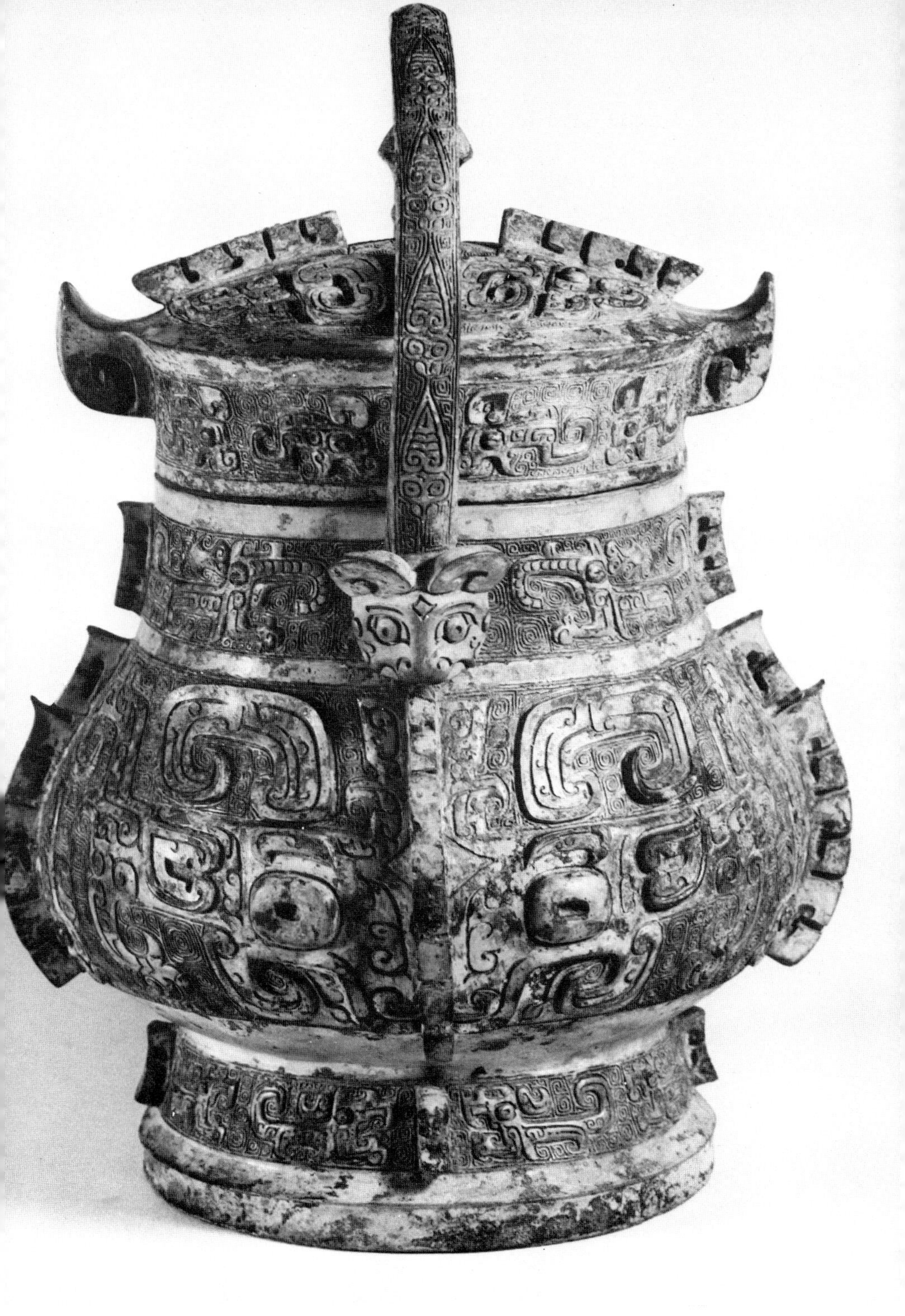

großer Zahl und in vielen Formen produziert, mit Schmuckmotiven, die sich
trotz gewisser stilistischer Freiheiten eng an Shang-Vorlagen anlehnten. Der
Dekor wurde immer mehr verweltlicht, wobei sich das *taotie*, sofern es ver-
wendet wurde, in eine gehörnte Monstermaske verwandelte. Eine gewisse
Übersteigerung, typisches Merkmal des neuen Stils, wird an den Flanschen
sichtbar, die oft zu hakenförmig nach oben gezogenen, bösartig wirkenden
25 Zacken vergrößert sind und das Gefäßprofil markieren. Die Funde aus
Fufeng, einem Grabungsort nahe der Hauptstadt, veranschaulichen in viel-
fältiger Weise diese stilistischen Besonderheiten des Bronzegeräts aus dem
10. und 9. Jahrhundert v. Chr.

26 Kübel mit schwenkbarem Henkel vom Typus *yu*. Bronze. Das Vogelmotiv und die Darstellung mit langen Haubenfedern und spiralförmigen Schwänzen passen gut zu der gedrungenen Gefäßform. Ein Vergleich mit Abb. 18 zeigt den auffälligen Stilwandel von der mittleren Shang-Zeit bis zur mittleren Zhou-Zeit. Aus Anhui. 10. bis 9. Jahrhundert v. Chr.

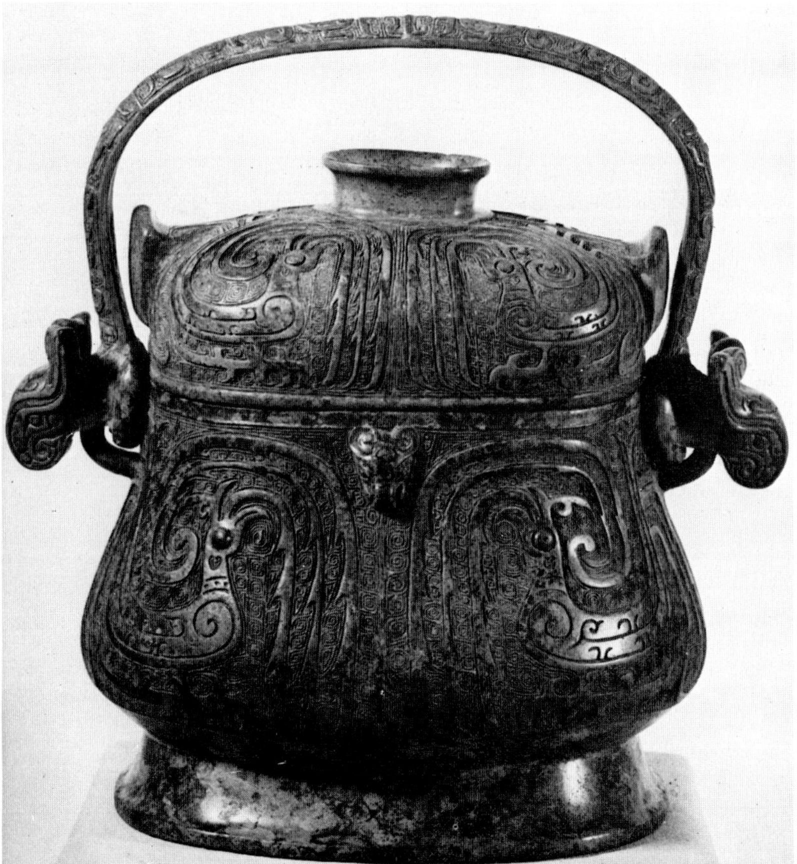

Ein anderes, wesentliches Charakteristikum der Bronzen dieser Zeit sind Inschriften, die zunehmend länger wurden. Diese Inschriften enthalten ausführliche Vermerke über den Anlaß der Herstellung und die Präsentation der Gefäße. Die Zeichen, die eine engere Verwandtschaft zur modernen Schrift als zu den Shang-Inschriften zeigen, sind in einem Stil ausgeführt, der vom Material geprägt ist und in einer Weiterentwicklung heute auch als Siegelschrift benützt wird. Die langen, ausführlichen Texte nutzen ein breiteres Vokabular. Die darin enthaltenen Informationen machen diese Bronzen zu authentischen Quellen für die historische Forschung. Tatsächlich gilt die Zeitspanne von den späteren Westlichen Zhou bis zu den frühen Frühlings- und Herbst-

27 Dreifußgefäß mit Deckel vom Typus *ding*. Bronze. Der Deckel kann auch als Schüssel benützt werden. Elegante Formgebung war in dieser Zeit wichtiger als die Verzierung, die hier aus einem abstrakten Muster besteht mit einem Vierblatt-Motiv in der Mitte des Deckels. Um 6. Jahrhundert v. Chr.

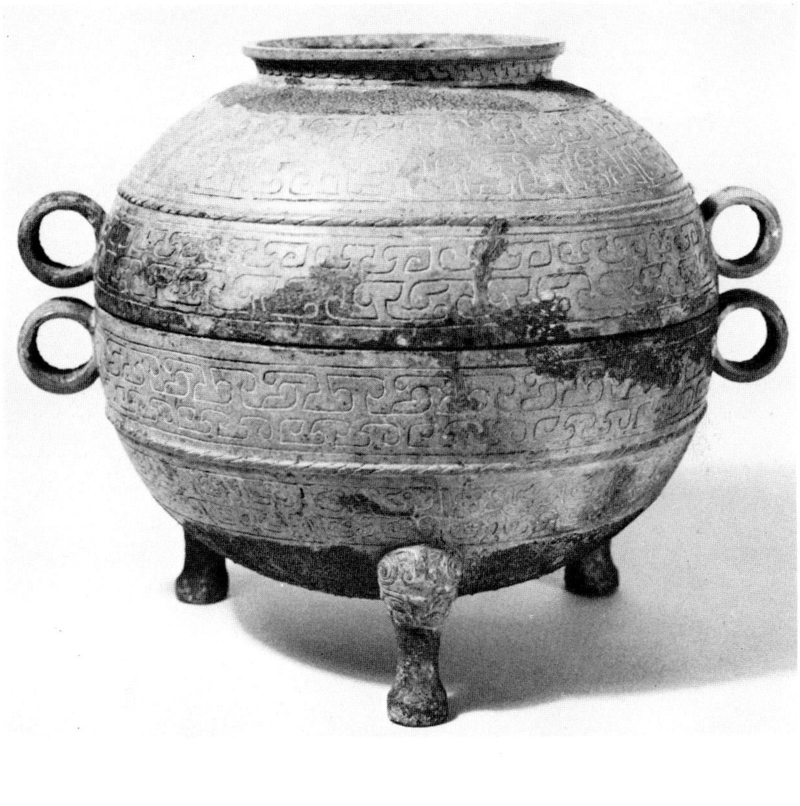

annalen (8. bis 6. Jahrhundert v. Chr.), gekennzeichnet durch die Verlegung der Hauptstadt Chang'an nach Luoyang, als eine Zeit, die zwar den Niedergang in der Bronzekunst markiert, aber zugleich den Aufstieg der Bronzen als historische Dokumente einleitet.

In der zweiten Hälfte der Zhou-Periode (771 bis 450 v. Chr.) kam es jedoch zu einer beachtlichen künstlerischen Wiederbelebung. Während dieser Zeit setzten sich in allen Bereichen des Handwerks lokale Kunststile durch, die zum Schönsten zählen, was bis dahin hervorgebracht worden war. Obwohl handwerkliches Können und Gestaltungskunst während der Zhou-Zeit auf hohem Niveau standen, scheint doch ein eigentümlicher Mangel an expressiver Kunst für diese Periode kennzeichnend zu sein. Immerhin haben sich zwei Stücke eines Schamanentuches mit aufgemalten Figuren und Zeichen erhalten, aber aus ihnen allein läßt sich nicht ablesen, ob es in dieser Zeit eine bemerkenswerte expressive Kunst gegeben hat.

Das Zhou-China umfaßte ein großes Gebiet. Im Westen und Norden lagen Staaten, die an die Wüsten Zentralasiens und der Mongolei angrenzten, und im Süden gab es einen Staat, der sich unabhängig von der großen zentralchinesischen Kulturzone am Gelben Fluß entwickelt hatte. In diesem südlichen Chu-Staat lagen die Wurzeln für die meisten poetischen Elemente der nachfolgenden chinesischen Kunst. Das Chu-Handwerk bestand in der Hauptsache aus mit leuchtenden Lackfarben bemalten Holzschnitzereien, die fremdartige, symbolhaft anmutende Vögel, Schlangen und Hirsche mit lang heraushängender Zunge darstellen. Die Chu-Leute waren hervorragende Architekten, vor allem Palastarchitekten, und wurden damals und in späteren Jahrhunderten von ihren nördlichen Nachbarn sehr bewundert. Auch die beiden oben erwähnten schamanistischen Tuchstücke stammen aus Fundorten in Chu. Sie lassen geschwungene Linien in einem Streumuster erkennen, zeigen aber kein Bemühen um eine Bildkomposition. Die südlichen Chu haben keine Bronzen hinterlassen, im östlichen Chu (dem heutigen Shouxian, Anhui) wurden Spiegel und Zierrat aus feinstem Bronzeguß gefunden. Die Spiegelrückseiten sind mit einem eingravierten Linienmotiv verstehen, das stellenweise durch Malachitintarsien betont wird und in einen eckigen, aus geometrischen Mustern bestehenden Hintergrunddekor eingearbeitet ist.

Dieser Stil wird als Variante des sogenannten »Huai-Stils« angesehen, der eigentlich im Gebiet um die Hauptstadt Luoyang beheimatet ist. Die dort gefundenen Spiegel zeigen einen ähnlichen Stil, aber das erhabene Relief besteht zumeist aus eidechsenartigen Drachen, die sich über ein scharfkantiges Oberflächendekor winden. Manchmal wirken die Tiere fast wie verschnörkelte Pflanzenornamente. Diese Zweideutigkeit ist ein bestimmendes Element im dekorativen Kunststil der Hauptstadt, der aber auf Grund seiner Ele-

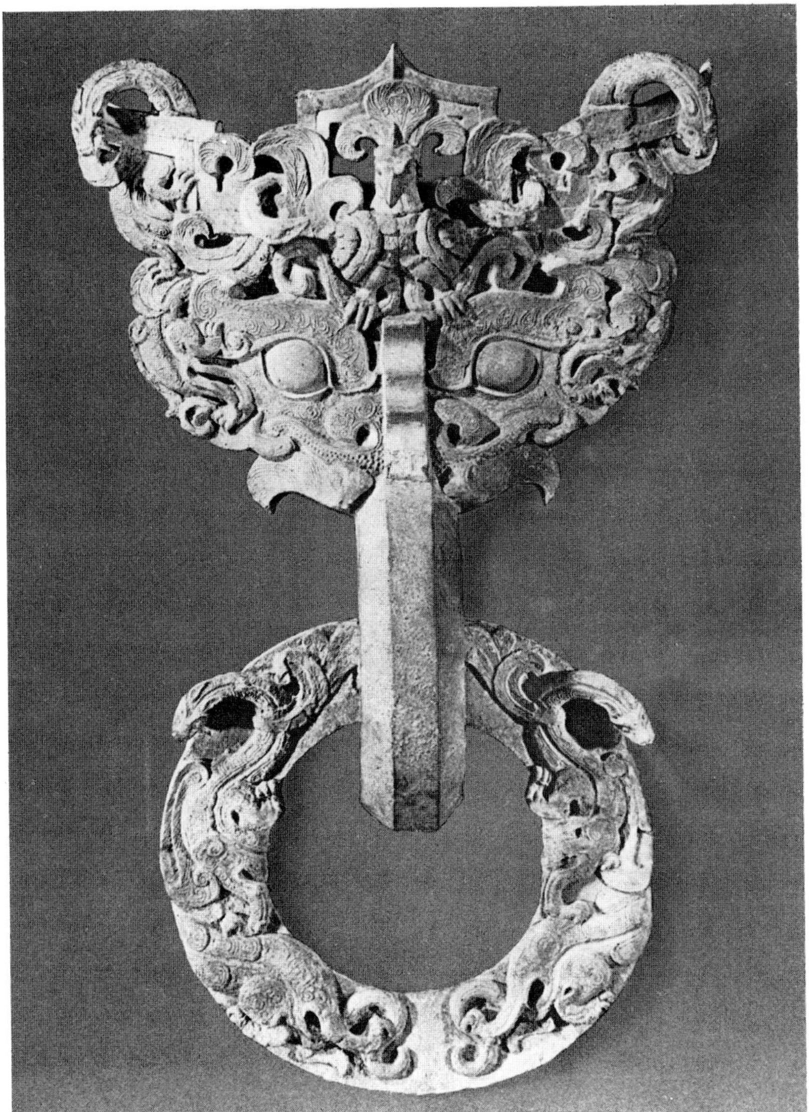

28 Monstermaske und Ringgriff aus Bronze. Dieses Stück hat möglicherweise als Griff für einen Sarg oder eine Tür gedient. Die Maske entspricht nicht mehr dem traditionellen *taotie*-Stil. Sie wird von einem Vogel und von Schlangen überragt. Aus Yixian, Hebei. 5. Jahrhundert v. Chr.

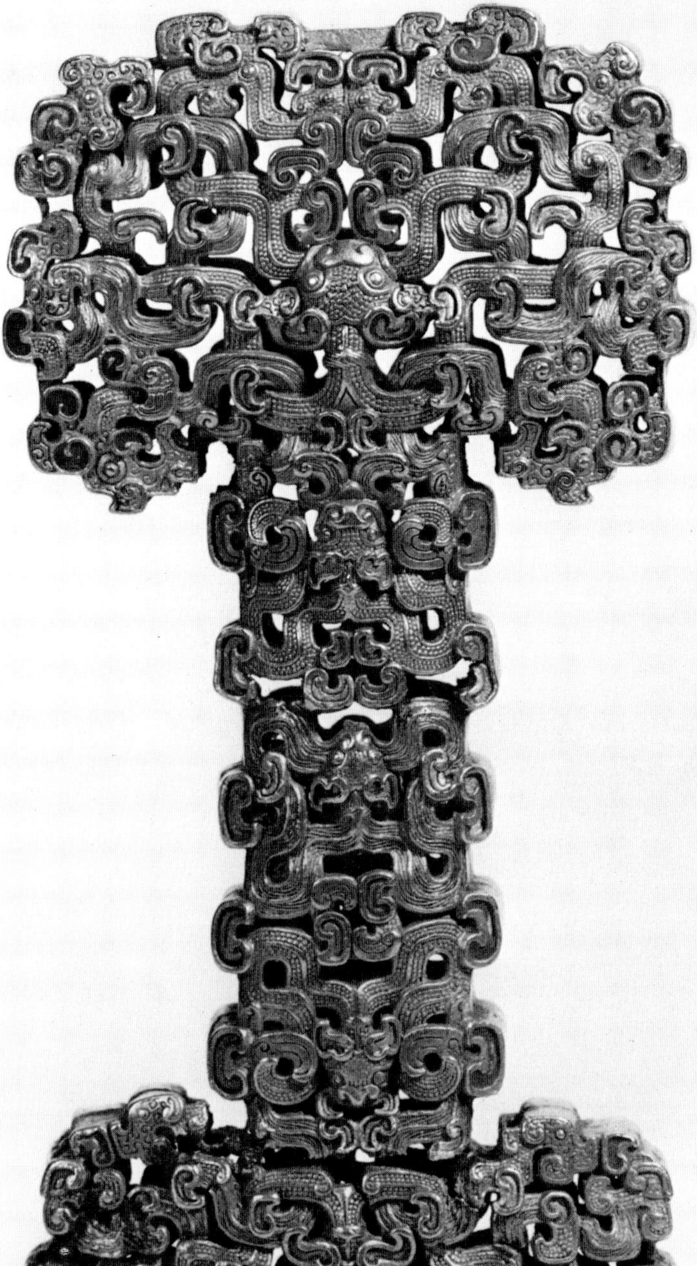

ganz niemals ins Groteske abgleitet. Im allgemeinen zeigt das Bronzegerät der späten Zhou-Zeit eine Vielfalt an ineinander verschlungenen Drachenmotiven, die sich manchmal zu Haken- und Punktmotiven auflösen und eine reich ausgestaltete Oberflächenstruktur darbieten. Die Technik des Unterschneidens und Durchstechens erforderte eine Wachsmatrix und das Gießen
im Wachsausschmelzverfahren. Gold und Silber wurden für Intarsienarbeiten 28, 29
und zum Vergolden gebraucht, Techniken, die zur Produktion von Zierat, wie 30

29 (links) Dolchgriff aus Gold. Dieses Stück, das sich aus ineinandergreifenden Drachen zusammensetzt, wurde im Wachsausschmelzverfahren gegossen. 4. Jahrhundert v. Chr.

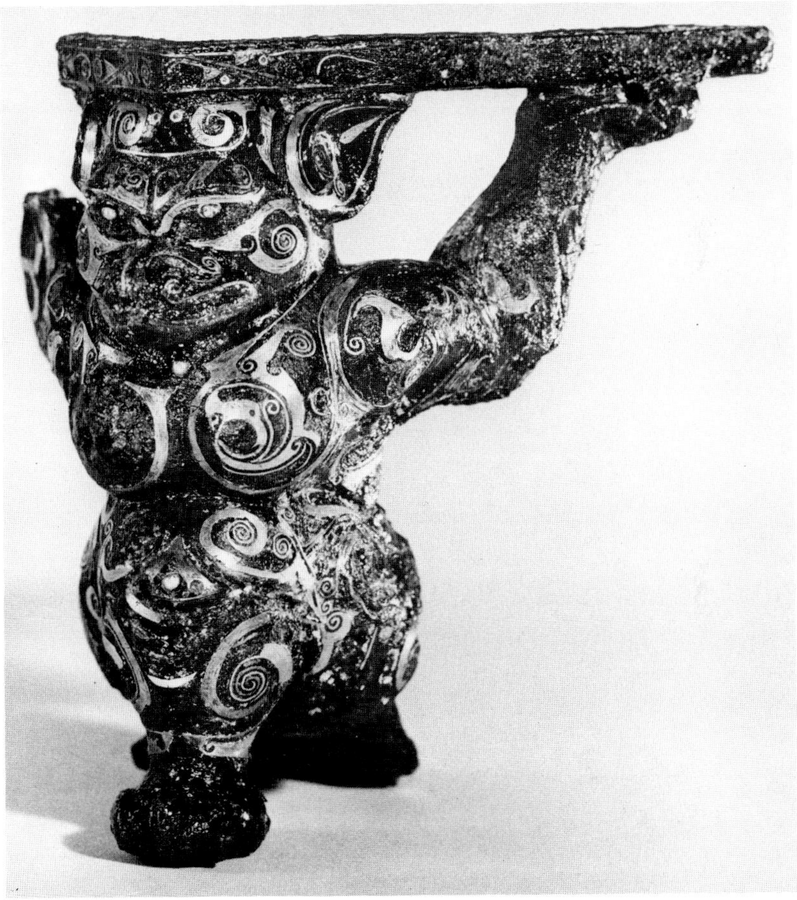

30 Tischbein aus Bronze mit Gold- und Silberintarsien. Die gerollten und volutenartigen Motive der Intarsien wurden als Einfassung und auch auf dem Körper der Figur verwendet. Dieser Dekorationsstil findet sich auch an den Stick- und Lackarbeiten dieser Periode. 6. bis 3. Jahrhundert v. Chr.

z. B. Gürtelhaken, entwickelt wurden. Intarsiendekor, anfänglich durch Einhämmern von Metallfäden in vorgeschnittene Linienmuster hergestellt, kam in Jincun auf, das bei Luoyang liegt, wurde aber auch an vielen anderen Orten praktiziert. Glänzende Metallintarsien mit völlig abstrakten Spiral- und Schneckenmotiven, vor allem auf kleineren Objekten und Ziergeräten, sind charakteristisch für die spätere Zhou-Zeit. Die starke Ausdruckskraft, die in der dekorativen Kunst erreicht wurde, beruht auf einem sicheren Empfinden
34 für Eleganz, das auch schon in der Töpferkunst zu erkennen war.

Die persönliche Ausstattung der Zhou-Aristokratie war offenbar hochgradig

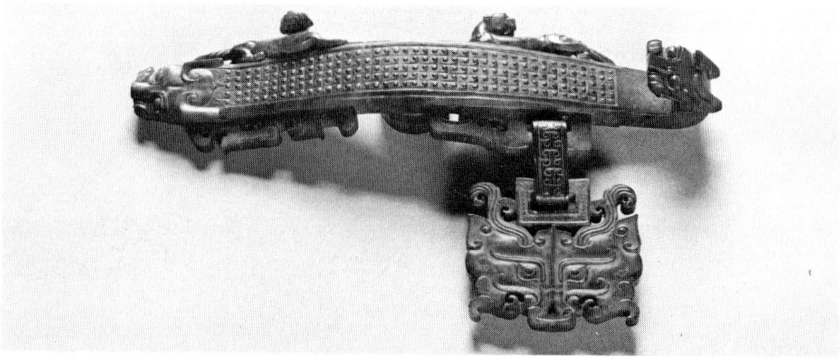

31 Geschnitzter Gürtelhaken aus grünem Jade (mit Parallelen zu den Bronzen auf Abb. 27 und 28). Die kleinen, kauernden Katzen auf dem oberen Rand des Hakens sind charakteristische Merkmale dieser Periode. 3. Jahrhundert v. Chr.

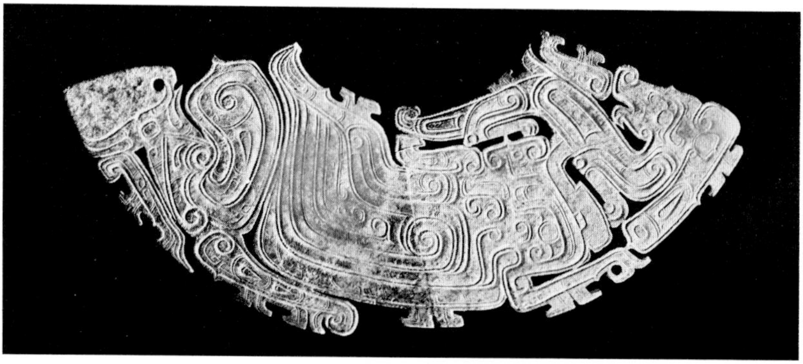

32 Halbmondförmige Agraffe aus geschnitztem Jade. In Form und Funktion ist dieses Stück mit einem Jadeobjekt aus dem 13. Jahrhundert vergleichbar (Abb. 23). Hier ist die Bearbeitung kunstvoller, wobei die Vermischung von Vogel- und Drachenmotiven für ein reichhaltigeres Muster sorgt. Frühes 10. Jahrhundert v. Chr.

dekorativ. Hierher gehören die bereits erwähnten Gürtelhaken, aber auch verzierte Dolchgriffe und kleine Schwerter mit Goldintarsien waren in Mode. 31
Die Schwertschneiden, in einem komplizierten Gußverfahren hergestellt, waren zuweilen mit winzigen, eingelegten Dekors aus Edelsteinen versehen. 29
Jade und andere harte Halbedelsteine fanden in der dekorativen Kunst der späteren Zhou ebenfalls Verwendung. Jade war der härteste und seltenste 31–33
Stein. Da es keine Jadevorkommen in China gibt, war der Stein schon wegen seiner Seltenheit hoch geschätzt. In der Zhou-Zeit bezog man ihn hauptsächlich aus Zentralasien. »Weißer« Jade, der manchmal ins Bräunliche ging, war

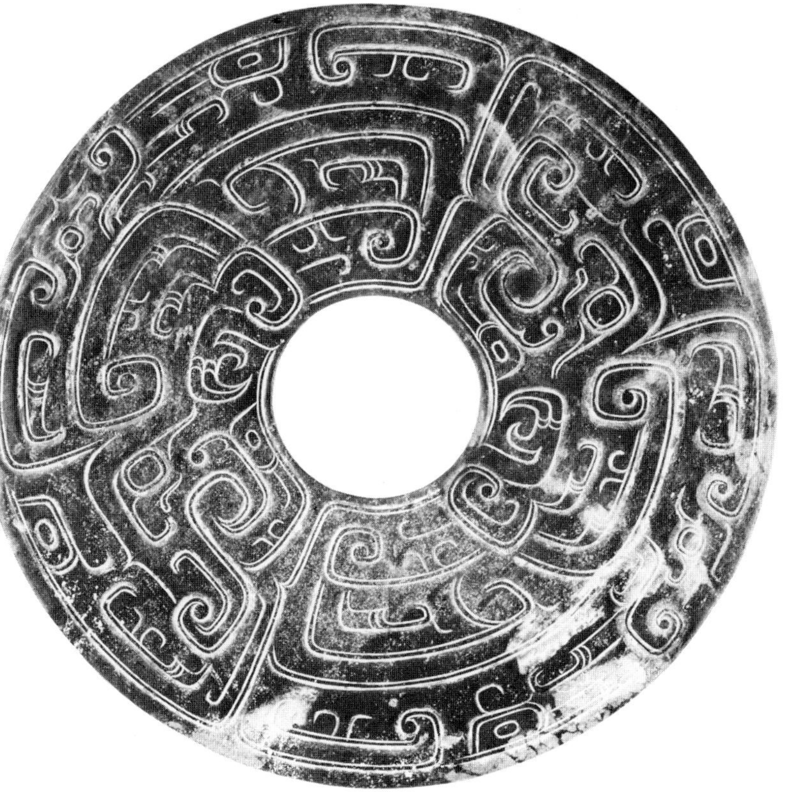

33 Geschnitzte Scheibe aus grünem Jade vom Typus *bi*. Ein sehr alter Kultgegenstand, dessen Bedeutung unbekannt ist. Die Shang-Beispiele sind ohne Verzierung. Dieses Stück, das ins 8. Jahrhundert v. Chr. datiert werden kann, weist eine abstrakte, mäanderförmige Verzierung auf.

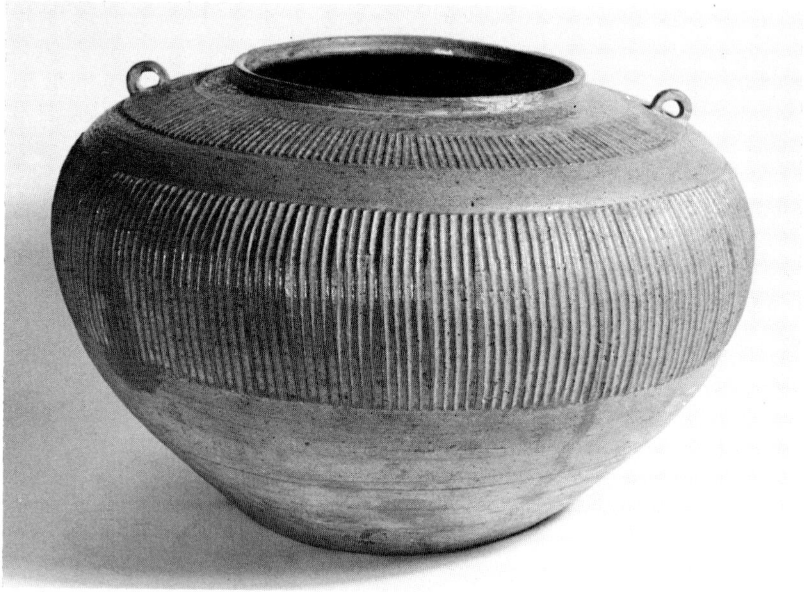

34 Topf aus grauem Steinzeug mit leichter, gelblicher Glasur. Aus dem nördlichen Gebiet um Zhejiang. Ein Beispiel für die handwerkliche Kontinuität in Ostchina im Bereich der Glasurtechniken für Steinzeug (Abb. 11). 4. Jahrhundert v. Chr.

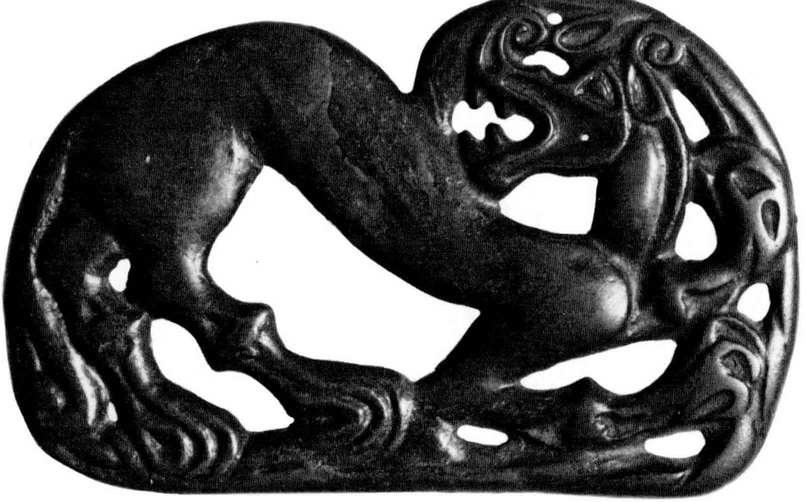

35 Agraffe mit Tiger und Baum aus Bronze. Ordos-Stil. Das Motiv stammt aus der Tierkunst Zentralasiens. 4. bis 3. Jahrhundert v. Chr.

vom 5. bis 4. Jahrhundert v. Chr. bevorzugt. Da er als unzerstörbar galt, fand er vor allem in der Bestattung weite Verwendung. Als eine feinere Oberflächengestaltung in Mode kam, bearbeitete man auch die Jadeoberfläche im Huai-Stil, mit geschwungenem oder spitzigem Dekor, matt oder glatt poliert, mit erhabenen oder eingravierten Reliefs.

Die Zhou waren große Städtebauer. Aber abgesehen von den Erdwallresten einiger Stadtbefestigungen und den gestampften Fundamenten einiger größerer Gebäude ist von ihren Städten nicht viel übrig geblieben. In der chinesischen Architektur hatte sich damals bereits eine feste Tradition etabliert, die sich als beständig erweisen sollte und deren Hauptelemente Balken und Pfeiler aus Holz waren. Die Basis bildeten Tragepfeiler, die auf hart gestampfter Erde errichtet und mit Querbalken »verankert« wurden. Eine weitere, oben aufgesetzte Querbalkenkonstruktion trug das Dach. Anfänglich war die Dachabstützung einfach, da die Dächer wahrscheinlich strohgedeckt und deshalb relativ leicht waren. Als jedoch Dachziegel aus Keramik aufkamen, mußte der Dachunterbau wegen des größeren Gewichts zu einer aufwendigen Konstruktion ausgebaut werden. Die wenigen Häuserdarstellungen auf Bronzereliefs zeigen, daß sich diese Stützkonstruktion immer mehr erweiterte, bis schließlich jenes komplizierte Konsolensystem entstand, das bis heute das charakteristischste Merkmal der chinesischen Architektur ist.

Daß zwischen Zhou-China und seinen nomadisierenden Nachbarn Kontakte
bestanden, läßt sich an der nördlichen Bronzekunst des 5. bis 3. Jahrhunderts
v. Chr. ablesen. Im Norden standen die Chinesen nämlich mit den Nomaden
der Ordos-Region in Handelsbeziehungen, die ihrerseits eine Verbindung zu
den Nomaden Zentralasiens herstellten. Die Ordos-Nomaden hatten einen eigenen
Kunststil in Form von Tierbronzen hervorgebracht. Darauf aufbauend,
entwickelten die Chinesen einen eigenen Tierstil, der sich im nördlichen China
ausbreitete. Die Darstellungen kämpfender Tiere auf Agraffen und Reliefs
oder Variationen zum »Tier-im-Ring«-Motiv treten am Ende der Zhou-Peri- 35
ode auf. Die schwache Vormachtstellung der Zhou, deren Staatenverbund unaufhaltsam auseinanderbrach, fand ihr Ende während einer Phase weiterer Machtaufsplitterung zur Zeit der Kämpfenden Reiche (481 bis 221 v. Chr.), einer Periode, die wegen ihres prächtigen Kunsthandwerks Beachtung verdient. Die Belebung des Handwerks ist möglicherweise auf die starke Konkurrenz zwischen den Staaten und die sprunghaft zunehmenden, neuen Hofhaltungen zurückzuführen, die auch für zahlreiche neue Auftraggeber sorgten. Selbst die von der Qin-Dynastie (221 bis 206 v. Chr.) erzwungene Zentralisierungsbewegung konnte diesen Prozeß nicht aufhalten. Die chinesische Kultur stand am Beginn einer neuen Entwicklung.

4 Nationalismus und künstlerischer Ausdruck

3. Jahrhundert v. Chr. bis 3. Jahrhundert n. Chr.

In der Zeit der Qin-Dynastie und der Han-Dynastie gewann die chinesische Kunst völlig neue Ausdruckskraft. Während sie zuvor mit Ritualen und Zeremonien verknüpft war und dann der Oberschicht als dekoratives Statussymbol gedient hatte, befaßte sie sich jetzt mit Themen aus dem Bereich der Mythen und des alltäglichen Lebens.

Die unter der Qin-Dynastie neuerlich vereinigte Nation umfaßte nicht nur die städtisch geprägten Zhou-Staaten, sondern auch viele fremde Stämme mit eigenen Mythen und Religionen, teilweise sogar mit eigenen künstlerischen Traditionen. Diese Mannigfaltigkeit machte es erforderlich, eine einheitliche kulturelle Ausdrucksform zu finden. Daß die Han-Dynastie heute als der Inbegriff des Chinesischen betrachtet wird, geht auf diese Periode zurück. Die Zeit der Han-Dynastie gilt als eine der Blütezeiten der chinesischen Kultur.

Die staatliche Vereinigung war begleitet von einer regelrechten Explosion auf allen Gebieten künstlerischen Schaffens. Zu Beginn der Han-Zeit soll der Gebrauch von Pinsel, Tusche und Papier aufgekommen sein, obwohl es Hinweise gibt, daß Pinsel und Tusche auch vorher schon bekannt waren. Sicher ist, daß der freie Umgang mit diesen drei Materialien zu einem vermehrten Schrifttum beigetragen hat. Zahlreiche Geschichten und Legenden wurden neu verfaßt und aufgezeichnet. Die umfassende Verwendung der Schrift scheint dann auf ganz natürliche Weise zu einer erzählenden bildlichen Darstellung und zur Entwicklung der Malerei als einer expressiven Kunst geführt zu haben. Diese Entwicklung wurde vorbildlich für die chinesische Kunst und ist es bis heute geblieben. Malerei und Kalligraphie wurden die bedeutendsten künstlerischen Ausdrucksformen in China. Alle anderen Künste behielten etwas von dem dekorativen Charakter bei, den sie am Ende der Zhou-Dynastie angenommen hatten.

Die wichtigsten Stile, denen ein bis heute gültiges System ästhetischer Regeln zugrunde liegt, haben sich in dieser Periode entwickelt: Die Siegelschrift, die auf den frühen in Bronze gegossenen Inschriften basiert; die
36 Kanzlei- oder Beamtenschrift *(lishu)*, die auf einer bei Steininschriften verwendeten Schriftart basiert und ein stark verbreitertes Strichende aufweist (ähnlich der schweren Strichführung bei römischen Steininschriften); und die

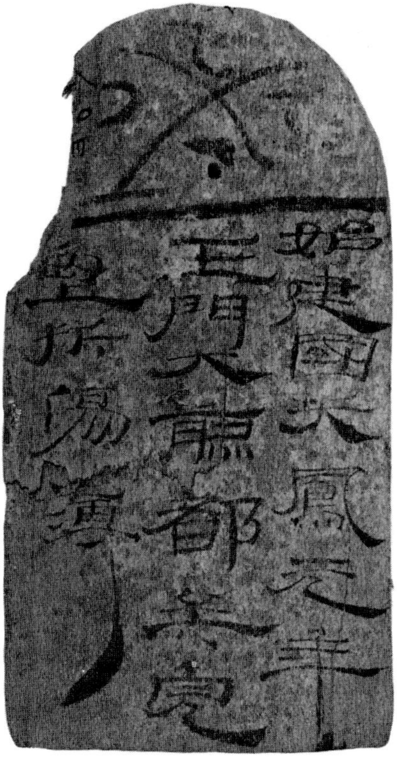

36 Kanzlei- oder Beamtenschrift *(lishu)* mit schwerem Strich, Tusche auf Holz. Dieser Stil, hier mit Pinsel und Tusche ausgeführt, wurde zuerst für in Stein gravierte Kalligraphie verwendet. Die generell angestrebte Ausgeglichenheit zwischen dicken und dünnen Strichen und den Schriftzeichen insgesamt wird sogar an diesem kleinen Beispiel deutlich. Aus Yumen, Gansu, 100 n. Chr.

schwingende »Gras-« oder »Kursivschrift«, die ein schnelles Schreiben erlaubte und sich zu einer eigenständigen Kunstform entwickelte. Die chinesischen Kalligraphen benutzten einen elastischen Pinsel, der aus Tierhaaren, manchmal auch aus den Spitzen von Vogelfedern gefertigt war. Sie verwendeten einen aus Leim und Kiefernruß gepreßten Tuschestein, der mit Wasser abgerieben wurde. Und sie bedienten sich aller Möglichkeiten des neuen Mediums. Die Haltung des Pinsels, die Saugfähigkeit des Papiers und die Konsistenz der Tusche konnten variiert werden, was vielfältige Möglichkeiten bot für breite und schmale Striche, für subtile Kontraste zwischen schweren und leichten Strichen und für einen bewußten Ausdruck in der Linienführung: Die Kalligraphie verlangte außerdem ein gutes Gespür für Komposition, um sowohl innerhalb jedes einzelnen Schriftzeichens ein Gleichgewicht zu erzielen, als auch zwischen den Schriftzeichen einer ganzen Seite eine Beziehung herzustellen. Seit den ersten Jahrhunderten, in denen Pinsel, Tusche und Papier verwendet wurden, bildeten die chinesischen Kalligraphen als »Schrift-

37 Eine Reihe von Begräbnisgefäßen aus der Gansu-Region. Sie sind alle mit Engobe verziert und zeigen Variationen der Muster, die in den Dörfern des Gebietes gefunden wurden: Banshan, Machang und Xindian. 3. bis 2. Jahrtausend v. Chr. (Siehe Seite 13).

38 (rechts) Dreibeiniges Gefäß zur Erwärmung von Wein vom Typus *jue*. Gegossene Bronze. Diese Form tritt nur in der Shang-Dynastie auf, obwohl sie sich aus der Keramik der neolithischen Kultur der Schwarzen Keramik entwickelt hat. 13. bis 12. Jahrhundert v. Chr.

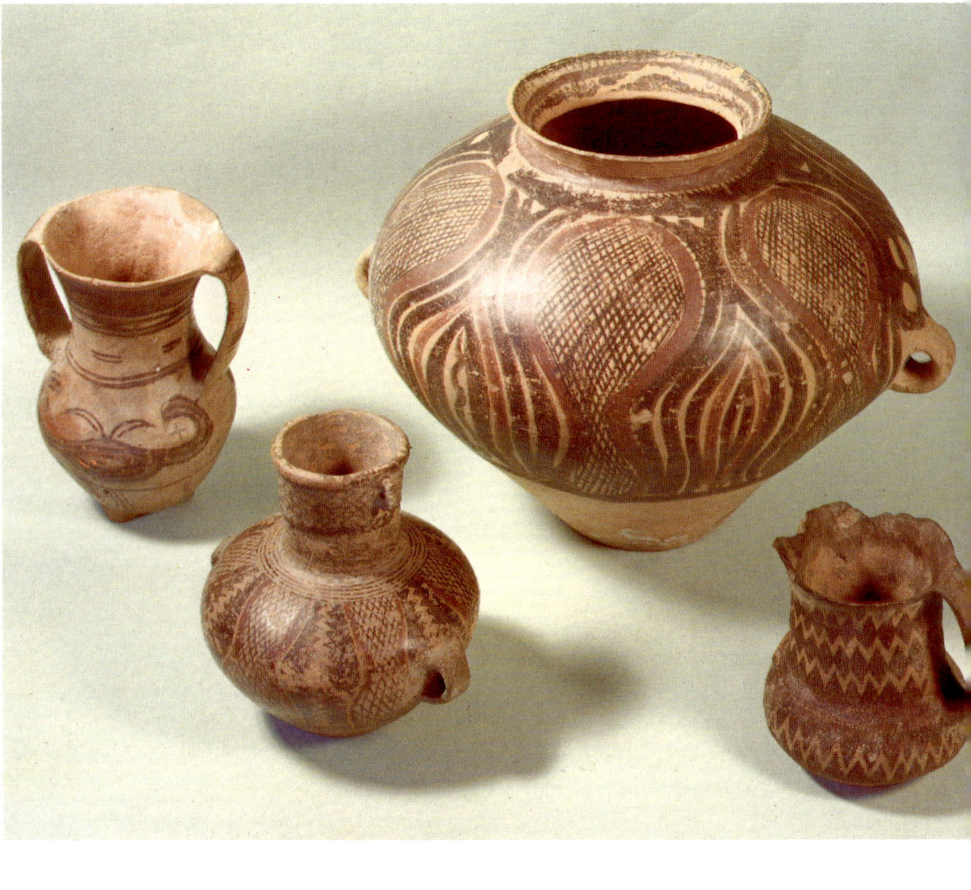

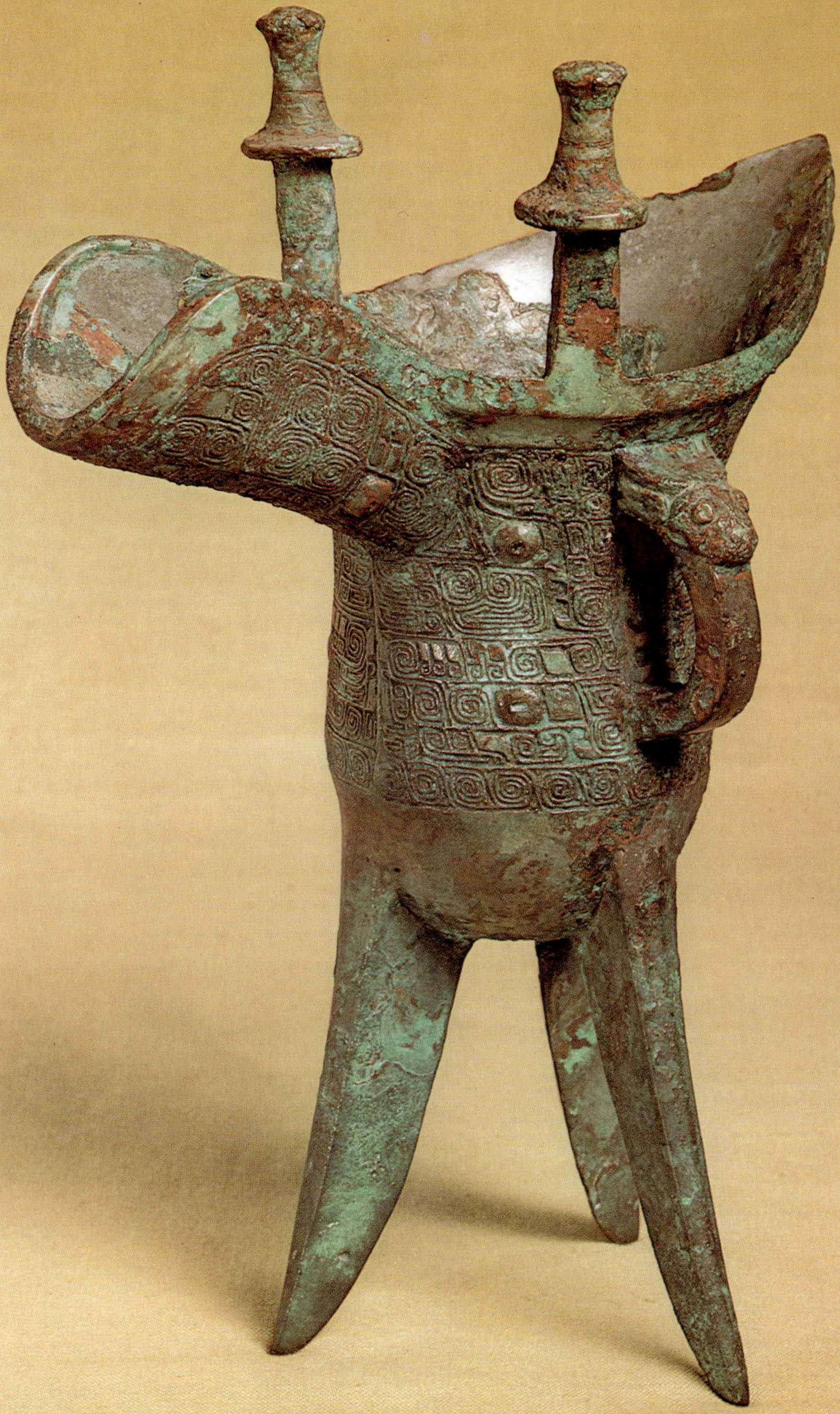

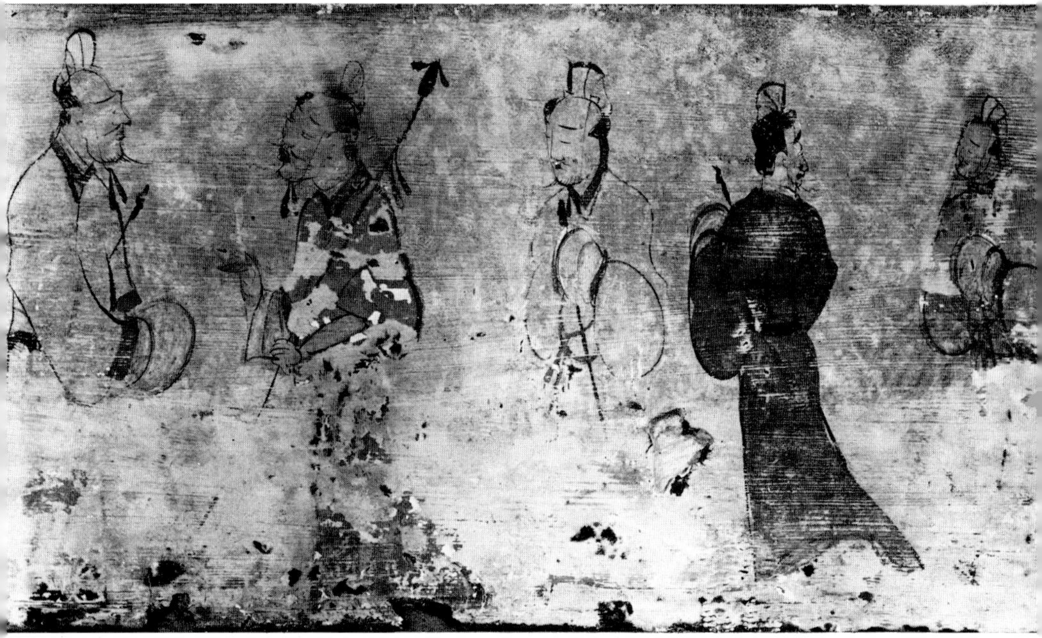

39 Bemalter Ziegel von einem Fries aus einem Grab nahe Luoyang. Dieses frühe Beispiel einer Pinselmalerei zeigt einen feinempfundenen Pinselstrich und das Interesse an individuellen Gesichtstypen. Obwohl die Komposition einfach ist, sind die Figuren durch die Gestik aufeinander bezogen. Han-Dynastie.

gelehrte« eine auserwählte und sich selbst auswählende Elite, die von ihrer Kunst überzeugt war und sie mit einer höchst verfeinerten Kennerschaft pflegte.

Die figürliche Malerei kam wahrscheinlich mit den Sutren und der Tempelkunst nach China, die im 1. Jahrhundert n. Chr. von buddhistischen Mönchen gebracht wurden. Von Anfang an zeigt die figürliche Malerei in China jedenfalls alle Merkmale eines ausgebildeten, einheimischen Stils. Einige der frühesten Han-Malereien auf den Wänden von Ziegelgräbern dokumentieren eine geistreiche Menschenbeobachtung. Sie zeigen bereits ein ausgesproche-
39 nes Interesse am Gesicht als Spiegel der menschlichen Persönlichkeit. Die wenigen Bilder, die erhalten geblieben sind, im wesentlichen Grabmalereien und die ebenfalls aus Gräbern stammenden Lacktafeln, zeigen lebendige Szenen, in denen eine Geschichte erzählt wird, und zwar in einer Abfolge von Einzelbildern, die entweder vertikal oder horizontal angeordnet sind. Selbst bei Wandmalereien wird eine rollbildähnliche Komposition verwendet.
40, 41 Die Seelenbanner der Mawangdui-Gräber in Changsha, die in die Mitte des

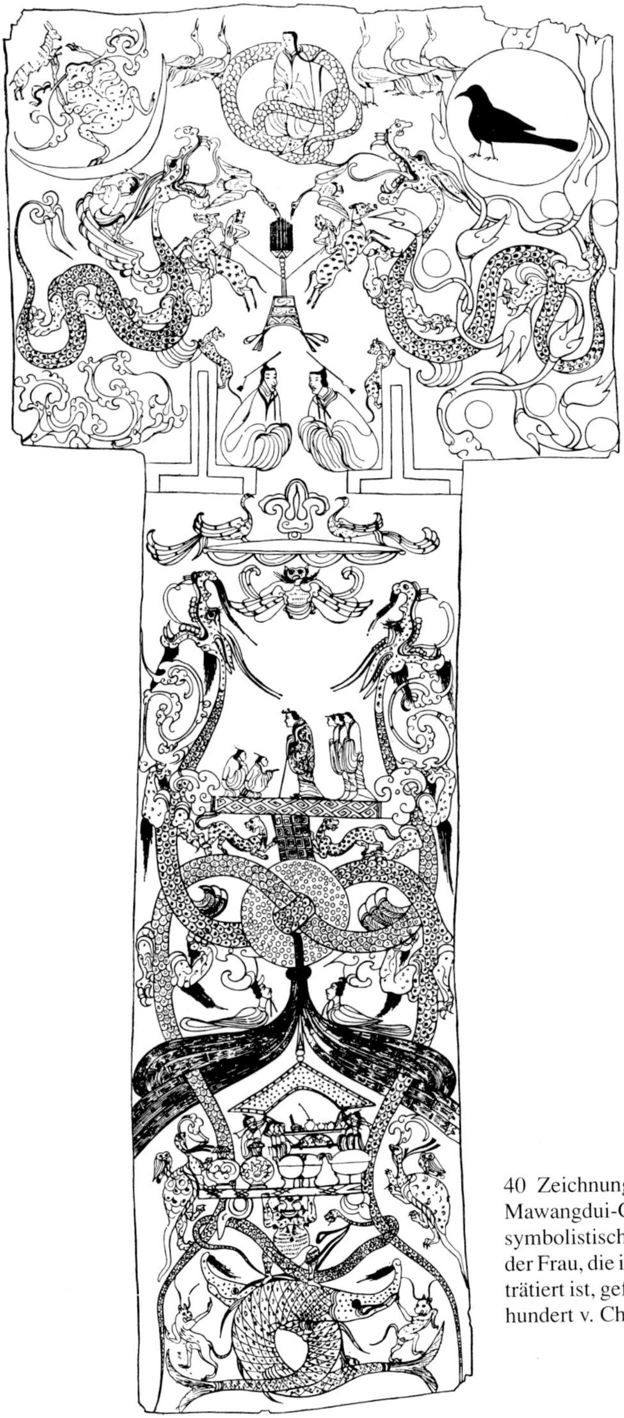

40 Zeichnung des Seelenbanners aus den Mawangdui-Gräbern, Changsha. Eine symbolistische Malerei, die auf dem Sarg der Frau, die in der Mitte des Banners porträtiert ist, gefunden wurde. Mitte 2. Jahrhundert v. Chr.

2. Jahrhunderts v. Chr. datiert werden, repräsentieren bereits einen vollkommenen Malstil. Aufeinanderfolgende Szenen in vertikaler Anordnung zeigen die obere Welt der himmlischen Mächte, die Erde, sowie die Unterwelt oder das Meer. Es besteht eine wunderbare Einheit zwischen der Darstellung der mythischen Welt und der Darstellung der irdischen Welt, da beide Welten für den Künstler die gleiche Realität besitzen. Der obere Bereich symbolisiert den Himmel und die himmlischen Mächte und schildert mehrere kosmologische Mythen der Han-Zeit gleichzeitig. Zwischen anderen, nicht eindeutig zu identifizierenden Wesen ist, als Silhouette vor der Sonnenscheibe, jener schwarze Vogel zu erkennen, den der Jäger Yi erschoß, um eine schreckliche Dürrezeit zu beenden. Gegenüber die dreibeinige Kröte auf der Mondsichel.* Die seltsamen Himmelsbewohner füllen den Raum um die kleine Szene, die die Verstorbene und die Mitglieder ihres Haushalts zeigt. Daß es sich hier tatsächlich um ein Porträt der in diesem Grab bestatteten Person handelt, kann in diesem Fall durch den außergewöhnlich guten Erhaltungszustand der als »weiche Mumie« begrabenen Leiche bestätigt werden. Deren Gesichtszüge sind eindeutig als die der Frau auf dem Banner zu identifizieren. Die Figuren stehen auf einer deutlich abgegrenzten Bühne nicht beliebig im Raum verteilt, sondern in einer Gruppe angeordnet und überschneiden sich teilweise sogar. So ist ganz klar die Beziehung dargestellt, in der sie zueinander stehen. Darunter ist eine zweite Figurengruppe zu sehen zusammen mit zahlreichen Grabbeigaben, möglicherweise eine Darstellung der Begräbniszeremonie.
41 Die düstere Unterwelt oder das unterweltliche Meer sind mit mythologischen Wesen bevölkert. Die ineinander verschlungenen, schlangenartigen Drachen, die sich durch den Jadering *(bi)* winden, und die figürlichen Szenen scheinen diese Komposition mit der ein Jahrhundert älteren Chu-Kunst zu verbinden. Die Darstellung der Figuren und der mythologischen Szenen ist jedoch in jenem »neuen Stil« gehalten, der in der Malerei die reale und die imaginäre Welt miteinander verknüpft. Dieses Nebeneinander des Realen und des Imaginären, wie es sich erstmals bei den Shang-Bronzen beobachten läßt, ist für die Han-Zeit charakteristisch.
18, 42 Eng verwandt mit der figürlichen Malerei sind bestimmte Szenen, die als Re-
43 lief in Stein gemeißelt oder in Ziegel geprägt sind. Wegen des dauerhafteren Materials sind sie besser erhalten als die textilen Banner. Auch sie stehen thematisch in Zusammenhang mit Begräbnissen oder Schreinen, variieren aber
44 stark im Stil. Die Reliefs an den Wänden von Wu Liangzi, einem Familien-

* Siehe M. Loewe, *Ways to Paradise,* London 1979.

41 (rechts) Unterer Teil des Mawangdui-Banners (siehe auch Abb. 40). Der durch verschlungene Linien und reiche Farben gekennzeichnete Malstil ist wahrscheinlich eng mit dem verfeinerten Stil der gleichzeitigen Textilkunst verwandt, von der bis jetzt jedoch noch keine Zeugnisse gefunden wurden.

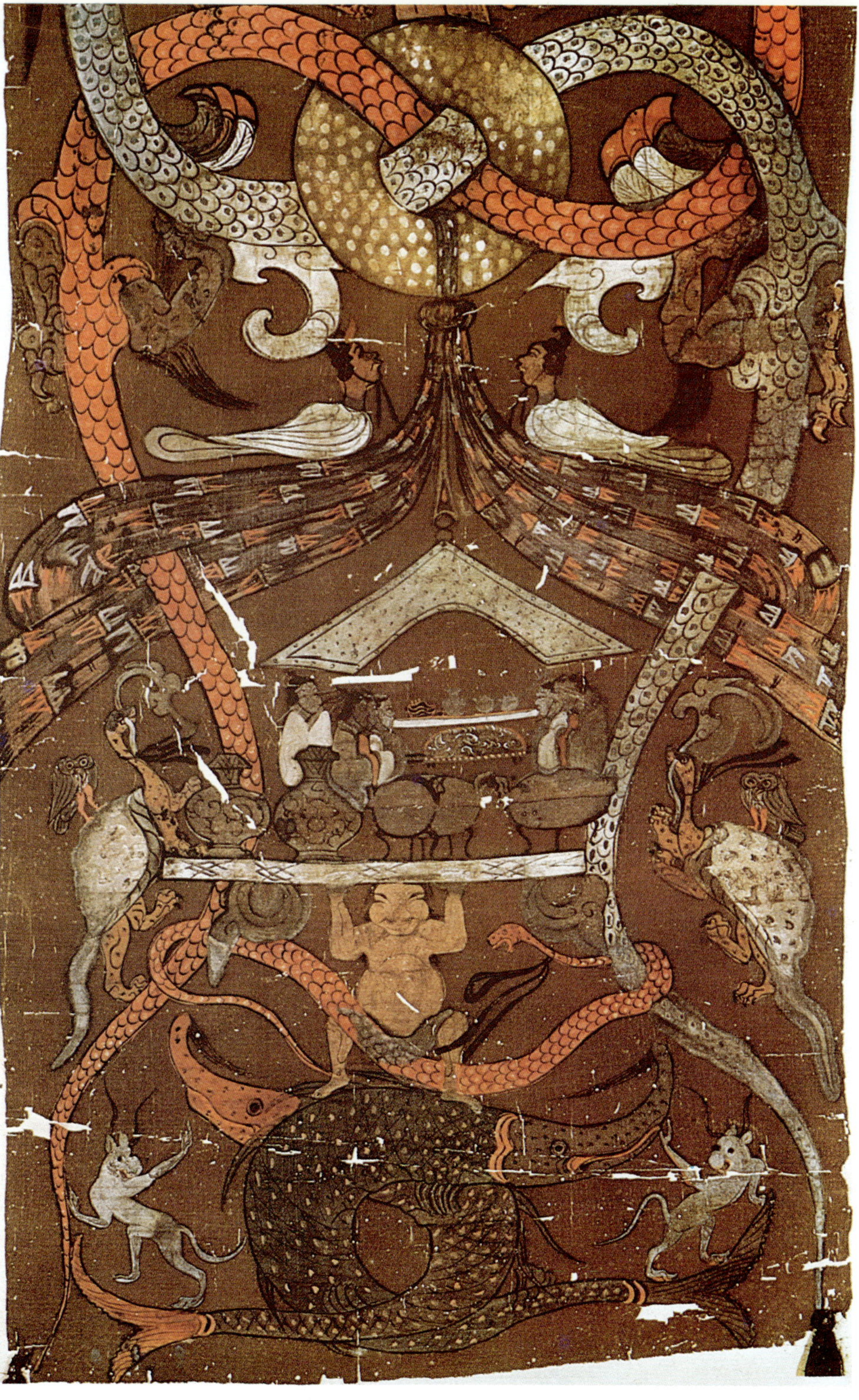

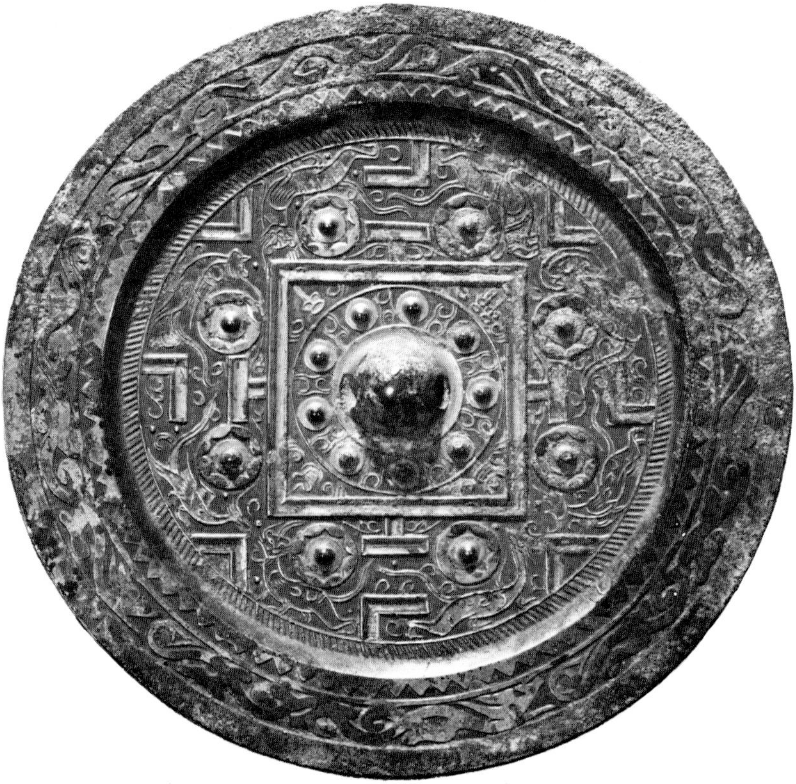

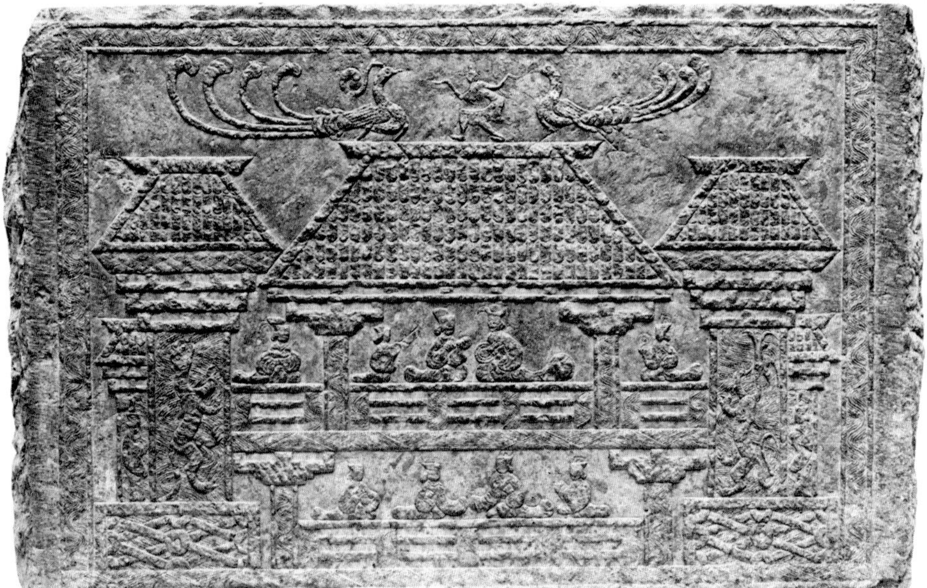

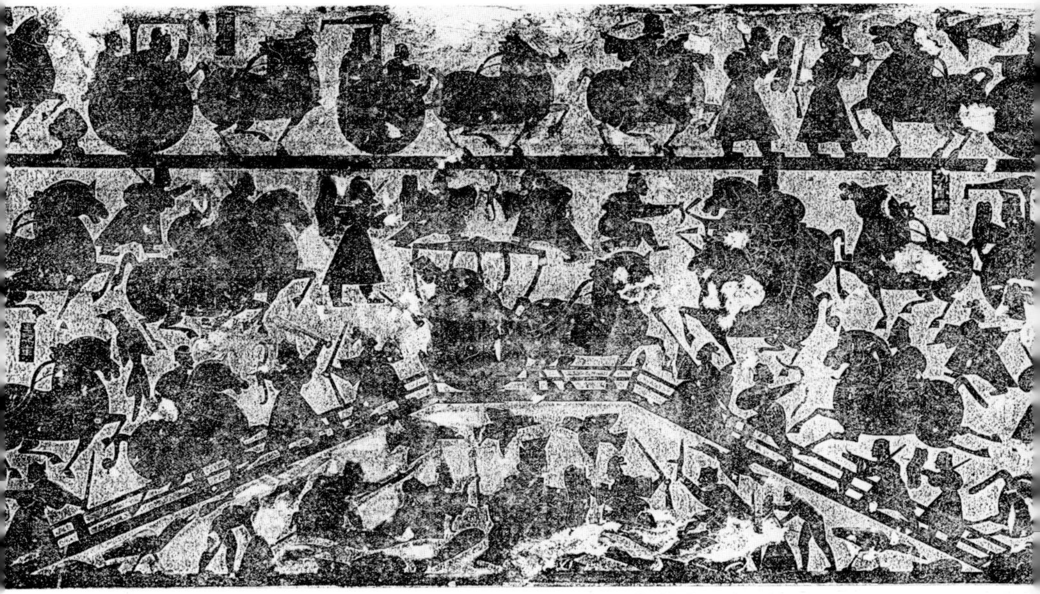

42 (links oben) Rückseite eines Bronzespiegels. Unter den kosmischen Motiven die Tiere der vier Himmelsrichtungen und eine eckige Anordnung, wie sie auf Spielbrettern dieser Zeit üblich war. Die reflektierende Oberfläche des Spiegels (nicht gezeigt) ist leicht konvex und stark poliert. Han-Dynastie.

43 (links unten) Steinrelief eines Konzerts in einem Palast. Die Musiker sitzen auf einem Balkon über den Zuhörern, während magische Vögel und Geister über dem Dach schweben. Aus einer Begräbniskapelle bei Jingpingxian, Shandong. Um 114 n. Chr.

44 (oben) Tuschabreibung eines Steinreliefs aus dem Wu-Liangzi-Schrein, Shandong. Dieser Ausschnitt zeigt eine Schlachtenszene auf einer Flußbrücke. Die Komposition, in der die Figuren über die ganze Bildfläche verteilt sind, liest sich von unten nach oben. 147 bis 168 n. Chr.

schrein in Shandong aus dem 2. Jahrhundert v. Chr., wurden in einen harten Stein geschnitten und zeigen eine knappe und klare, silhouettenhafte Gestaltung. Die dargestellten Themen entstammen der offiziellen Geschichtsschreibung. Die Art der Darstellung ist formalisiert und wirkt ein wenig archaisch. Die Figuren sind wie bei dem Mawangdui-Banner auf einer bühnenartigen Plattform angeordnet, wobei sie sich hier jedoch kaum überschneiden. Der Reiz dieser Reliefs beruht teils auf der gekonnten Verwendung der Silhouettentechnik, die den Kompositionen eine kühn wirkende, dekorative Kraft verleiht, teils auf ihrer lebendigen und humorvollen erzählerischen Qualität. Die hier gezeigte Abbildung gibt eine Tuschabreibung wieder. Die Methode der Tuschabreibung wurde im damaligen China häufig genutzt, um Reliefs zu ko-

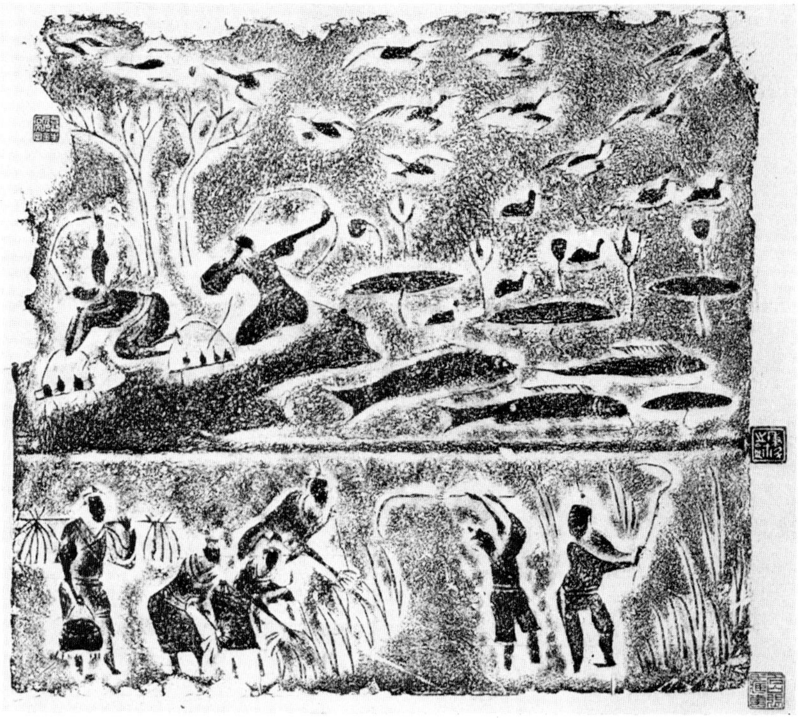

45 Tuschabreibung eines gepreßten Ziegels von Chengdu, Sichuan, der Jagd- und Ernteszenen zeigt. Die Künstler aus Sichuan hatten eine freiere Auffassung von Malerei als die zeitgenössischen Künstler aus Shandong (Abb. 43 und 44). Späte Han-Zeit.

pieren. Im vorliegenden Fall sieht das Ergebnis fast wie ein Holzschnitt aus, wiederum eine Technik, die in China kurz nach dieser Zeit für die Reproduktion bildnerischer Werke entwickelt wurde*, insbesondere für Bücher, die erstmals im 3. oder 4. Jahrhundert n. Chr. in Erscheinung traten.
Räumlich weit entfernt von den Shandong-Reliefs, aber zeitgleich mit den Wu-Liangzi-Reliefs, sind die Reliefs von Sichuan in Westchina entstanden. Der dort vorhandene Naturstein war zur Bearbeitung ungeeignet. Deshalb kleidete man die Gräber mit Ziegeln aus. Diese Ziegel wurden mit erzählen-

* Bei der Tuschabreibung verwenden die Chinesen anstelle des Wachsballs ein Seidenkissen. Zunächst wird ein geschmeidiges, aber dennoch festes Papier angefeuchtet und in das Relief gedrückt. Dann wird das mit Tusche getränkte Kissen auf das Papier getupft. Mit dieser Technik kann die plastische Struktur des Reliefs durch Farbabstufungen besonders gut sichtbar gemacht werden. Sie wird zur Reproduktion der verschiedenartigsten Reliefs, von der Münze bis zur Monumentalskulptur, verwendet.

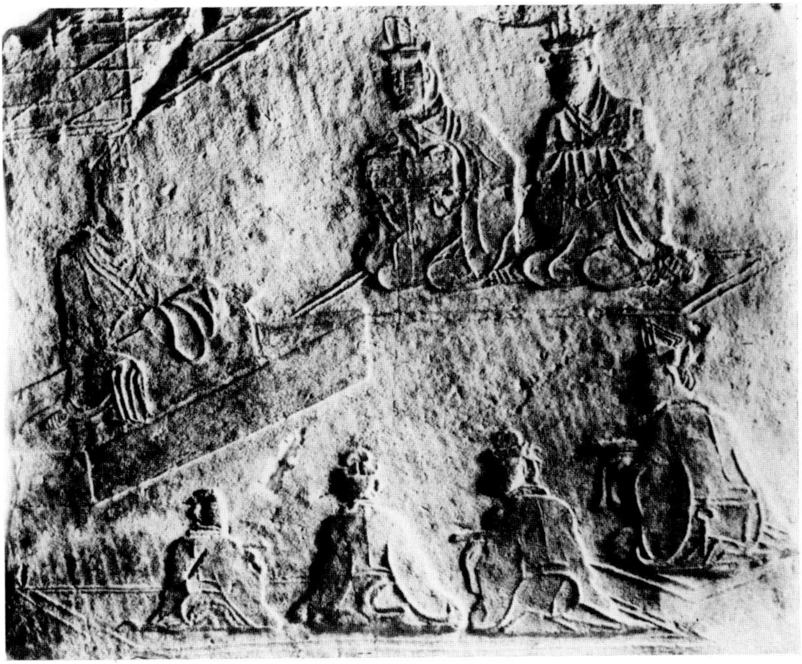

46 Gepreßter Ziegel aus Chengdu, Sichuan, der einen Lehrer mit Schülern zeigt. Die Anordnung der Figuren auf der flachen Oberfläche erweckt schon fast den Eindruck einer isometrischen Projektion, wie sie in der späteren chinesischen und japanischen Malerei gebräuchlich war. Späte Han-Dynastie.

den Darstellungen dekoriert, die offenbar in freier Pinselmalerei entstanden sind und aus einer fröhlichen Mischung von realen und mythologischen Themen bestehen. Erntedarstellungen, Jagd- und Schulszenen überliefern, wenn auch nur skizzenhaft, ein Bild des Alltags dieser Zeit. Wenn auf diesen Zie- 45, 46
gelbildern mythologische Wesen auftauchen, sind sie meist nur schwer zu identifizieren. Sie stammen wahrscheinlich aus einer lokalen Tradition und sind in den Sammlungen der nationalen Mythen nicht verzeichnet, sie haben nur in der bildenden Kunst überlebt. Von anderer Art ist der gepreßte Ziegel in den Gräbern der Luoyang-Region. Hier wurden die Möglichkeiten der Stempelprägung genutzt, die das Reproduzieren erlauben. Prächtige Grab- 50–52
ausstattungen liefern weitere Informationen über das Kunsthandwerk dieser Zeit. Die lebensgroßen Menschen- und Pferdefiguren, die in einer der Torkammern des Grabmals des Qin-Kaisers (Qin Shi Huang, um 221 bis 209 v. Chr.) in Lintong, Shaanxi, gefunden wurden, sind ein seltenes Beispiel für

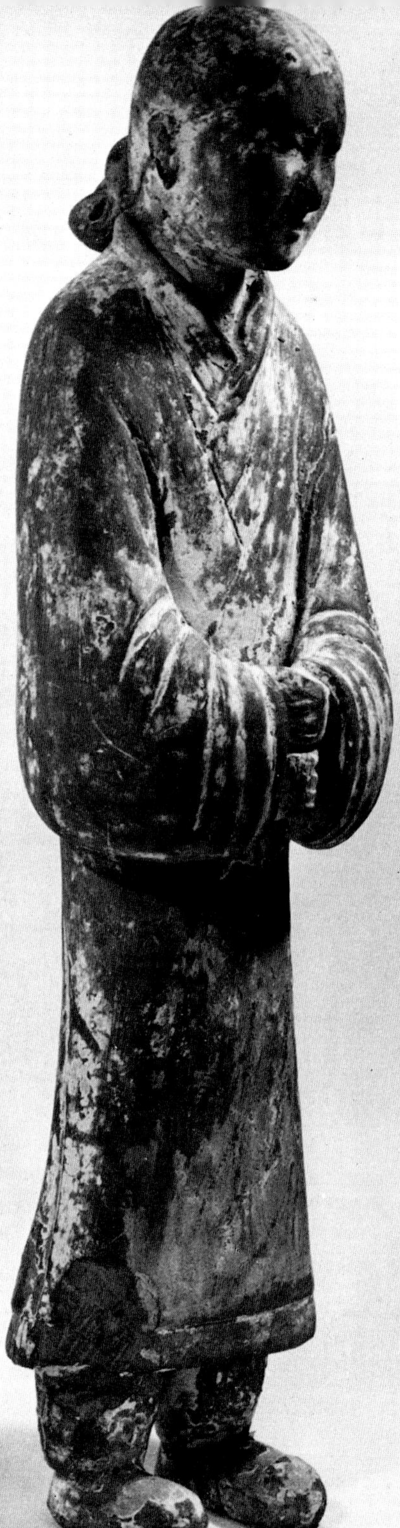

Skulpturen in Ton. Teils modelliert, teils gegossen, sind sie aus etwa 7,5 Zentimeter dickem Terrakotta gefertigt. Köpfe und Hände der Figuren sind abnehmbar und scheinen, was die Haartracht und den individuellen Gesichtsschnitt angeht, mit großer Detailgenauigkeit modelliert zu sein. Sie sind nicht glasiert, waren aber ursprünglich wohl mit Engobe oder Farbe überzogen, wie verbliebene Spuren eines roten Pigments vermuten lassen. Diese Figuren dürften die Begleitung des Kaisers darstellen (vielleicht nur einen kleinen Teil der Grabwächter, da die Ausgrabungen noch nicht abgeschlossen sind) und lassen so ausgeprägte Gesichtszüge erkennen, daß es sich möglicherweise tatsächlich um Porträts von Angehörigen seiner Leibgarde handelt. Sie entsprechen damit dem chinesischen Verständnis von Charakterisierung, das viel mehr an der Persönlichkeit eines Menschen als an seinen körperlichen Merkmalen interessiert ist. Auch wenn diese Figuren sich keinesfalls mit indischen oder griechischen Skulpturen vergleichen lassen, besitzen sie doch bemerkenswert hohe Qualität und stehen am Beginn einer eigenständigen

47 (links) Stehende Grabfigur eines Dieners. Graues Steinzeug mit Spuren blaßfarbener Engobe. Eine kräftig modellierte Figur, die offensichtlich einmal einen Stock gehalten hat. Wahrscheinlich aus der Han-Zeit und eng verwandt mit der Figur in Abb. 52.

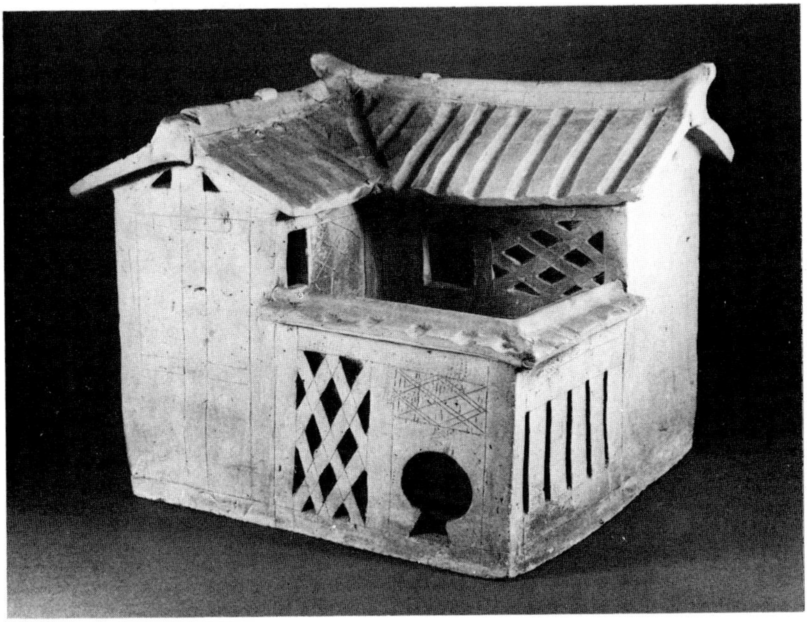

48 Grabmodell eines Bauernhauses aus unglasiertem Steinzeug. Das zweistöckige Wohnhaus beherbergt oben die Familie und unten und im Hof die Tiere. Aus Canton, Han-Zeit.

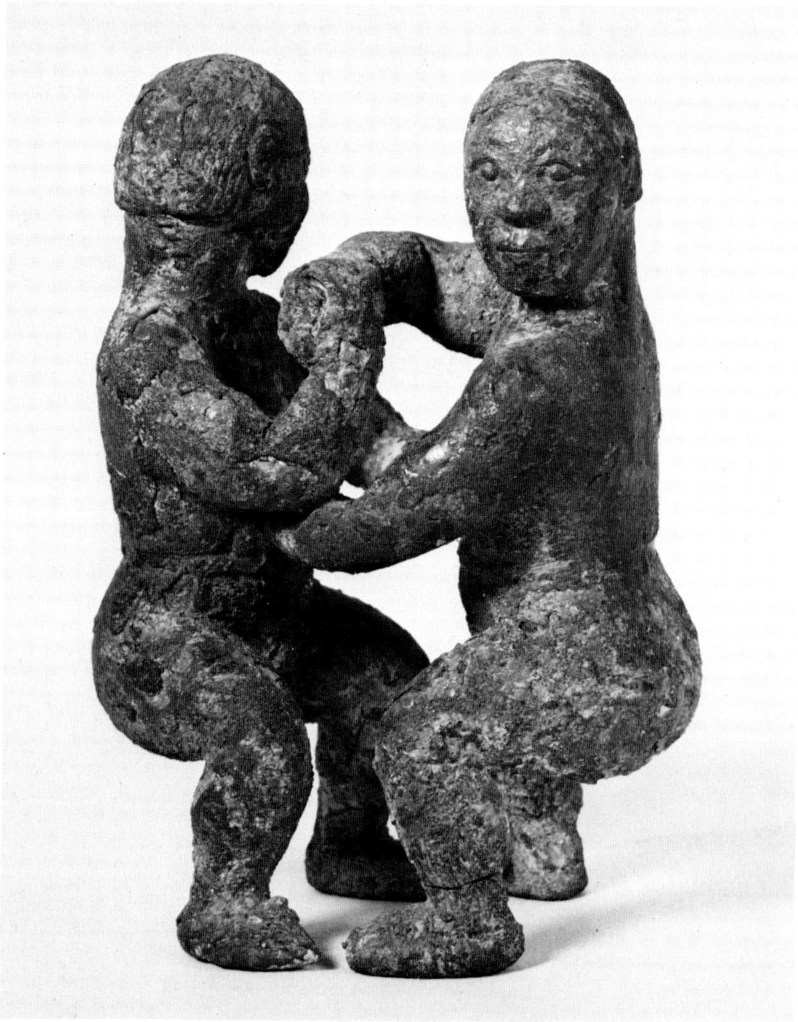

49 Ringer- oder Akrobatenpaar aus gegossener Bronze. Diese ungewöhnlichen Figuren waren offenbar ursprünglich nicht als Grabbeigabe bestimmt. Späte Zhou-Zeit oder frühe Han-Zeit.

50 (rechts) Deckelgefäß zur Aufbewahrung von Spiegeln vom Typus *lian*. Ein vergoldetes Bronzegefäß mit Mäanderverzierung, die auf die Außenwände geätzt ist, und einem gemalten Phönix zwischen Wolkenschnörkeln auf der Deckelinnenseite. Die tierförmigen Füße und die mit schwenkbaren Ringen versehenen Maskenkartuschen sind charakteristisch für die Epoche. Han-Zeit.

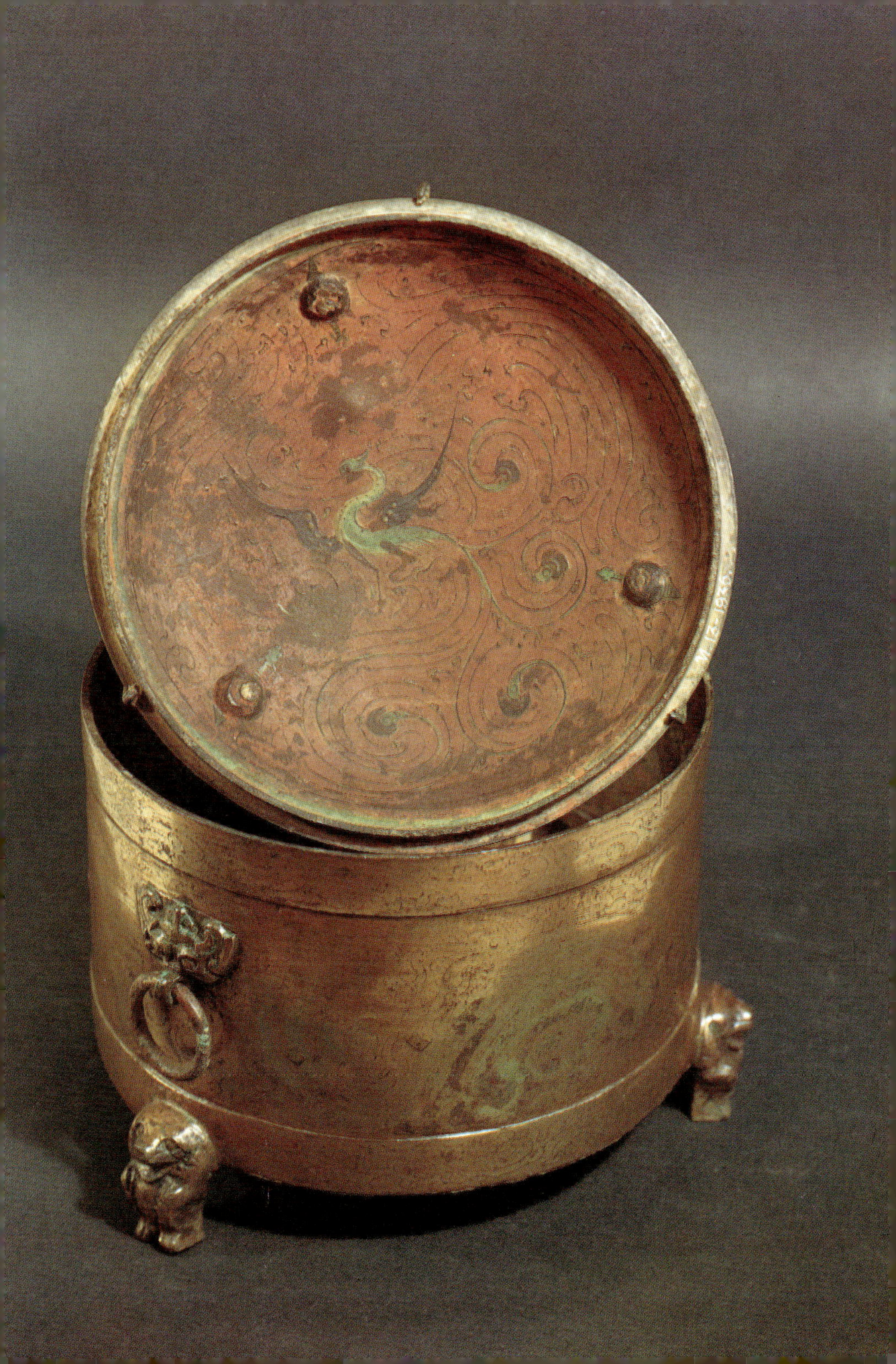

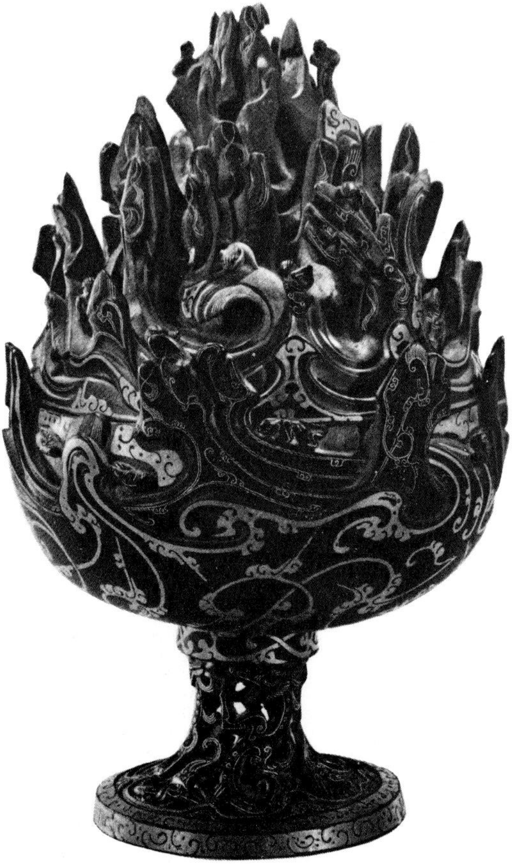

51 Räuchervase in Form eines Berges. Gegossene Bronze mit Gold- und Silberintarsien. Der Deckel ist durchlöchert, so daß der Weihrauch herausströmen kann. Kleine Tiere und Menschen schweifen in den Felsspitzen umher. Aus dem Grab des Prinzen Liu Sheng, Mancheng, Hebei. Spätes 2. Jahrhundert v. Chr.

52 (Seite 67) Öllampe in Form einer knienden Dienerin, vergoldete Bronze. Rechter Arm und Ärmel bilden den Abzug der Lampe, der Zylinder um den Docht läßt sich zum Ausrichten des Lichtes drehen. Aus dem Grab der Prinzessin Dou Wan, Mancheng, Hebei. Um 2. Jahrhundert v. Chr.

47 Tradition von Menschen- und Tierplastiken als Grabbeigaben, die über viele
Jahrhunderte fortbestand, wobei die Figuren immer kleiner wurden. Die
86 Grabmodelle der Tang-Periode (618 bis 906 n. Chr.), die manchmal einer ei-
genen Kunstgattung zugeordnet werden, sollten in diesem Kontext gesehen
werden. Sie reflektieren malerisch wie bildhauerisch eine für die chinesische
48 Genrekunst charakteristische Tradition des Kommentars zur *conditio huma-*
49 *na*. Verwandt mit den Grabfiguren sind einige äußerst seltene Bronzefiguri-
nen von Ringkämpfern oder Akrobaten. Sie sind nur 10,2 Zentimeter hoch
und dennoch voller Leben und haben wohl als Hausschmuck gedient.

Zunehmender Reichtum und die Ausdehnung des Machtbereichs der Han-Regierung führte Beamte auch in die Grenzregionen, weshalb prächtige und mit hauptstädtischem Prunk ausgestattete chinesische Gräber auch an entle-

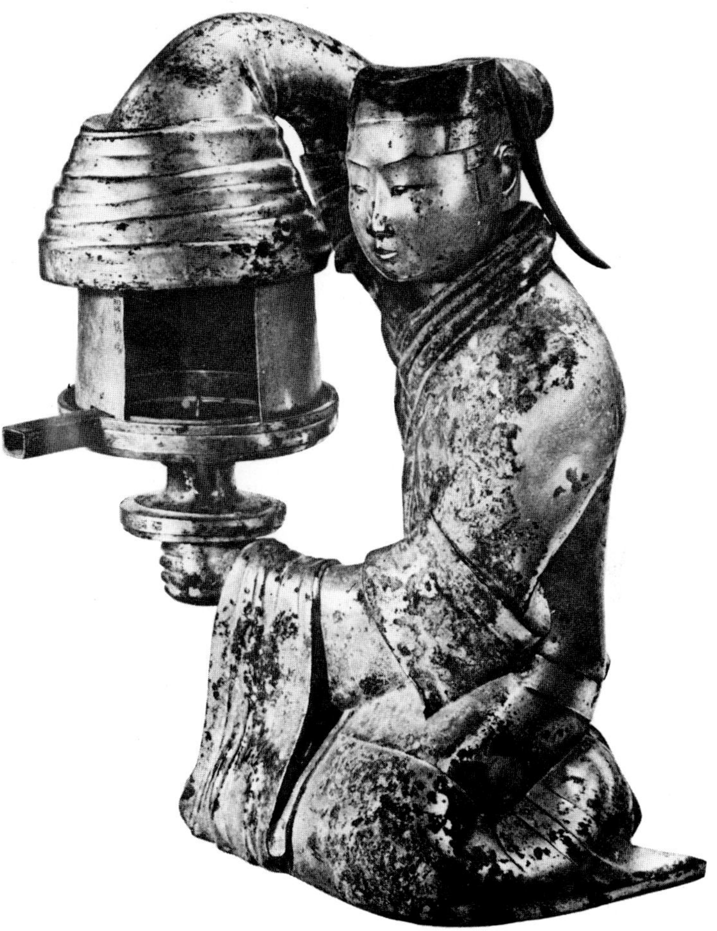

genen Orten gefunden werden. Ein Gräberpaar dieser Art, das in Macheng, 150 Kilometer südwestlich von Beijing entdeckt wurde, stammt aus dem späten 2. Jahrhundert v. Chr. Dabei handelt es sich um Felsengräber, die 50 Meter in den Hügel geschlagen wurden und für Prinz Liu Sheng und seine Gemahlin, Prinzessin Dou Wan, errichtet worden sind. Sowohl der Ehemann als auch die Ehefrau wurden in Jade-»Kleidung« und von ihren Schätzen umgeben bestattet. Deponiert wurden diese Schätze in Vor- und Nebenkammern, die im rechten Winkel in den zentralen, zur Grabkammer führenden Gang eingelassen sind. Sie enthalten Keramikgefäße, Jadeschmuck und vergoldete Bronzegefäße in klassischer Formgebung mit prächtiger Golddekoration, aber ohne erkennbare Grabsymbolik. Der Stil scheint vom Huai-Stil früherer Jahr- 51
hunderte abgeleitet zu sein, wirkt aber sehr viel überladener wegen der Ver-

wendung von Gold und eingelegten Edelsteinen. Im Grab der Prinzessin wurden Leichentuchbeschwerer in Leopardenform gefunden, die in der China-Ausstellung 1973 in London zu sehen waren. Für ihr kleines Format sind sie in vollkommener Weise stilisiert. Eine kleine Dienerin aus vergoldeter Bronze, die als Lampe fungiert, ist ein weiteres Hauptstück aus dem Schatz der
52 Prinzessin. Eine Inschrift zeigt, daß sie einst ihrer Großmutter am Hofe gehört hat, so daß es sich hier wahrscheinlich um ein Erbstück aus der sehr frühen Han-Zeit handelt.

Weit im Nordwesten, in Gansu, wurden Han-Gräber aus späterer Zeit (2. Jahrhundert n. Chr.) gefunden, die viele äußerst lebendige, in Bronze gegossene Pferdeskulpturen enthalten. Das berühmte »fliegende« Pferd stammt aus dieser Region. Es ist eine jener vielen, lebensnahen Tierdarstellungen, die
54 über Jahrtausende hinweg Künstler und Kunstliebhaber fasziniert haben.

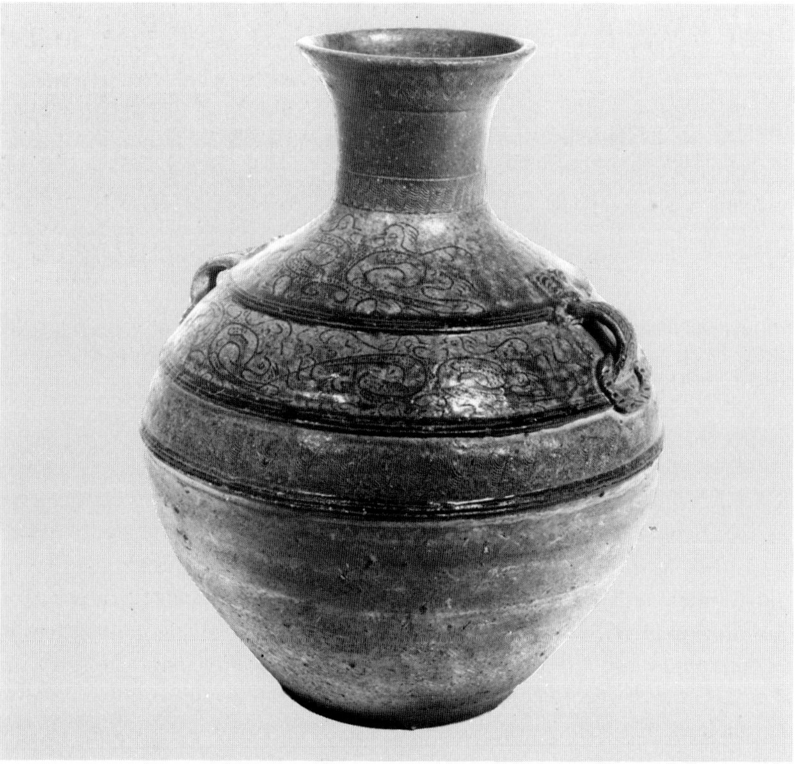

53 Großer, schwerer Krug aus Steinzeug mit eingeschnittenem Dekor auf der Schulter und grüner, hoch gebrannter Glasur. Dieser Krug zur Vorratshaltung, der wahrscheinlich aus dem nördlichen Zhejiang-Gebiet stammt, hat die Form einer Bronze und gehört zu der langen Tradition hoch gebrannter Töpferwaren in Ostchina. Han-Zeit.

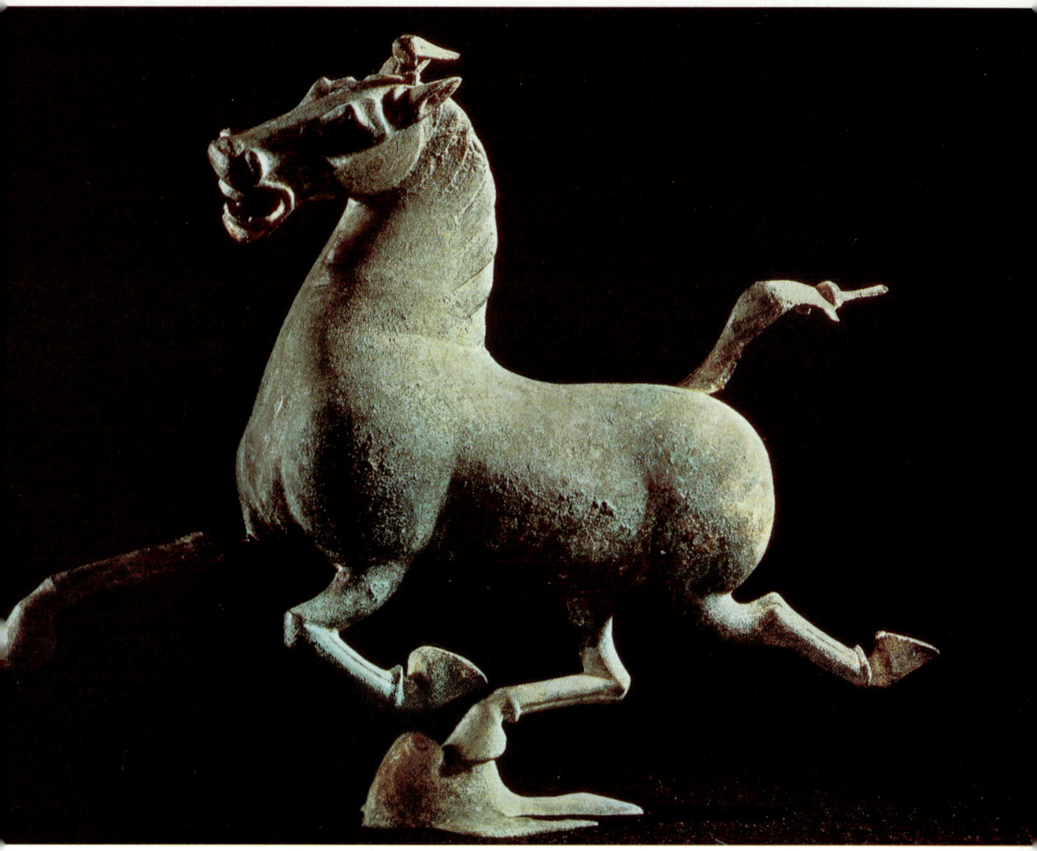

54 Figur eines Pferdes, das mit einem Fuß auf einer fliegenden Schwalbe balanciert. Gegossene Bronze. Dieses berühmte Stück stammt aus Gansu und ist ein Beispiel für die höchst lebendige Tradition von Pferdefiguren in dieser Region. Han-Zeit.

Die Han-Zeit brachte für die Künstler eine wesentliche Verbesserung der Techniken und ein großes Maß an Vitalität: Die Kalligraphie etablierte sich als Literatur, die immer mehr an Bedeutung gewann. Die erzählerischen Möglichkeiten der Malerei wurden ausgelotet und Bilder zur Illustration des geschriebenen Wortes genutzt. Die Maler interessierten sich vor allem für Genrethemen und machten Experimente mit der Bildkomposition. In der 53
Han-Zeit wurde die Malerei zur wichtigsten darstellenden Kunst in China. Trotz aller Veränderungen in Stil und Inhalt hat sie sich diese Stellung bis zum heutigen Tage erhalten.

5 Der prägende Einfluß des Buddhismus

1. bis 10. Jahrhundert n. Chr.

Obwohl die ersten buddhistischen Missionare bereits in der Han-Zeit nach China gekommen waren und der Buddhismus während dieser Zeit am Hofe Eingang fand, wurden die Auswirkungen der neuen Religion auf die Kunst erst nach und nach spürbar. Ebenso wie die buddhistische Erzähltradition die literarische Kultur Chinas bereicherte, so eröffneten die buddhistischen Traditionen in der Ikonographie, in der Tempel- und Grabarchitektur und in der Rollbild- und Wandmalerei auch neue Möglichkeiten für die Kunst. In der Plastik und Malerei wurde die buddhistische Ikonographie zwar übernommen, aber auf die einheimischen Glaubenssysteme zugeschnitten. Die buddhistische Tempelarchitektur dagegen wurde unverändert übernommen und diente als Vorbild auch für taoistische und konfuzianische Tempelbauten. Rollen aus Seide oder Papier kamen für schriftliche oder bildliche Aufzeichnungen in Gebrauch und ersetzten die aus Bambusstreifen bestehenden »Bücher« der Han-Zeit.

Als eingegrenzter Bezirk mit mehreren Gebäuden, die alle einer genau definierten, religiösen Funktion dienten, erhielt der chinesische, buddhistische Tempel in den urbanen Zentren Chinas jenes typische Gepräge, das heute noch die klassischen Tempelbezirke in Japan aufweisen. Der Grundriß und die frei stehenden Gebäude des Horyuji im japanischen Nara sind eine getreue Nachbildung eines Tempels, der im 7. Jahrhundert in Chang'an gebaut
55 worden war. Der ummauerte Tempelbezirk des Horyuji umfaßt eine Reihe von Gebäuden, die im Entwurf und in ihrer Funktion deutlich voneinander unterschieden, aber alle in eine gemeinsame, axiale Anlage eingebunden sind. Sowohl die Konstruktion, die aus hölzernen Pfeilern und Balken besteht, als auch der planerische Entwurf stammen aus der traditionellen chinesischen Palastarchitektur.

Das einzige Gebäude im Horyuji-Bezirk, das nicht auf einen chinesischen Palast zurückzuführen ist, sondern nur in der buddhistischen Architektur vorkommt, ist die Pagode. Anfänglich hatte sie nur ein einziges Stockwerk und entsprach dem Vorbild des indischen Stupa. Bald jedoch setzten die Chinesen mehrere Ebenen übereinander, bis eine Höhe von zwölf Stockwerken erreicht war. Die ältesten noch erhaltenen Pagoden sind aus Stein und Ziegel, die

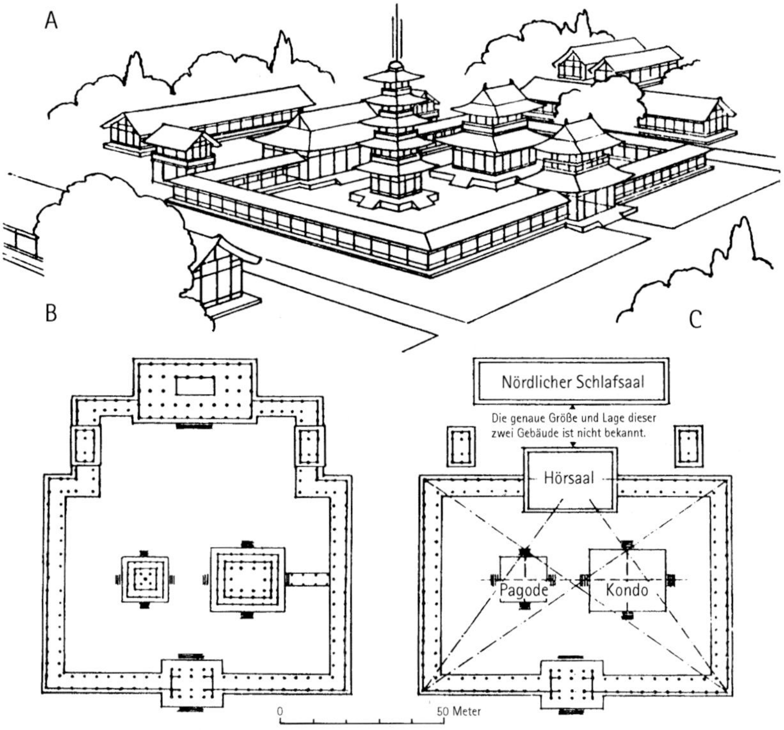

55 Projektionszeichnung und Pläne des Horyuji, Nara, Japan. 7. Jahrhundert. **A** und **C** zeigen die ursprüngliche Anlage des Tempels; **B** zeigt den heutigen Plan.

Pagode des Horyuji ist dagegen ein frühes Beispiel für eine Holzkonstruktion und daher repräsentativ für den chinesischen Baustil des 7. Jahrhunderts. Sie ist sieben Stockwerke hoch und um einen Mittelpfeiler gebaut. Das Kondo-Gebäude des Horyuji ist eine Halle, die sich am Festlandstil des 7. Jahrhunderts orientiert, und wenn man sie mit der Foguangsi-Halle auf dem Berg Wutai vergleicht, die um die Mitte des 9. Jahrhunderts (Tang) entstand, dann lassen sich hinsichtlich der Technik und des Baustils einige allgemeine Schlußfolgerungen über die klassische Periode der chinesischen Architektur ziehen. Das Kondo-Gebäude ruht auf einem Fundament aus Stein. Für die Dachkonstruktion benützte man damals den sogenannten *ang*. Darunter versteht man einen gebogenen Schrägbalken, der bis an die Dachkante vorstößt

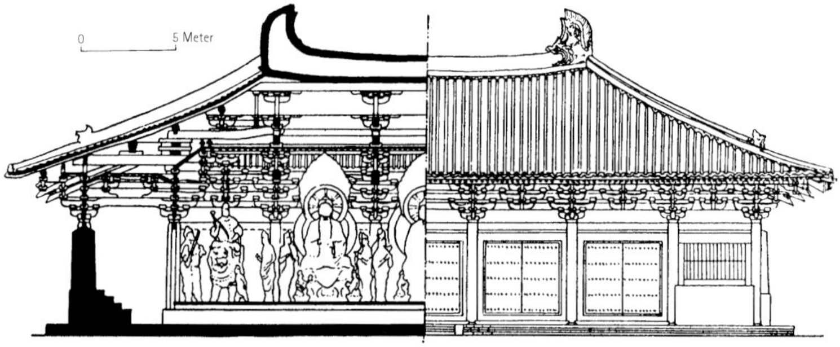

56 Schnittzeichnung und Vorderansicht der Foguangsi-Halle auf dem Berg Wutai. Mitte 9. Jahrhundert. Der Vergleich mit Abb. 120 und 121 zeigt die Veränderung in den Proportionen und die stärkere Betonung der Dachbiegung an den späteren Bauten. Die Schnittzeichnung zeigt den *ang*-Hebearm, hier in doppelter Ausführung.

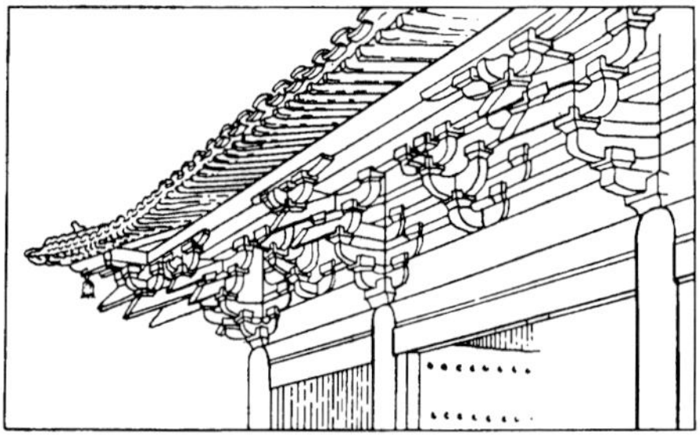

57 Teilansicht des verzweigten Gesimsgebälks und der Traufkante. Zu sehen sind vorspringende, dreiarmige Gabelbildungen und die in der Mitte zwischen den Pfeilern liegende Konsole, die alle auf den *ang* einwirken.

und gleichsam als Hebearm zwei Konsoleneinheiten miteinander verbindet. Diese raffinierte Bauweise wurde in der Ming-Zeit aufgegeben, als man die innere Struktur des Daches vereinfachte und die Proportionen der Bauten durch höhere Säulen und schmalere Dächer veränderte. Der Foguangsi, eine Bildnishalle, wirkt wesentlich gedrungener als spätere chinesische Bauten. Oft wird sein Stil als »männlich« bezeichnet, da das Verhältnis der Pfeiler zum Tragegebälk und zur Dachkonstruktion, ebenso wie die wuchtigen Holzbearbeitungen an den Dachkanten, insgesamt einen Eindruck großer Strenge vermitteln.

Diese Holzbauten konnten bei den ständigen Angriffen des Staates auf buddhistische Einrichtungen leicht zerstört werden. Tatsächlich haben in China nur wenige frühe Tempel der staatlichen Gewalt im 9. Jahrhundert standgehalten. Was jedoch überlebt hat, das sind die Felstempel. Sie spiegeln eine Bautradition wider, die aus Nordindien nach China gebracht wurde. Bei ihrer

Ankunft in Nordwestchina war diese Bautradition bereits zur vollen Blüte gelangt. Die Höhlen wurden rechteckig in eine Felswand geschlagen. Wenn sie höher lagen, wurden Holz- oder Steintreppen hinaufgeführt. Die meisten dieser Höhlen waren eher klein und bestanden aus einer einfachen Zelle. Sie konnten sich aber auch über eine größere Fläche ausdehnen und mehrere Nischen umfassen. Je nach Beschaffenheit des Steins waren sie entweder mit Reliefschnitzereien oder mit Stuck und Wandmalereien auf Gesso-Unterlage verziert. Zu jedem Höhlentempel gehörte ein Stupa aus Stein oder Stuck, dazu ein Buddha-Bildnis und die dazugehörigen Bildnisse der Bodhisattvas. Die gesamte Anlage wurde in der Regel von der Kolossalstatue eines sitzenden oder stehenden Buddha dominiert. So fremd diese buddhistischen Ideen den Chinesen auch waren, sie wurden mit Begeisterung von ihnen aufgenommen, wie sich an den vielen großen Fundplätzen von Höhlentempeln des 5. bis 11. Jahrhunderts ablesen läßt. Die meisten freistehenden Skulpturen in den städtischen Tempeln wurden während der Tang-Dynastie zerstört.
Die frühesten Höhlentempel (4. Jahrhundert n. Chr.), von denen wir heute noch wissen, sind bei Binglingsi und Dunhuang in Gansu entstanden. Dunhuang war ein bedeutender Handelsstützpunkt und gleichzeitig das Eintrittstor für die buddhistischen Missionare. Nahe der Stadt errichteten die Mönche Tempel und Klöster mit umfangreichen Bibliotheken, in denen sich Gelehrte und Übersetzer sammelten. Die buddhistische Gemeinschaft in Dunhuang gruppierte ihre Höhlentempel, die von Wandermönchen zunächst als exakte Kopien zentralasiatischer Vorbilder errichtet worden waren, um drei verschiedene Zentren. Diese drei Komplexe, die heute unter der Bezeichnung Qianfodong (»Tausend-Buddha-Tempel«) allgemein bekannt sind, liegen bei Mogaoku, Xiqianfodong und Yulin. Der größte und bedeutendste Fundplatz ist Mogaoku. Die Höhlen dort sind auf einer Länge von etwa 1,7 Kilometer und einer Höhe von 40 Metern in eine Felswand am Westufer des Dachuan-Flusses geschlagen. Über einen Zeitraum von vier Jahrhunderten entstanden auf zwei oder drei Ebenen rund 480 Höhlen, die eine gute Übersicht über den Stilwandel buddhistischer Kunst in dieser Region liefern.
Der älteste, schriftlich überlieferte Hinweis (auf einer Stele von 698) nennt als Datum für die Einweihung einer Höhle das Jahr 366. Die ältesten erhaltenen Höhlen stammen jedoch aus dem 5. Jahrhundert. Die Nördlichen Wei eroberten Dunhuang im Jahre 440, und von diesem Zeitpunkt an bis zur Einnahme der Stadt durch die Tibeter in der zweiten Hälfte des 8. Jahrhunderts stand Dunhuang in enger Beziehung zur Zentralmacht Chinas. Zu den Höhlen im Nordteil der Felswand zählen die frühesten Höhlen der Nördlichen Wei und der Westlichen Wei. Da sich das Felsgestein nicht zur Bearbeitung 58
eignete, stattete man diese Höhlen mit vollplastischen Stuckfiguren aus und

bemalte sowohl die Figuren als auch die Gesso-Wände mit dunklen Temperafarben. Die Künstler der Nördlichen Wei schufen dagegen in horizontalen Bildstreifen hinreißend anmutige Illustrationen zur Jataka-Literatur. Ein Gefühl luftiger Schwerelosigkeit stellt sich ein beim Anblick von *apsaras,* die sich mit flatternden Bändern und Tüchern in einen Himmel voller dahinfliegender Wolken und Blumen erheben. Der würdevolle Gesichtsausdruck des Buddha und der Bodhisattvas strahlt eine feierliche Ruhe aus, die noch betont wird durch die Farbzusammenstellung dieser frühen Periode. Ihr Stil wird, im Gegensatz zum schwerfälligen Kizil-Stil, als typisch chinesisch angesehen und ist für die Malerei vieler zentralasiatischer Gebiete charakteristisch geworden. Auch die Malerei und die Reliefkunst in der Hauptstadt zeigen in der Gestaltung nicht-buddhistischer Themen ähnliche Merkmale. Einen episodenhaften Erzählstil, schwebende Stoffdrapierungen, stark verlängerte Figuren, wie sie etwa bei dem Maler Gu Kaizhi in der Bildrolle *Ermahnungen*
74 *an die Hofdamen* aus dem 4. Jahrhundert zu finden sind. Das läßt darauf schließen, daß in Dunhuang von Anfang an auch chinesische Maler gewirkt haben und daß die buddhistische Ikonographie der chinesischen Kunsttradition vollständig einverleibt wurde.

Später, während der Sui-Dynastie (6. bis 7. Jahrhundert), ist der Kunststil in Dunhuang durch eine statuarische Ruhe charakterisiert. Die Figuren des Buddha und der ihn begleitenden Bodhisattvas rücken in den Vordergrund, während die Jataka-Erzählungen an Bedeutung verlieren. In China hatten damals die Ideen des Mahayana-Buddhismus Fuß gefaßt und damit den Bodhisattva-Kult nach sich gezogen. Die Bodhisattvas sind Wesen, die das Nirvana bereits erlangt haben, aber dazu auserwählt sind, auf der Erde zu bleiben, um anderen zur Erleuchtung zu verhelfen. Sie werden als juwelengeschmückte, fremdländisch aussehende Prinzen indischer Herkunft dargestellt. Im 6. Jahrhundert wurden die Bodhisattva-Figuren steif und der Juwelenschmuck reichhaltiger, was vermutlich Einflüsse aus dem Mittleren Osten widerspiegelt. Die Ära der Dunhuang-Höhlen hielt noch über die erste Hälfte der Tang-Zeit (618 bis 906) an. Dann gebot die tibetische Invasion (spätes 8. Jahrhundert) den buddhistischen Aktivitäten vorübergehend Einhalt.

Die buddhistische Kunst hatte sich natürlich auch in den urbanen Zentren Chinas verbreitet. Und obwohl Dunhuang die größte heute bekannte Höhlentempelanlage ist und sich am längsten am Leben hielt, gibt es auch andere Anlagen mit ebenbürtiger Prachtentfaltung. Als die Wei ihre Hauptstadt von
59 Lanzhou in Gansu nach Pingcheng in Shanxi verlegten, wurden um 460 in Yungang zahlreiche Höhlentempel gegründet. Da sich hier das Gestein zur plastischen Bearbeitung eignete, gestaltete man die gesamte Dekoration mit Reliefs und freistehenden Skulpturen. Künstlerisch orientieren sich diese

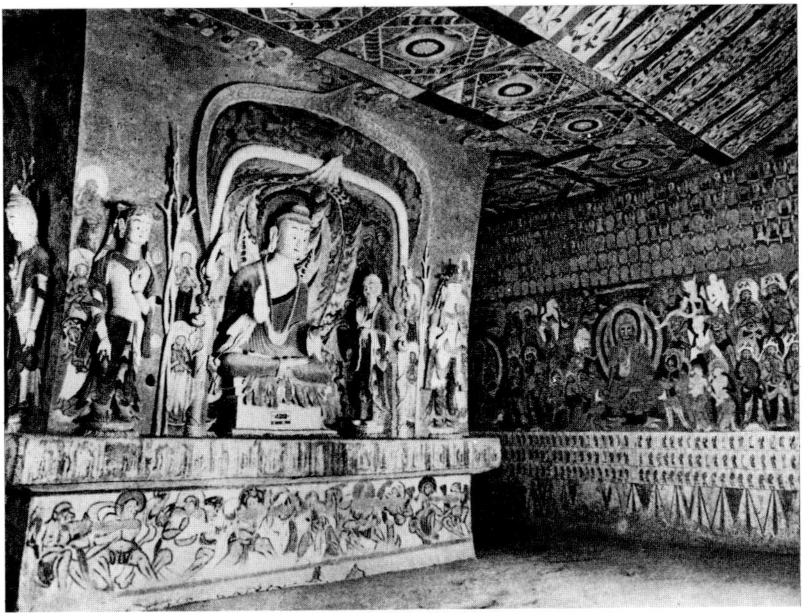

58 Höhle Nr. 428, Dunhuang. Der effektvolle Eindruck beruht auf der Kombination von bemalten, vollplastischen Stuckfiguren, die gegen einen bemalten Hintergrund an Wänden und Decke gesetzt sind. 5. Jahrhundert.

59 Ansicht einzelner Höhlen in Yungang; die baulichen Frontstrukturen sind bis auf den deutlich sichtbaren Kolossalbuddha (Abb. 60) verlorengegangen. Die Größe der Höhlentempel variiert zwischen winzigen Kammern und Räumen von beträchtlicher Größe.

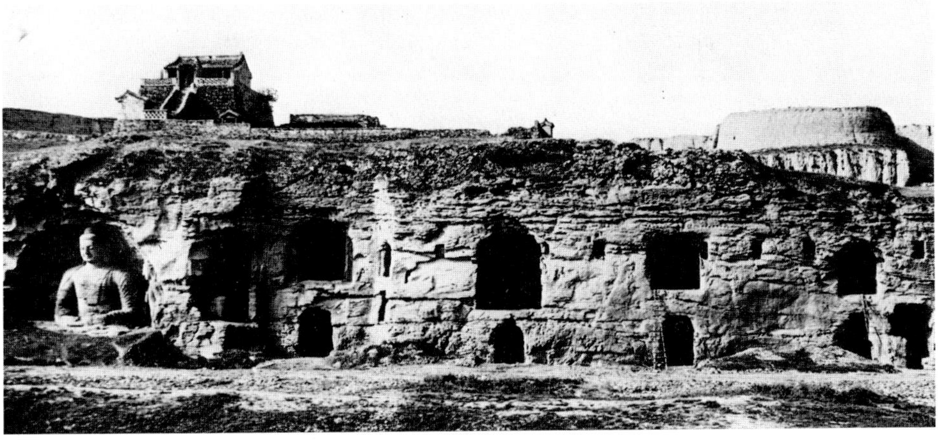

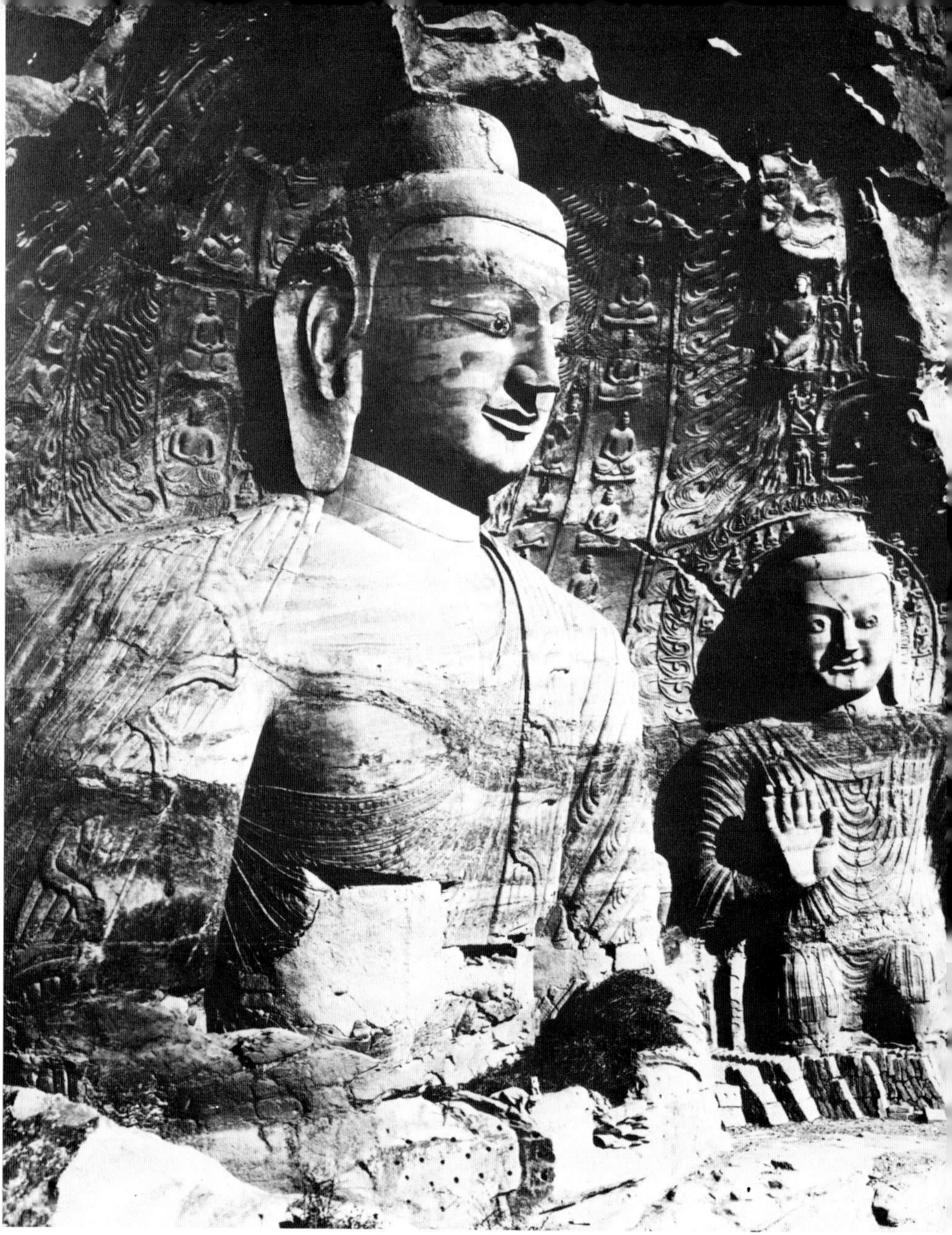

60 Der Kolossalbuddha mit Bodhisattva, Yungang – ein hervorragendes Beispiel für die buddhistische Monumentalplastik der Nördlichen Wei, wobei sich an dem stehenden Begleiter der frühe Stil in der Darstellung von Gewandfalten beobachten läßt. Etwa 460 bis 470.

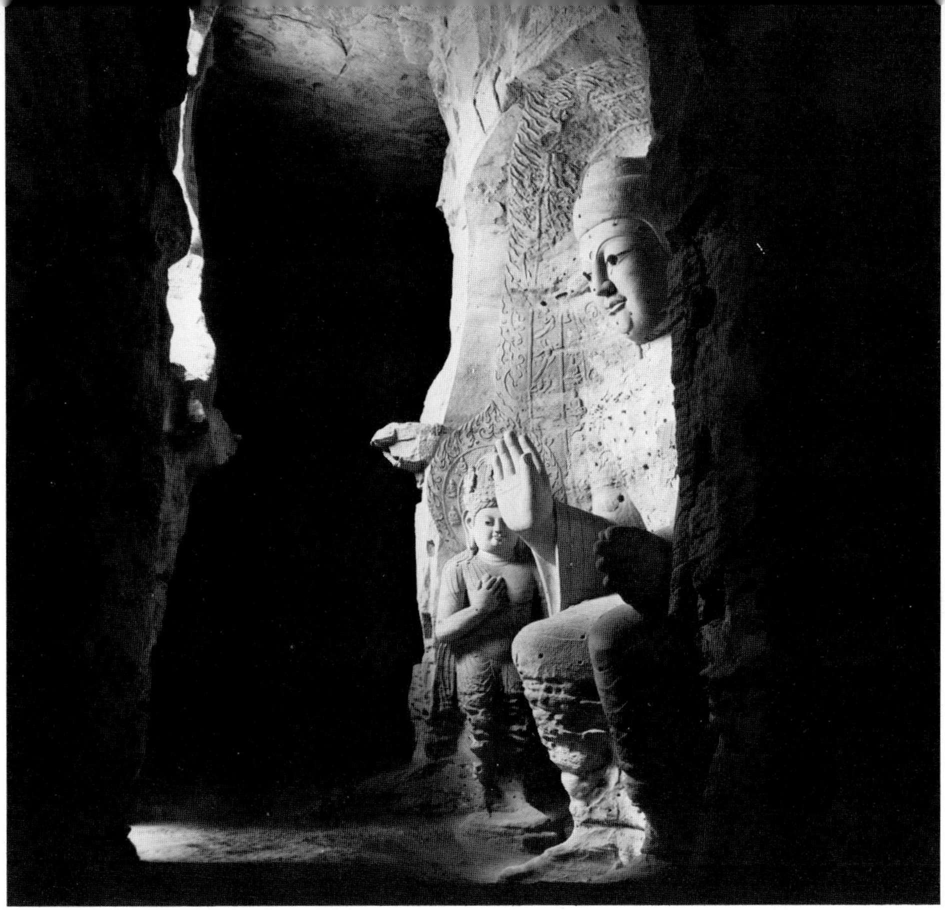

61 Seitliche Ansicht eines Buddha im Shikusi-Tempel, Yungang. Stilistisch etwas später zu datieren als der Kolossalbuddha (Abb. 60), wie das rundere Gesicht des Buddha und die größere Steifheit des Bodhisattva zur Linken zeigen. 460 bis 494.

Felstempel am vorherrschenden Skulpturenstil des späten 5. Jahrhunderts, der in der Haltung Buddhas und in Einzelheiten des Kopfschmucks und der Bekleidung der Bodhisattvas Spuren zentralasiatischer Einflüsse zeigt, sich aber auf den Kunststil der Hauptstädte Longmen und Gongxian in Shaanxi zubewegt. Die Dekoration ähnelt in Stil und Inhalt der zeitgenössischen Ma- 62
lerei von Dunhuang. Sie zeigt die gleichen schwebenden Figuren und erzählenden Bildstreifen und die gleichen feierlichen Buddhas mit stark verlängerten Gliedmaßen, langen Gesichtern und einem ruhigen Lächeln. Die Kolossal-Triade von Yungang, eine der frühesten Figurengruppen aus Stein in China, ist ein mächtiges Werk, das den ganzen Komplex beherrscht. Die Fels- 60

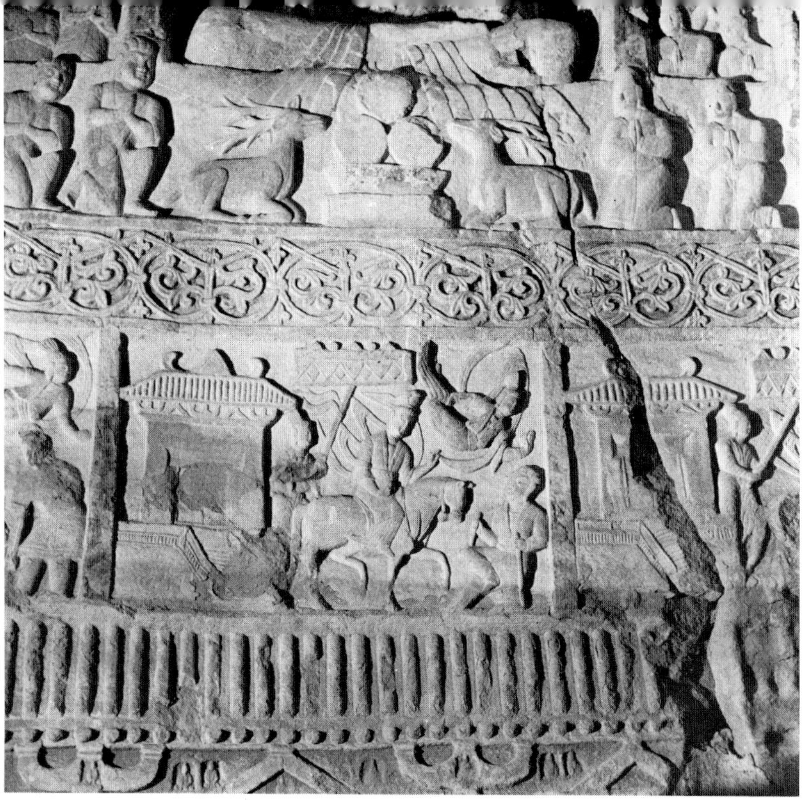

62 Teilansicht eines Reliefs von Yungang. Dargestellt ist eine Episode aus dem Leben des historischen Buddha, der sich hier auf einem Pferd reitend einem Bettler zuwendet. Solche erzählenden Reliefs traten an die Stelle der Malereien von Dunhuang (Abb. 58). 2. Hälfte des 5. Jahrhunderts.

tempel von Yungang sind in eine hoch aufragende Wand geschlagen, schwer
zu erreichen und sehr groß. An dem reichhaltigen Skulpturenschmuck läßt
sich die Stilentwicklung innerhalb des Tempelkomplexes nachvollziehen.
60 Die typische Buddhafigur des 5. Jahrhunderts ist hier breitschultrig, mit kräf-
tigen Gesichtszügen und einer heiteren Ausstrahlung. Darauf folgte unmit-
telbar die etwas fleischigere, rundgesichtige Variante aus dem frühen 6. Jahr-
hundert. Eine Weiterentwicklung dieses Stils führt zu dem eleganten Figu-
61 rentyp des späten 6. Jahrhunderts mit mehr Prachtentfaltung in der Kleidung.
Dieser späte Yungang-Stil wurde in Longmen, nahe Luoyang, fortgeführt.
Im Jahr 494 verlegten die Wei ihre Hauptstadt erneut, diesmal nach Luoyang. Diese Stadt diente allen nachfolgenden Dynastien als Hauptstadt, bis die Song im 11. Jahrhundert schließlich ostwärts nach Kaifeng zogen. Die Longmen-Höhlen bei Luoyang sind beidseitig in die Uferfelsen des nach Süden

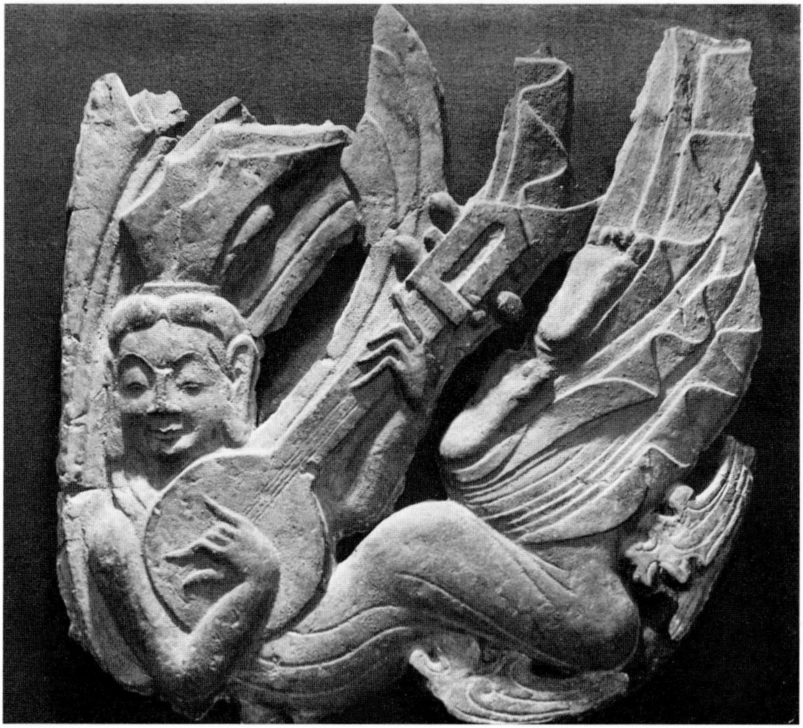

63 Halbrelief eines himmlischen Musikanten *(gandharva)*. Die fließenden Stoffdraperien und die schöne Bearbeitung der Falten verleihen solchen Figuren Anmut und Leichtigkeit. Vermutlich aus Longmen. Frühes 6. Jahrhundert.

fließenden Feng-Flusses geschlagen. Das Westufer ist wie eine Bienenwabe von über tausend Grotten ausgehöhlt, von imposanten Tempelhallen bis hin zu winzigen Schreinen. Der Fels des Ufers eignet sich zwar gut für die Bildhauerei, ist aber der Zerstörung durch Wasser, Erdrutsche und Erdbeben ausgesetzt. So steht die Kolossal-Triade des Fengxiansi (672 und 675), der je- 66
weils zwei Wächterpaare zur Seite gestellt sind, heute ungeschützt im Freien, obwohl man ursprünglich eine gigantische Überdachung konstruiert hatte. Dieser 17 Meter hohe, rundgesichtige und gütig lächelnde Buddha steht in auffallendem Kontrast zu seinem Vorgänger in Yungang. Die Haltung der Wächter hat eine atemberaubende Dramatik und Wildheit, die in der chinesischen Plastik neu ist, und bereits den späteren Tang-Stil ankündigt. Zu den frühen Grotten auf dieser Westseite gehören auch 28 größere Tempel, die von den Nördlichen Wei bis zu den Sui (420 bis 618) datieren. Vier von diesen

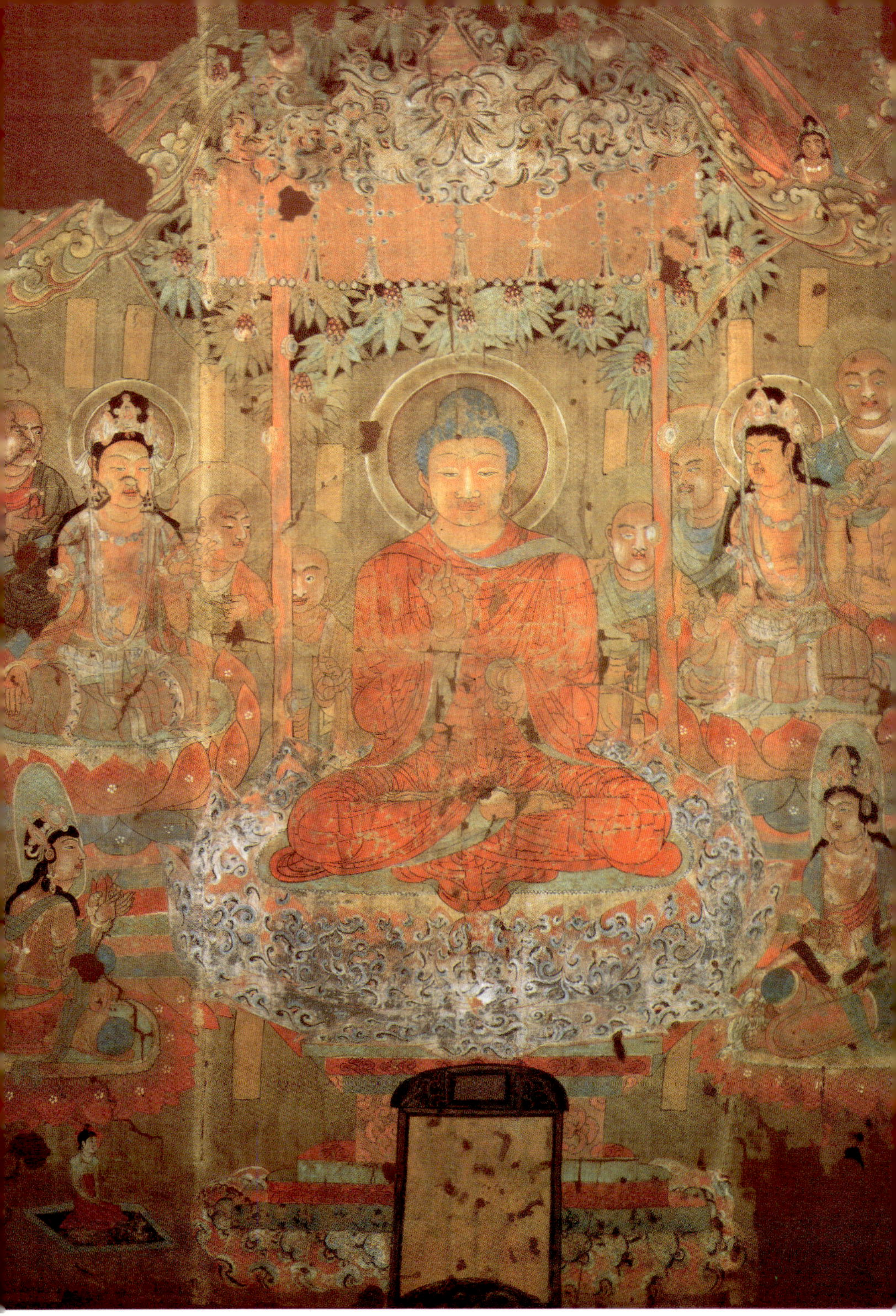

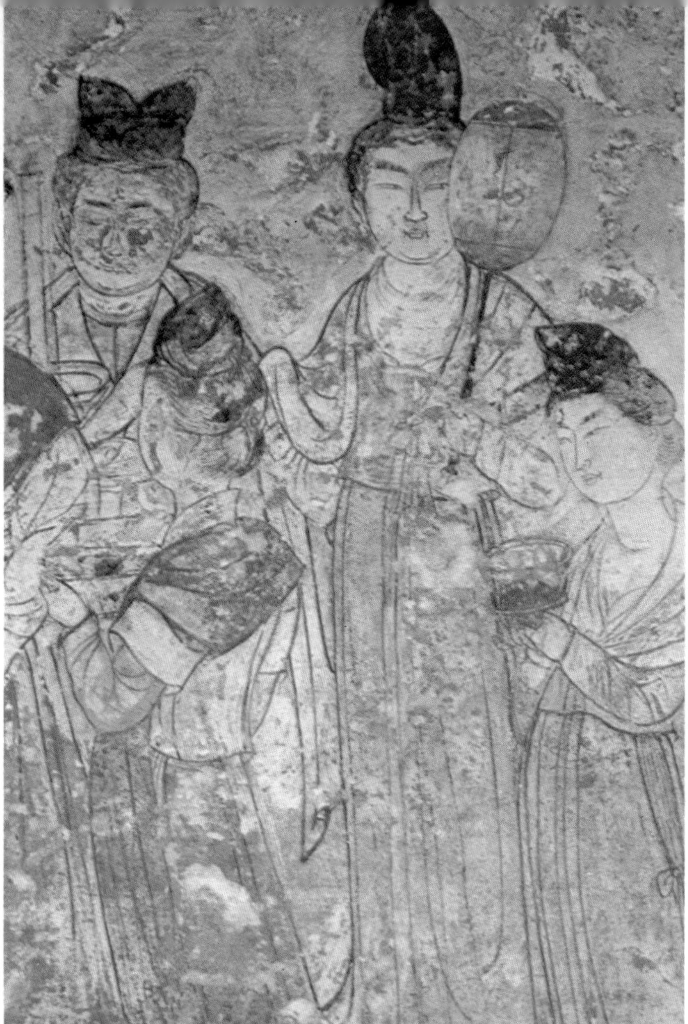

64 Das Paradies des Amitabha. Der Buddha, der eine Kristallkugel hält und auf einem Lotusthron sitzt, ist von Bodhisattvas und Mönchen umgeben. Der Stifter ist in einer sehr demütigen Haltung im unteren linken Teil des Bildes gezeigt. Seidenmalerei aus Dunhuang. 8. Jahrhundert. (Siehe Seite 87).

65 Ausschnitt der Wandmalereien in der Grabkammer der Prinzessin Yong Tai, nahe Chang'an. Die traditionelle Verknüpfung von Figuren durch Mimik und Gestik wird jetzt durch den gelösten Gang der Figuren ergänzt. Hier ist eine Darstellung gelungen, die jede Figur mit eigener Körperlichkeit umgibt und sie selbständig in den Raum setzt. Datiert 706. (Siehe Seite 95)

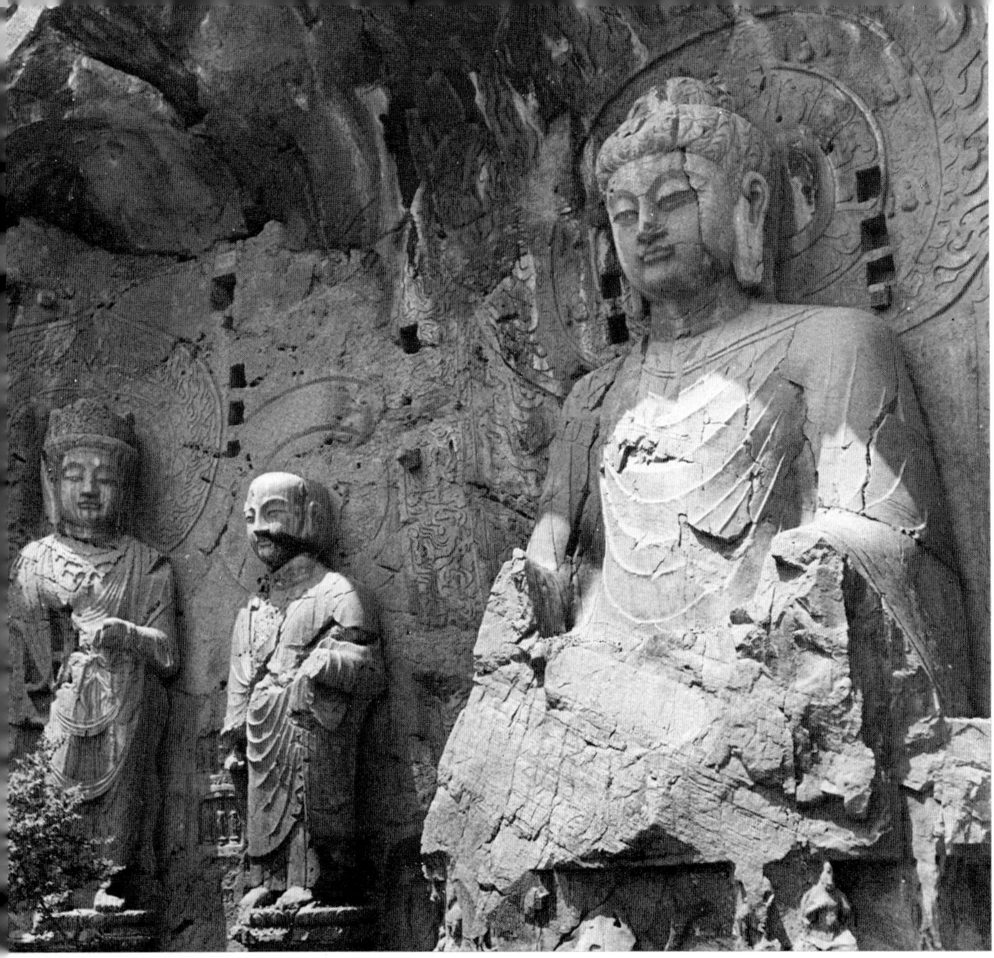

66 Der Kolossalbuddha des Fengxiansi-Tempels, Longmen. Der Vergleich mit Abb. 60 macht den Stilwandel in der Steinplastik deutlich. Auch Mönch und Bodhisattva zeigen weichere Züge und die fortschreitende Veränderung der Proportionen.

Höhlen sind besonders bemerkenswert, weil sie mit den bekanntesten Skulp-
63 turen der Nördlichen Wei ausgestattet sind: Guyangdong, Bingyangdong,
67, 69 Lianhuadong und Shikusi. Die Wände der Guyangdong-Höhle sind vollständig mit Reliefbildhauereien überzogen. Auch die Decke ist mit Reliefs überzogen, die offensichtlich ohne Konzept aneinandergereiht wurden, bis die ganze Fläche bedeckt war. Ursprünglich befand sich ein Steinbuddha in der Mitte der Höhle. In der Qing-Zeit wurde er durch einen Bodhisattva ersetzt. Die Weihe der Wanfodong-Grotte wurde von einer Nonne vorgenommen, die das hübsche, in der Gestaltung jedoch sehr schlichte Guanyin-Relief zur Lin-

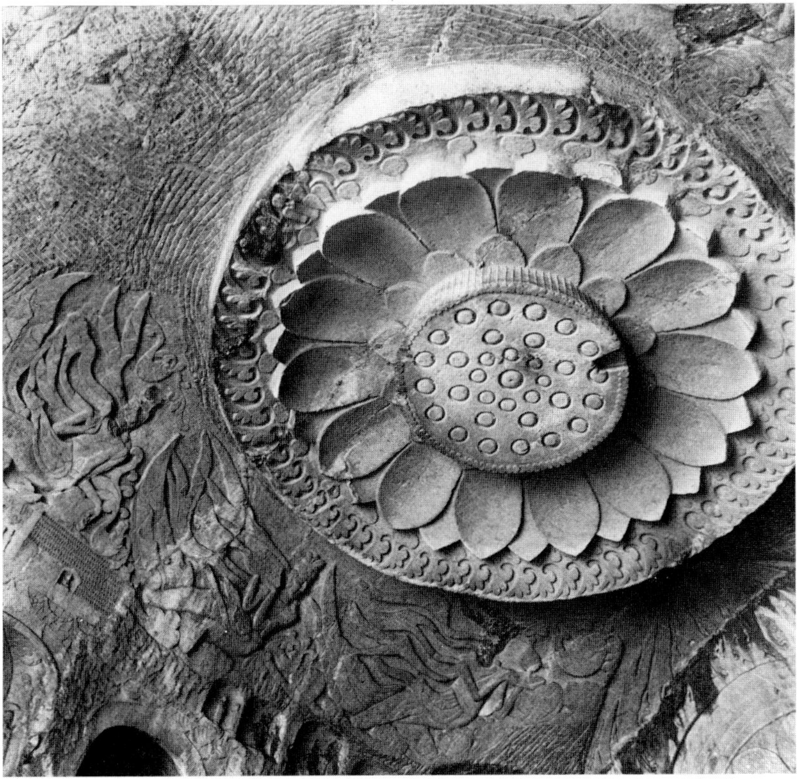

67 Zentrale Lotusblüte des Lianhuadong (»Lotusblütengrotte«), Longmen. Reliefierte *apsaras* umgeben ringförmig den Lotus, der den Himmel über Buddha darstellt. 6. Jahrhundert.

68 (Seite 84/85) *Die Reise des Kaisers Ming Huang nach Shu.* Farbe auf Seide. Das Bild liest sich von rechts nach links und zerfällt in drei Szenen. Es ist im idyllischen Landschaftsstil der Tang-Dynastie gehalten. Spätere Kopie des im 8. Jahrhundert entstandenen Originals. (Siehe Seite 97).

ken des Eingangs stiftete. Die steinerne Triade, im imposanten Sui-Stil gehalten, ist wuchtig und feierlich und repräsentiert auf dem Gebiet der Plastik dieselbe Kunstrichtung wie die zeitgenössische Malerei in Dunhuang (spätes 6. Jahrhundert). Der Stilwandel in der Steinplastik, der sich von der Wei-Zeit bis zu den Sui vollzieht, zeigt sich in den veränderten Proportionen der Figuren. Der Kopf schwillt zu enormer Größe an, die Gliedmaßen sind verkürzt, ähnlich der grotesken Proportionierung, die in der Großplastik manchmal für die Aussicht von unten verwendet wurde. Die Chinesen übernahmen diese Technik, um die in sich ruhende Schwere der Figuren zu betonen.

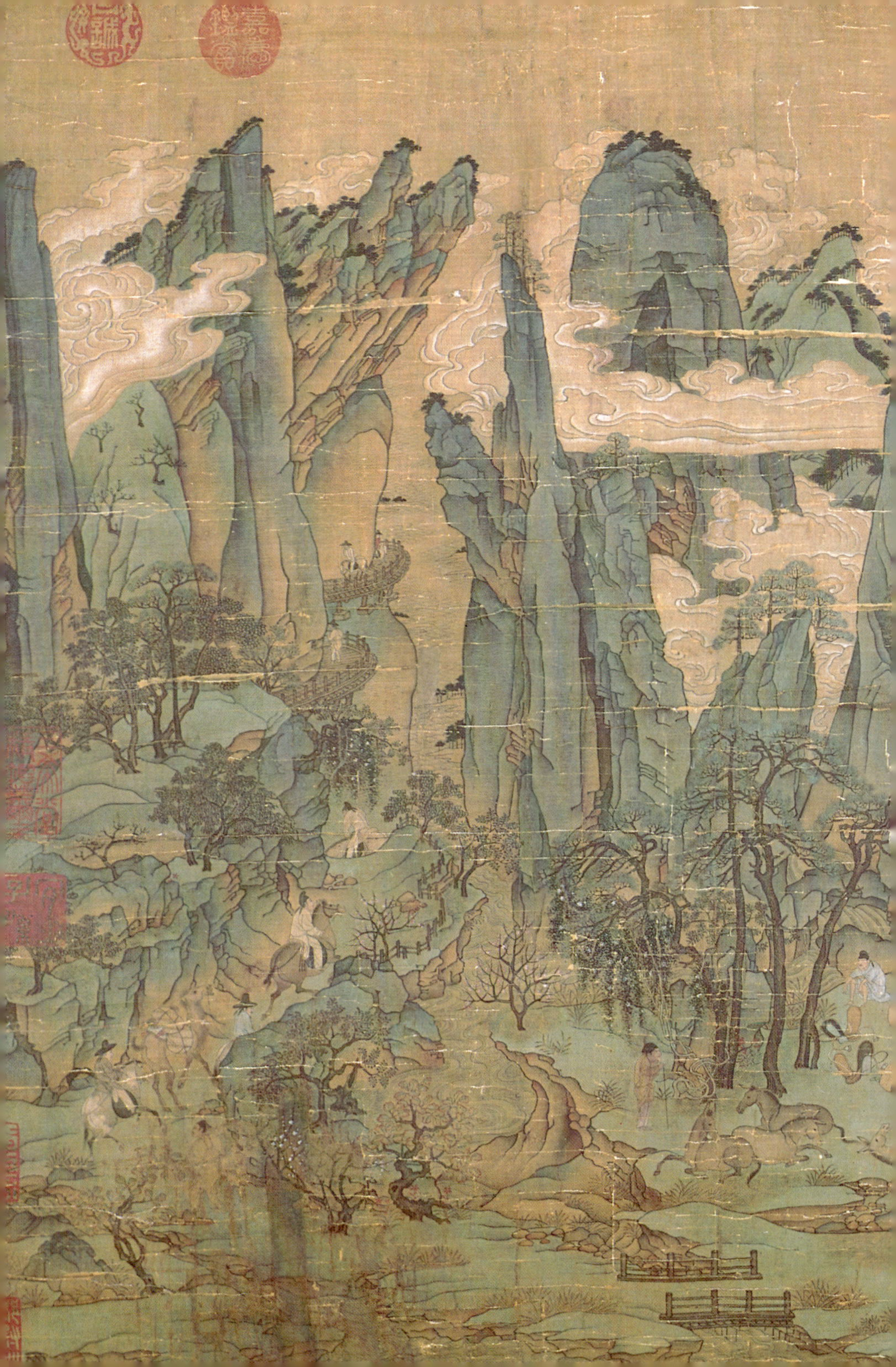

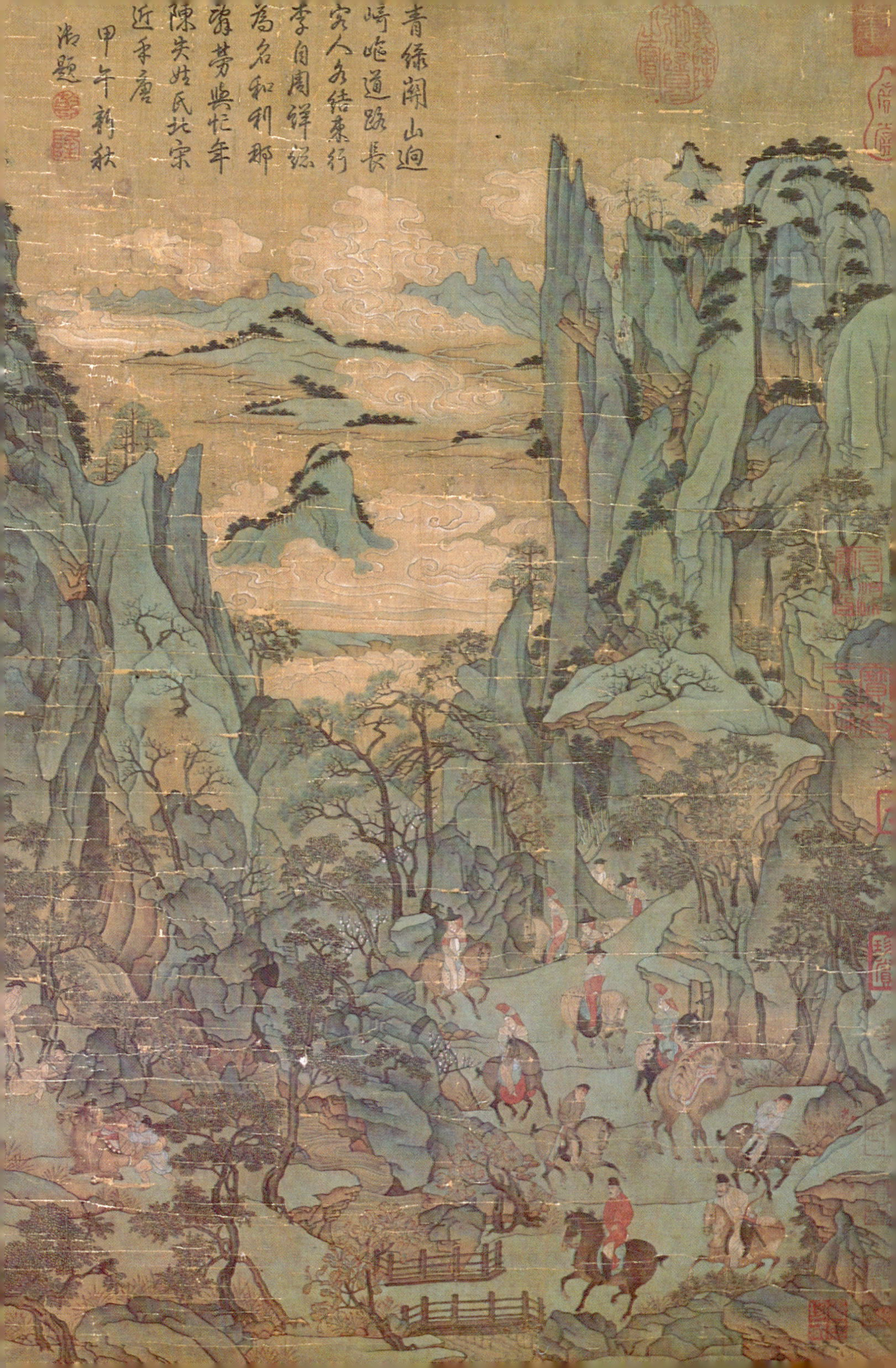
青綠闗山迥
崎嶇道路長
客人各結束行
李自周詳總
爲名和利那
辭勞與忙年
陳失姓氏北宋
近乎唐
甲午新秋
御題

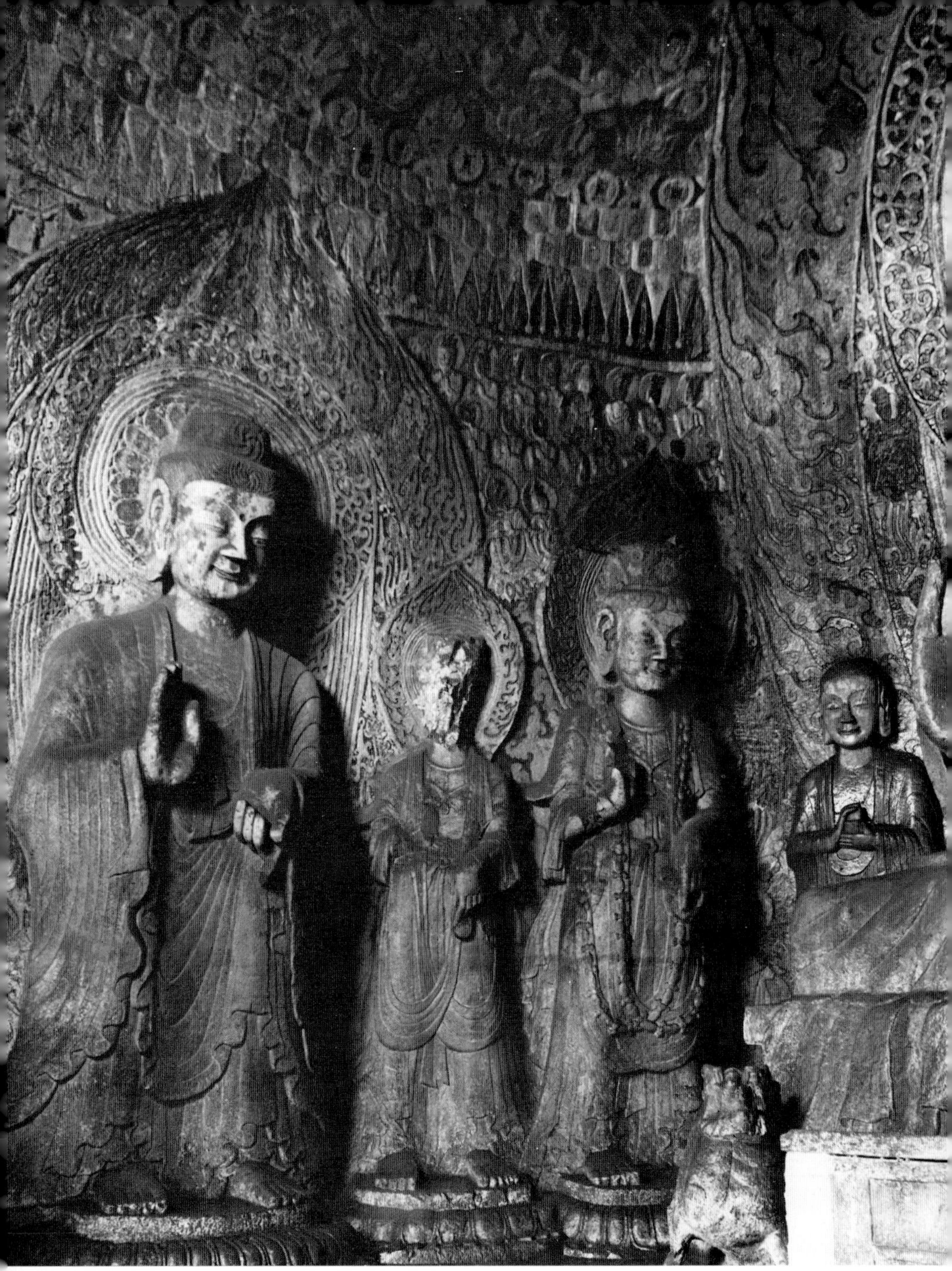

69 Stehender Buddha mit Jüngern, Bingyangdong, Longmen. Die komplett reliefierte Wandfläche erinnert an die gemalten Wandverzierungen in Dunhuang (Abb. 58). Um 523.

Etwa 40 Kilometer östlich von Longmen liegen die Grotten der Gongxian-
Tempel, deren Bau im 6. Jahrhundert begonnen und auch weitgehend abge-
schlossen wurden. Dieser Komplex umfaßt einen Kolossalbuddha, fünf Höh-
len und 238 Nischen. Auch hier ist in der Plastik der Tang-Stil erkennbar,
allerdings fand der Tempelbau während der Buddhistenverfolgungen der spä-
ten Tang-Zeit zwangsläufig ein Ende.
Tatsächlich ist der Tang-Stil in den Höhlentempeln kaum vertreten. Man kann
die herrlichen, freistehenden Figuren aber in den Sammlungen der Museen
bewundern. Während die Steinfiguren der Sui eine stille Würde ausstrahlen,
brachte der »internationale« Tang-Stil einen beinahe ungestümen Schwung 70
in die Bildhauerei. Die in sanfte, tänzerische Posen übergehenden Körperbie-
gungen, die sich immer mehr von den indischen Vorlagen entfernten, ent- 71
wickelten sich zur charakteristischen Skulpturform in China, die großen Ein-
fluß auf Japan ausübte. Tatsächlich sollte man bei der Beurteilung der Plastik
des 9. Jahrhunderts China und Japan im Zusammenhang betrachten.
Ebenso wie die plastische Kunst des 9. Jahrhunderts einem starken Stilwan-
del unterworfen war, veränderte sich auch die Malerei, vielleicht mit noch
tiefgreifenderen Auswirkungen auf die Gesamtentwicklung der chinesischen
Kunst. Nach Ruhe und Fülle, wie sie für die Sui-Kompositionen kennzeich-
nend waren, explodierte die Tang-Malerei zu lebendiger Aktivität. Gewaltige
Paradiesszenen, die besonders bei der weit verbreiteten Amithaba-Sekte be-
liebt waren, zeigen ausgedehnte Palast- und Tempelanlagen mit Lustgärten, 64
in denen sich Sterbliche und Unsterbliche in großer Zahl bei Gesang und
Tanz, bei Debatten und Predigten und bei magischen Veranstaltungen vergnü-
gen. Diese Art der Komposition, die nicht nur für religiöse Darstellungen,
sondern auch in der Landschaftsmalerei genutzt wurde, steht am Beginn einer
langen Tradition in der chinesischen Malerei.
Großkompositionen in der figürlichen Malerei, insbesondere einzelner Figu-
ren, waren zu dieser Zeit ebenfalls beliebt. Von dem wenigen, was sich davon
erhalten hat, kommen diesem Themenkreis die heute zerstörten Wandbilder
des Horyuji im japanischen Nara am nächsten. Sie zeigen sinnenfrohe Figu-
ren in freier Bewegung, die juwelengeschmückt und farbenprächtig gekleidet
sind. Sie stellten ein Pendant zur gleichzeitigen Plastik dar und führten auch
in die figürliche Malerei einen eher monumentalen Stil ein. Buddhistische
Traditionen haben die chinesische Malerei ganz allgemein stark beeinflußt.
Das gilt besonders für die Bilderzählungen in der Wand- und Rollbildmalerei 72
und für die Großkompositionen, sowohl auf den szenisch überladenen Bil-
dern als auch in den figürlichen Einzeldarstellungen. Über den Gebrauch der
Farbe gibt es keine gesicherten Erkenntnisse. Man nimmt jedoch an, daß die
vorbuddhistische Malerei in China mit einer sehr begrenzten Farbenskala

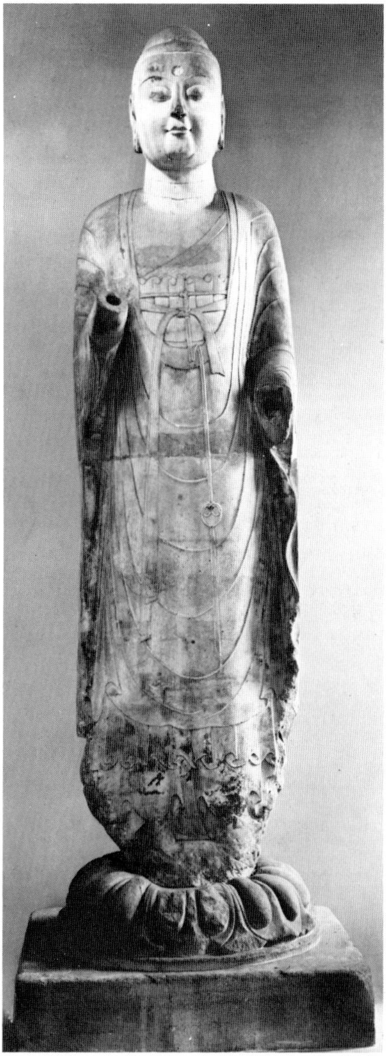

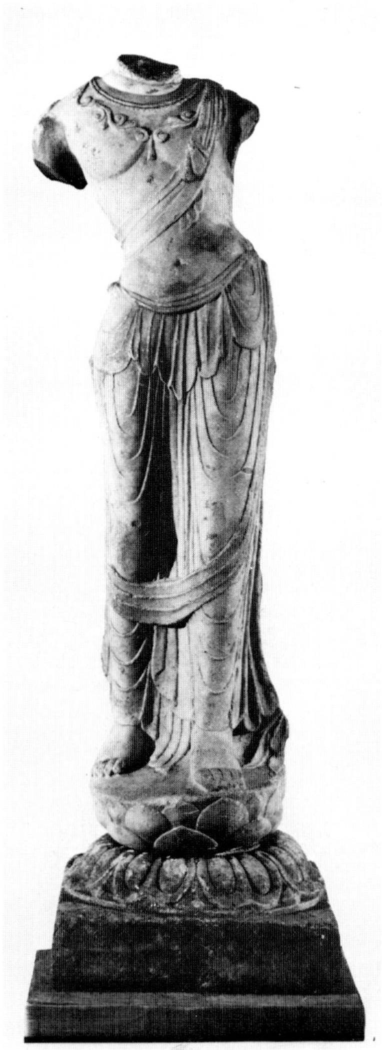

70 Stehender Kolossalbuddha des Amitabha. Marmorskulptur im statuarischen Stil der Sui. Der Buddha trägt jetzt mehr Bekleidung, wobei die Bearbeitung des Faltenwurfs und des Tuchs ein wichtiges Element der bildhauerischen Formgebung darstellt. Datiert 585.

71 Bodhisattva-Torso ohne Kopf. Marmor. Die gehende Bewegung der Figur bringt einen völlig neuen Charakter hervor, da der Bildhauer durch einfühlsames Modellieren der Kleidung die Körperkonturen darunter betont. Um 670.

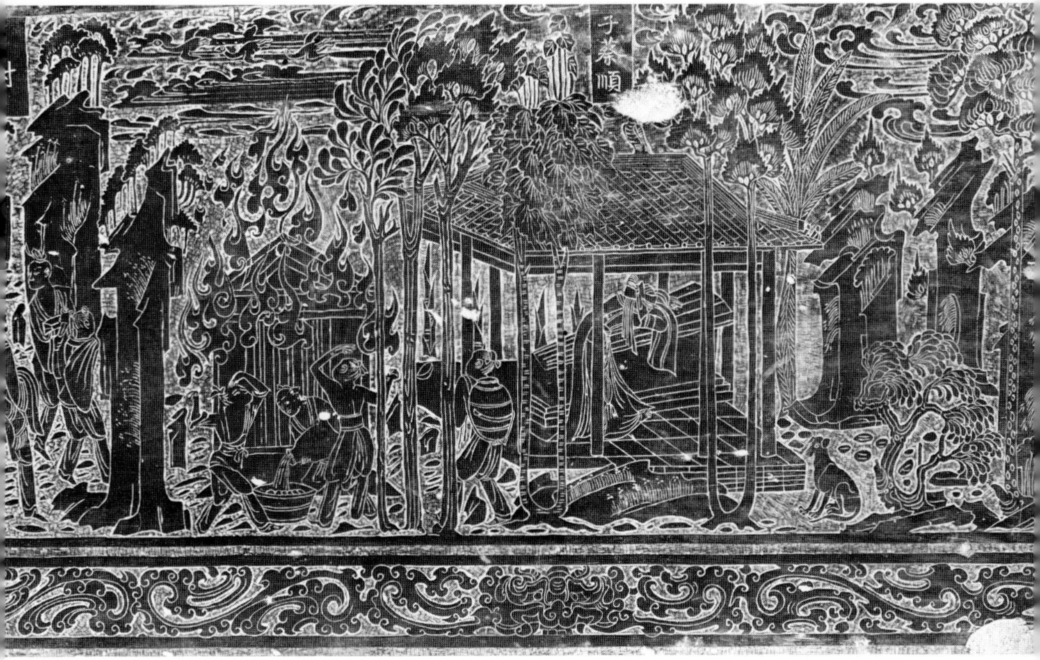

72 Ausschnitt einer Gravierung auf einem Steinsarkophag. Die Erzählung spielt in einer Szenerie aus Bergen und Wäldern. Solche Schnitzarbeiten vermitteln einen Eindruck von der Kultiviertheit bildnerischer Komposition in der Wei-Periode. Um 525.

ausgekommen ist, die sich möglicherweise auf die Farben aus der Lackmalerei beschränkte, mit der Betonung auf Rot, Schwarz und Gelb. Insofern kann man sagen, daß die buddhistische Malerei, die einem religiösen Zweck dienen sollte, die chinesische Malerei in einer Weise beeinflußt und bereichert hat, die weit über den religiösen Bereich hinausgeht. In der Plastik brachte der Buddhismus neues Leben in eine Tradition, die Perioden großer Prachtentfaltung gekannt hatte, aber in China doch nie wie in vielen anderen Kulturen zum Kern expressiver Kunst vorstieß. Die Bronze-Figurinen, die seit dem 4. Jahrhundert n. Chr. für den buddhistischen Gebrauch gegossen wurden, gehören in eine lange chinesische Tradition, die in den Dienst des Buddhismus gestellt wurde. Die frühesten, bekannten Bronze-Figurinen datieren aus der Zhou-Zeit. Die kleinen Ringer- und Tierfiguren der Han zeigen 49
eine bereits etablierte, lebendige Tradition.

6 Internationalismus und Unterhaltungskunst

4. bis 10. Jahrhundert

Wenn in einer Kultur erst einmal die Entdeckung gemacht wird, daß die Malerei mehr sein kann als dekoratives Beiwerk, dann erliegen die Maler schnell der Faszination ihrer Kunst und entwickeln bald ein hohes Maß an bildnerischer Raffinesse. Auch wenn nur wenige Bilder erhalten geblieben sind, weiß man aus schriftlichen Quellen, daß sich die chinesischen Maler schon im 1. Jahrhundert n. Chr., als die erzählende Malerei eingeführt wurde, intensiv mit dieser Darstellungsform auseinandergesetzt haben. Damals waren die Maler Dienstleute der Oberschicht mit der Aufgabe, ihre Herren zu porträtieren und Tempel, Paläste und Gräber auszumalen. Die Gründung zahlreicher neuer Staaten und der dazugehörigen Hofhaltungen während der Periode der Nördlichen und Südlichen Dynastien (219 bis 580) führte dazu, daß die Lokalfürsten als Mäzene miteinander wetteiferten, was für die Entwicklung der Malerei äußerst förderlich war.

Da von der Malerei der Nördlichen und Südlichen Dynastien kaum etwas erhalten geblieben ist, muß man sich mit Kopien begnügen. So sind zum Beispiel zwei Bilder des Malers Gu Kaizhi aus dem 4. Jahrhundert mit den Titeln
73, 74 *Ermahnungen* und *Die Nymphe vom Luo-Fluß* in späteren Kopien erhalten, die heute im Britischen Museum aufbewahrt werden. Es handelt sich um Bilderzählungen auf Handrollen: Die erste ist eine Illustration zu einem Text, die zweite ist eine fortlaufende Bildergeschichte, die von einem König berichtet, der sich in eine Flußnymphe verliebt. Die Illustration gehört zu einer besonderen Gattung sogenannter Ratgeber, die junge Damen auf den Hofdienst vorbereiten sollten. Oft finden sich darin auch Anspielungen auf bekannte Konkubinen. Die Bilder zeichnen sich durch äußerst sparsame Strichführung aus. Figuren, die sich sozial nahestehen, sind auch räumlich miteinander verbunden. Jede Szene gibt auf diese Weise Auskunft über die Beziehungen zwischen den dargestellten Personen. Ebenso wie die szenischen Hintergründe nur angedeutet sind, gibt es auch keine klaren Abgrenzungen zwischen den einzelnen Bildern, die in den Text überleiten, der als nächstes illustriert werden soll. Im Stil gleichen sie den Bilderzyklen der Han-Zeit.

Gu Kaizhi lebte und malte im 4. Jahrhundert in der Hauptstadt der Jin-Dy-

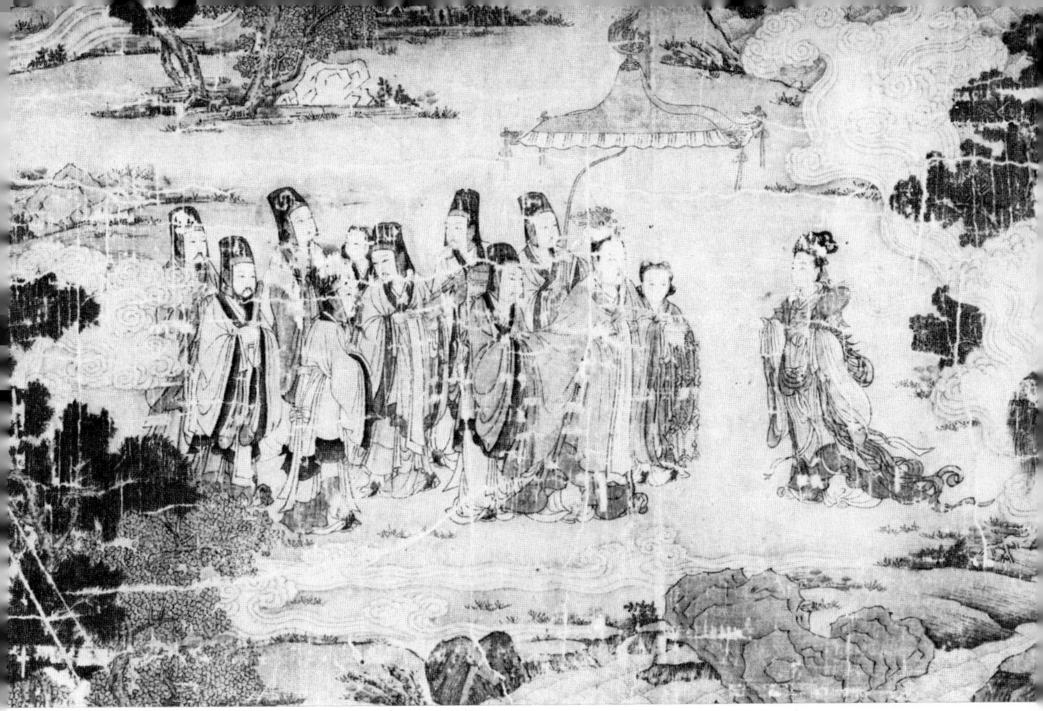

73 Gu Kaizhi (etwa 344 bis 406), *Die Nymphe vom Luo-Fluß* (Ausschnitt). Handrolle, Tusche und Farbe auf Seide. Spätere Kopie. In der Figurengruppe, die den Kaiser umgibt, spiegeln sich frühe Maltechniken (vgl. Abb. 58 und 72).

74 Gu Kaizhi, *Ermahnungen an die Hofdamen* (Ausschnitt). Rote und schwarze Tusche auf Seide. Frühe Kopie. Nördliche Wei-Malerei (vgl. Abb. 58).

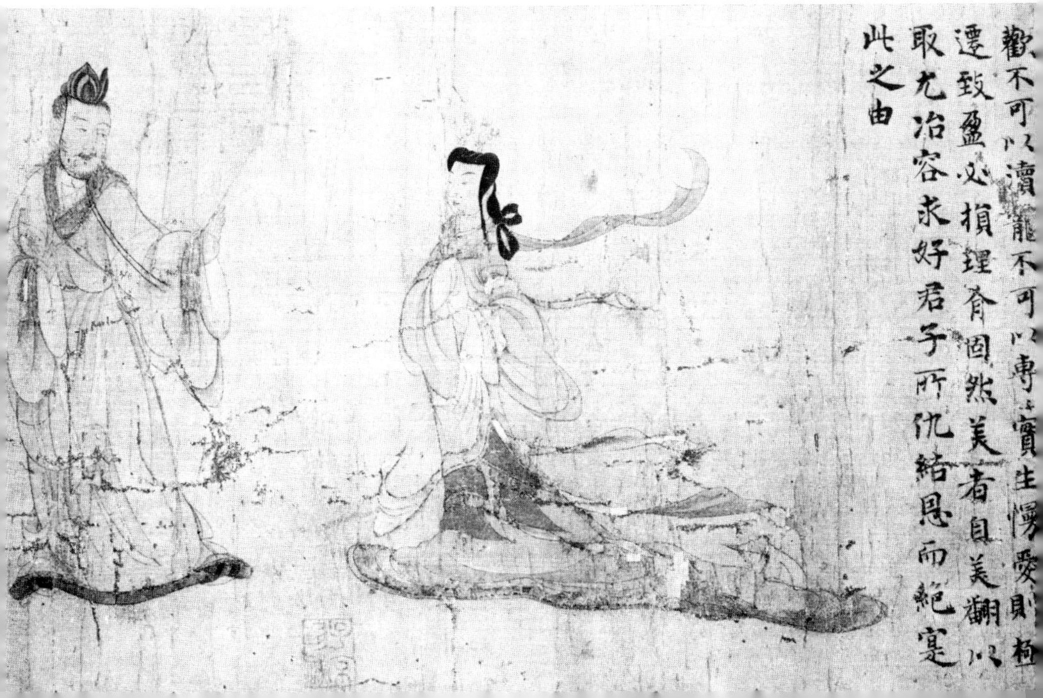

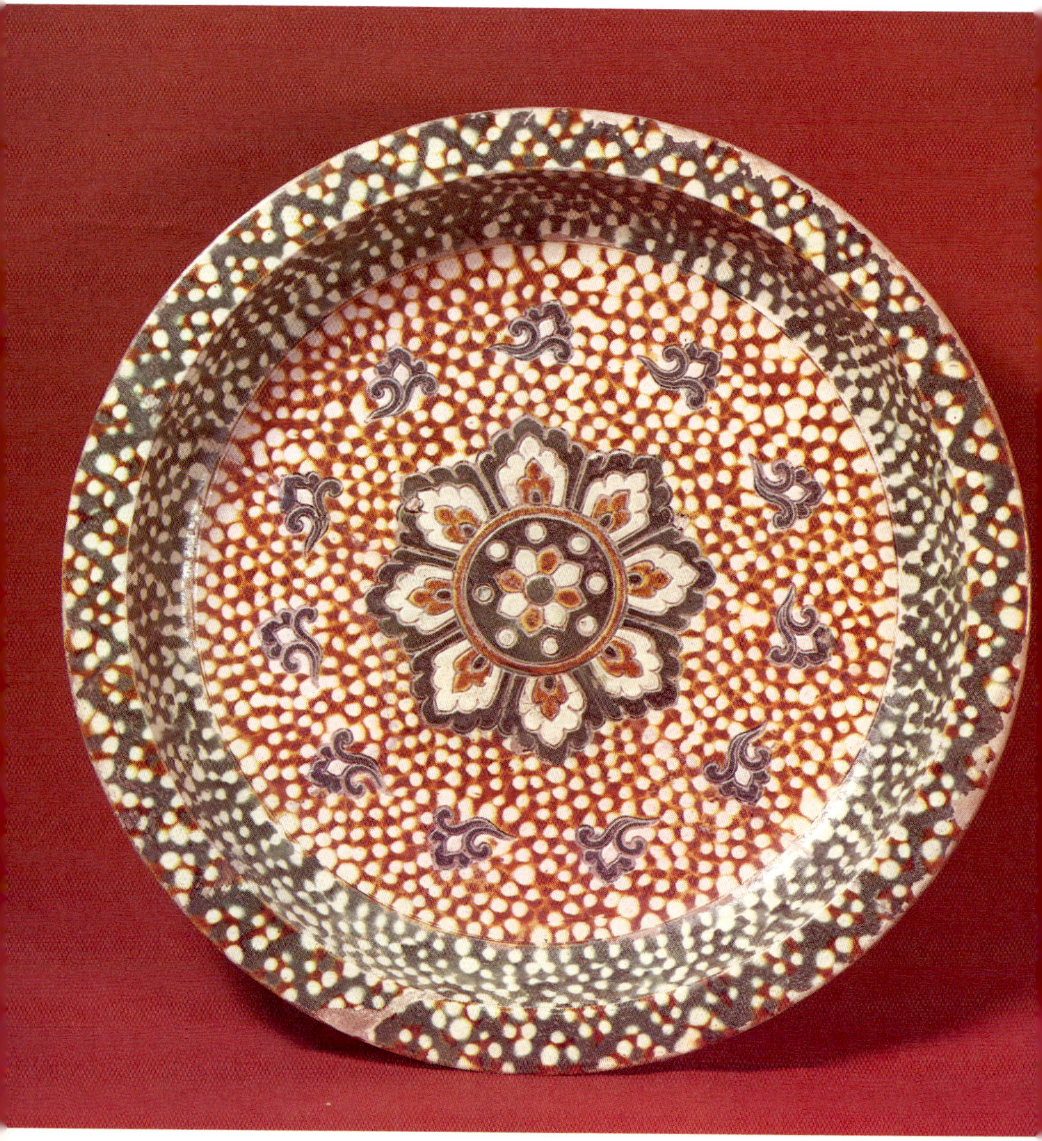

75 Teller aus Steinzeug mit dreifarbiger Bleiglasur. Dieser Keramiktyp war in China für vornehme Bestattungen bestimmt. Zwischen dieser Ware und der zeitgenössischen Ware des Mittleren Ostens besteht, sowohl hinsichtlich der Technik als auch der floralen Motive, enge Verwandtschaft. 8. Jahrhundert. (Siehe Seite 106).

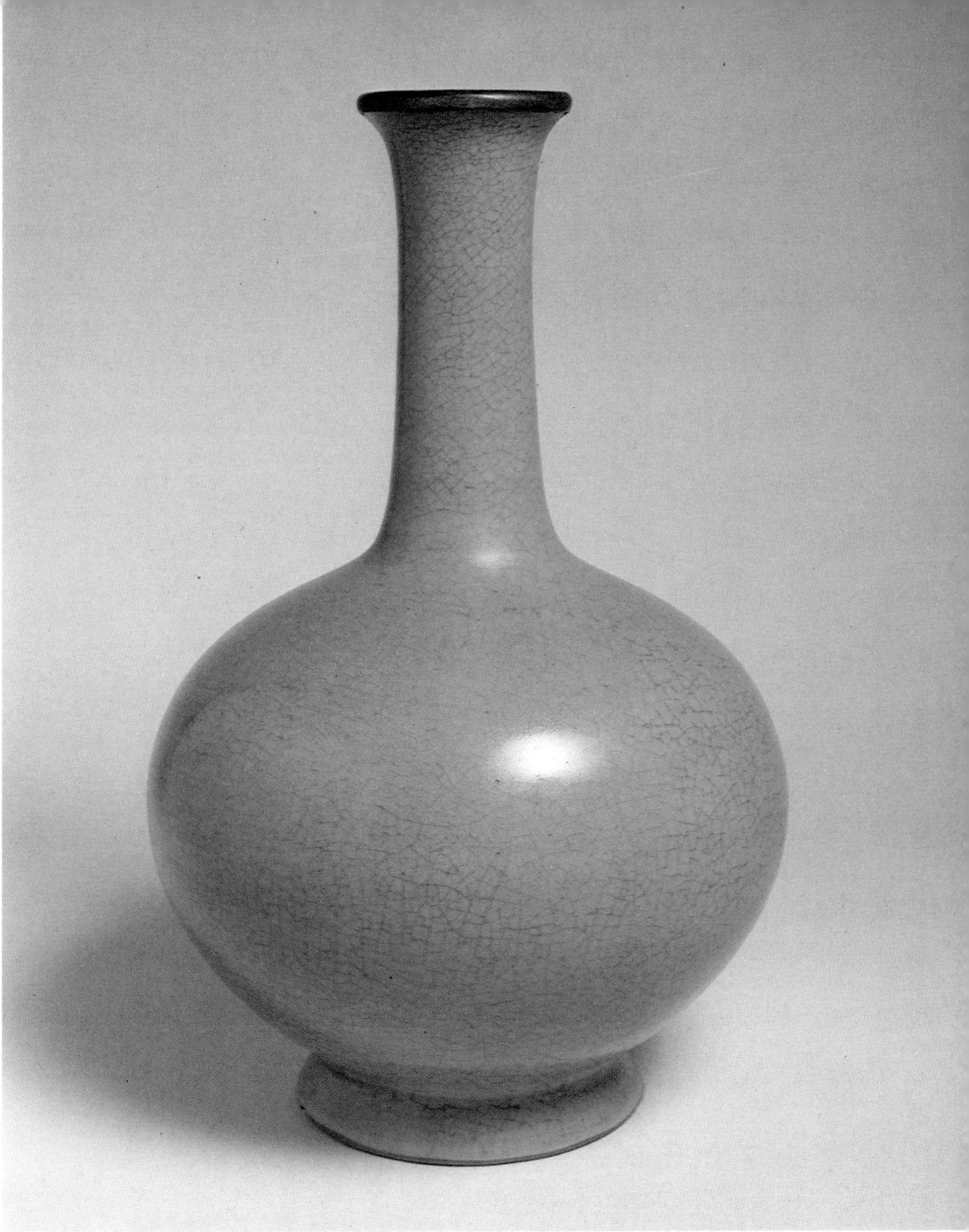

76 Vase vom Keramiktypus *ru*. Ein Beispiel für die vornehme Ware des 12. Jahrhunderts vom Hof in Kaifeng. Eines der Meisterstücke in der großen Keramiktradition mit grauem Gefäßkörper und blaugrüner, einfarbiger Glasur. (Siehe Seite 117).

nastie, die in der Nähe des heutigen Nanjing gelegen war. Er wurde vor allem wegen seiner eleganten Linienführung und der Treffsicherheit seiner Porträts bewundert. Für den Kunststil dieser Zeit waren geschwungene Linien und fließende Draperien kennzeichnend. Es ist deshalb nicht uninteressant, seine Werke mit denen der wandernden Künstler von Dunhuang oder anderen Tempelkomplexen zu vergleichen, die die dortigen Höhlentempel ausgestattet haben. Von den Zeitgenossen wurde Gu in seiner Bedeutung nicht so hoch eingeschätzt. Ein Urteil, das wir heute nicht mehr überprüfen können. Die Tatsache, daß aber überhaupt ein Urteil gefällt wurde, ist an sich schon beachtenswert. Tatsächlich gab es damals bereits eine kompetente Kunstkritik, die aus der frühen sachkundigen Auseinandersetzung mit der Kalligraphie hervorgegangen war. Einige dieser Kunstkritiken haben sich als Zitate in Kommentaren des 9. Jahrhunderts erhalten. Eine Abhandlung aus dem 6. Jahrhundert über die Malerei des Altertums, »Guhua pinlu« (»Klassifizierter Katalog alter Malerei«) von Xie He, ist möglicherweise sogar im originalen Wortlaut erhalten geblieben.* In der Einleitung nennt Xie He sechs Kriterien, nach denen ein Bild beurteilt werden sollt:

1. Die Resonanz des Geistes. Oder die Lebendigkeit. (Mit »Geist« ist hier offenbar die unterschiedliche Stimmungslage bezeichnet, die der Künstler mit dem Pinsel auf sein Werk überträgt.)
2. Die Knochen-Methode. Oder die Geschicklichkeit in der Pinselführung. (Das scheint auf einen Fachbegriff aus der Anthroposkopie anzuspielen, eine Wissenschaft, die sich bemühte, den Charakter eines Menschen aus seinem Knochenbau abzulesen.)
3. Die Übereinstimmung mit dem Objekt. Oder die richtige Darstellung der Form.
4. Die Anpassung an das Vorbild. (Hier handelt es sich im weitesten Sinn um das Auftragen der Farbe.)
5. Der Aufbau und die Planung. Oder die Bildkomposition.
6. Die Weitergabe durch Nachbildung. Oder das Studium und das Kopieren traditioneller Vorbilder.

Nach Xie Hes Auffassung ist die erste Regel auch die wichtigste. Sollte dieses Kriterium in einer Malerei nicht erfüllt sein, dann werden alle anderen Kriterien hinfällig. Die starke Vereinfachung dieser Kategorisierung hat in der Wissenschaft zu unterschiedlichen Interpretationen geführt. Einigkeit be-

* Siehe W. B. R. Acker, *Some T'ang and Pre-T'ang Texts on Chinese Painting*, Leiden 1954.

steht jedoch darin, daß, in Übereinstimmung mit Xie He, ein Bild vor allem »Leben« besitzen muß. Erst dann kann auch die Qualität der Pinselführung, der Gestaltung, der Struktur und der richtigen Darstellung der Form zur Geltung kommen. Der Hinweis auf die Bedeutung des Altertums und die Notwendigkeit, alte Maler zu kopieren, den He unter Punkt sechs gibt, hat einige Wissenschaftler dazu verleitet, dieses Kriterium als Empfehlung an die Maler aufzufassen und nicht als Prinzip der Kunstkritik. Die ersten fünf Kriterien scheinen jedoch als Orientierungshilfe für die Kunstkritik und den sachkundigen Kunstliebhaber entworfen gewesen zu sein.

Dem gleichen Zweck diente auch ein späteres, größeres Werk, das 847 von Zhang Yanyuan unter dem Titel *Lidai Minghua Zhi* oder *Katalog berühmter Maler aller Dynastien* vollendet wurde. Es ist interessant, daß Gu Kaizhis Werk zu dieser Zeit bereits Seltenheitswert besitzt und als überaus wertvoll eingeschätzt wird. Zhang erteilt den Sammlern den Ratschlag, jede Summe für ein Stück aus dessen Werkstatt zu bezahlen, und sei es auch noch so klein. Zhang Yanyuan wiederholt die sechs Regeln des Xie He, ohne etwas an ihrer Bedeutung zu verändern, aber es ist offenkundig, daß er als Kritiker den Kunstgeschmack seiner eigenen Zeit wiedergibt. Er bewundert seinen Zeitgenossen Wu Daozi, eine Einschätzung, die in Chang'an, wo der Künstler seine bedeutendsten Werke schuf, großes Echo fand. Für uns gehört Wu Daozi leider nur ins Reich der Legenden, weil von seinen Malereien nichts erhalten geblieben ist, aber der lineare Charakter seiner Pinselarbeit hat unverkennbar in der nachfolgenden Malerei ihren Niederschlag gefunden. Er malte Wandbilder für Tempel und Paläste, ebenso wie Hängerollbilder und Handrollbilder. Man erzählte sich, daß aus seinen Bildern Pferde davongaloppiert und Drachen über Nacht herausgeflogen seien, so lebensecht hätte er sie dargestellt. In dieser Hinsicht war er der Inbegriff des ersten Prinzips der sechs Regeln Xie Hes. Sein Pinselstrich entsprach allen Regeln der Kalligraphie. Er war abwechselnd dick und dünn, musikalisch frei und doch beherrscht. Einen Widerhall davon mag man bei den späteren Chan-Künstlern finden, wie die Grabmalereien in der Chang'an-Region bis zu einem gewissen Grad bezeugen. Chang'an war eine der Hauptstädte der Tang-Dynastie und im 8. Jahrhundert von zahlreichen ausgedehnten Grabanlagen umgeben. Erst vor kurzem wurden dort drei königliche Gräber freigelegt: Das Grab der Prinzessin ist besonders reich mit Wandmalereien ausgestattet. Eine Prozession aus Leibwächtern und Palastoffizieren säumt die Wände des unterirdischen Gangs, der zur Grabkammer führt. In der Grabkammer selbst sind die weiblichen Angehörigen ihres Hofstaats dargestellt. Die Figuren sind skizzenhaft gemalt und fast lebensgroß in zwanglosen Gruppen angeordnet. Die Linien- 65
führung ist frei und fließend, die Farbgebung in einem hellen Ocker, das in

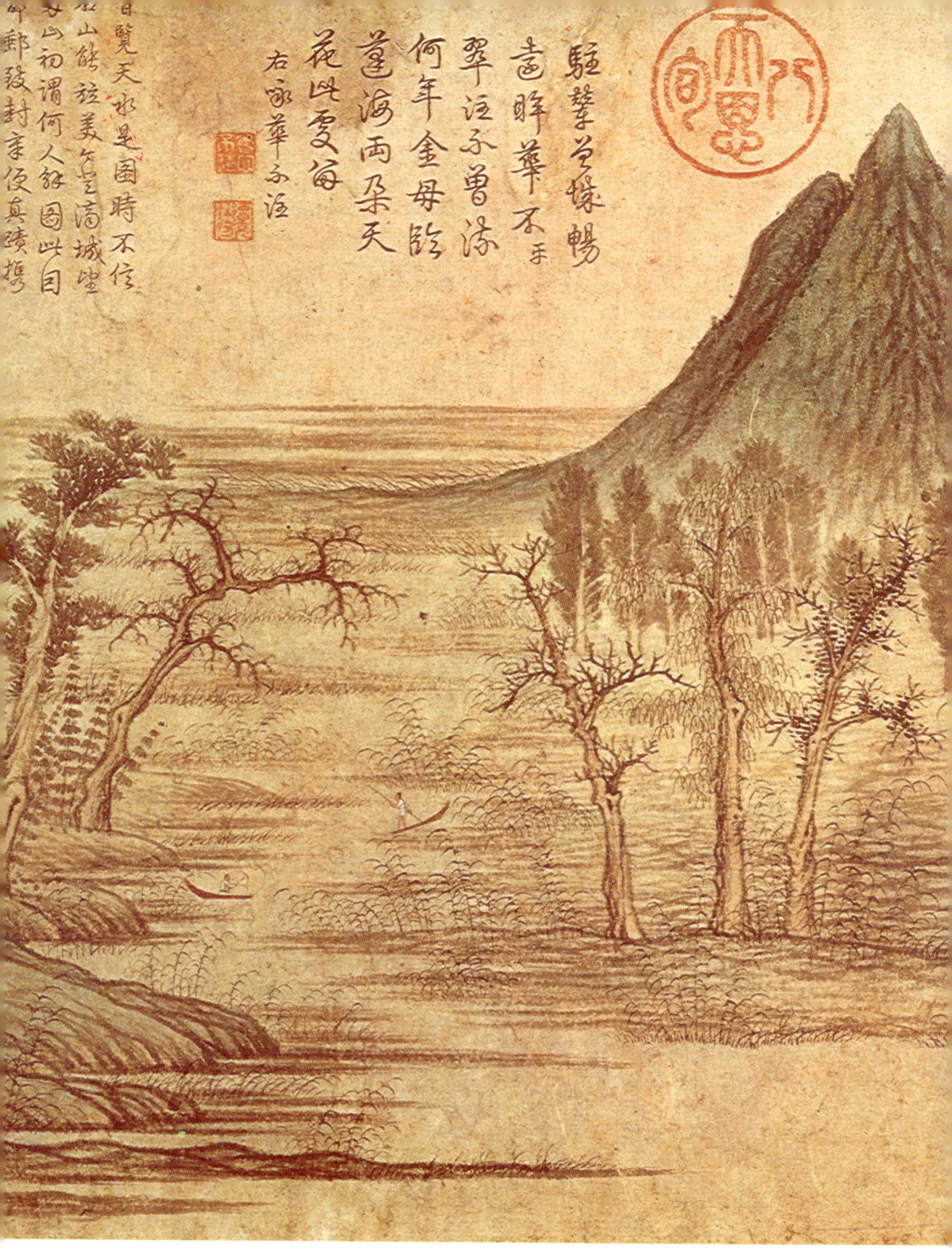

77 Zhao Mengfu (1254 bis 1322), *Herbstfarben über den Bergen Qiao und Hua* (Ausschnitt). Handrolle, Tusche und Kolorierung auf Papier, datiert 1295 (vgl. Abb. 88, 89)

Schwarz übergeht. Weil die Farbe nur teilweise aufgetragen ist, entsteht der Eindruck einer halbfertigen Malerei. Bei der Darstellung der Prozession wird ein immer wiederkehrendes Gruppenmotiv genutzt, wobei die jeweiligen Figuren nicht nur die gleiche Grundfläche einnehmen, sondern auch im gleichen Abstand stehen. Jede der Damen trägt ganz individuelle Züge, so daß ein Eindruck von Wirklichkeitsnähe entsteht. Für die Ausstattung der Königsgräber war in der Regel ein besonderes Hofamt zuständig. Für einige Zeit wurde dieses Amt von einem berühmten Künstler bekleidet, von Yan Liben, der es an seine Söhne weitergab.

Die Figurenmalerei erreichte in dieser Zeit wahrscheinlich ihren Höhepunkt 78, 79
und scheint auch die vorherrschende Kunstrichtung gewesen zu sein. Es gab damals jedoch auch eine Form von Landschaftsmalerei, die enge Verwandtschaft zu den Hintergrund- und Nebenszenen der größeren buddhistischen Wandbilder zeigt. Bildrollen aus dem 9. Jahrhundert haben sich jedoch nur wenige erhalten. Eines der bekanntesten zeigt eine Landschaft mit Pferden und trägt den Titel: *Die Reise des Kaisers Ming Huang nach Shu*. Es ist in Farbe auf Seide gemalt und wird heute im Palastmuseum von Taibei aufbewahrt. Die Geschichte dieser Reise wird in drei Szenen erzählt und ist, gleich- 68
sam wie die Kurzfassung einer Handrolle, von rechts nach links zu lesen: Aus einer Schlucht taucht eine Schar Reiter auf. Die Reiter legen auf dem Plateau in der Mitte eine Rast ein. Dann steigen sie wieder auf und setzen ihren Weg fort. Die Berge sind in gezackte Felspfeiler zerlegt und von kobaltblauer und kupfergrüner, mit zartem Goldschimmer unterlegter Farbtönung überzogen. An der Gestaltung der Bäume lassen sich noch immer Spuren des Han-Stils erkennen. Das Bild ist ein gutes Beispiel für die dekorative Landschaftsmalerei der Tang-Zeit, deren stilistische Merkmale später unter dem Begriff Blau-Grün-Stil zusammengefaßt wurden.

In der späten Tang-Zeit (9. Jahrhundert) entstand noch eine andere Stilrichtung, die viele nachfolgende Künstler in ihren Bann schlug: Eine poetische, monochrome Landschaftsmalerei. Als Gründer dieser stillen, betrachtenden und assoziativen Tuschmalerei wird der Maler Wang Wei (699 bis 759) angesehen. Keines seiner Werke ist erhalten geblieben. Dennoch begründete sein Stil, der in einem zeitgenössischen Text als »Gedicht ohne Worte« umschrieben wurde, eine neue Schule der Landschaftsmalerei. Die Tatsache, daß in dieser höchst farbenfrohen und prachtliebenden Periode auf einmal ein monochromer Malstil mit stillen Themen in Mode kam, ist erstaunlich. Wang Weis Malerei stellt wohl eine Gegenreaktion dar, eine Abkehr von der übersteigerten Darstellung diesseitigen Glanzes und jenseitiger Paradiese.

Obwohl die Entwicklungen in der Malerei das künstlerische Leben beherrschten, und obwohl die Maler immer mehr für sich in Anspruch nahmen,

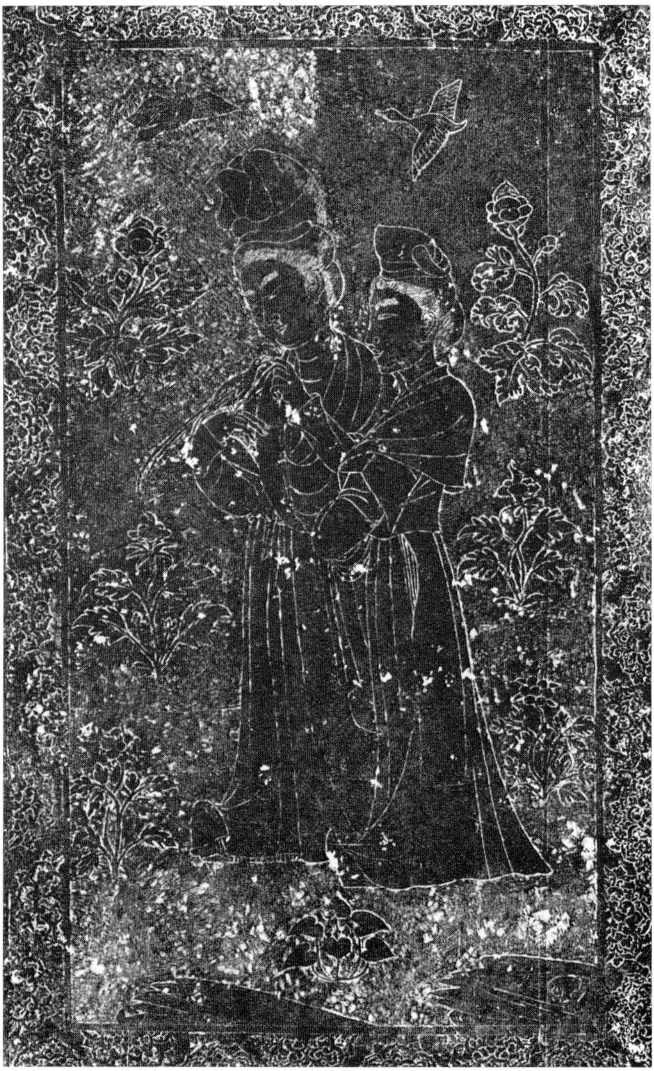

die einzig wahren Künstler zu sein, war die Tang-Zeit insgesamt betrachtet doch auch eine Blütezeit für die anderen Kunstgattungen. Erlesenes Handwerk war hochgeschätzt, wenn man ihm auch nie jene akademische Aufmerksamkeit entgegenbrachte, die der Malerei oder der Kalligraphie geschenkt wurde, sondern es eher als notwendiges Beiwerk für gehobene Lebensart ansah. Das Kunsthandwerk begann sich in der Zeit vom 3. bis 9. Jahrhundert allmählich zu entfalten, und es scheint so, als hätte die Keramik anfänglich

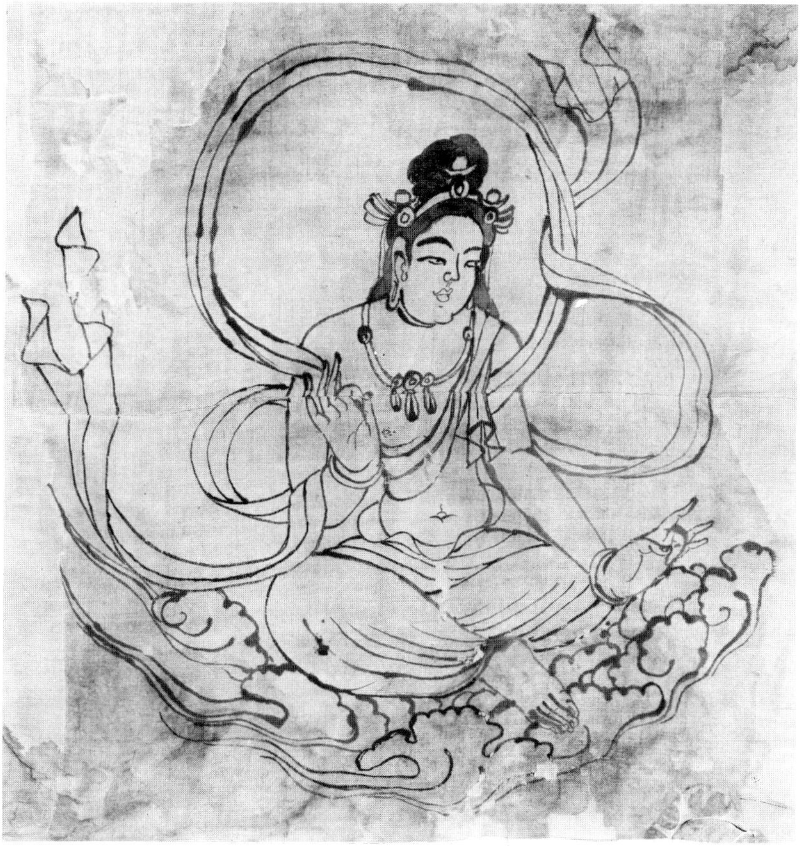

78 (links) Abreibung einer Steingravierung auf dem Sarkophag der Prinzessin Yong Tai, Chang'an. Diese Gravur repräsentiert den Stil der figürlichen Malerei des 8. Jahrhunderts: Fließende Linienführung und einfache Komposition drücken Räumlichkeit und Körperhaftigkeit aus (vgl. auch Abb. 65 und 73). Datiert 706.

79 Bodhisattva, auf einer Wolke fliegend. Tuschmalerei auf Hanf, bewahrt im Shosoin, Nara, Japan. Dieses Bild gibt den lebendigen, dick-dünnen Pinselstrich, der am Werk des Wu Daizis so bewundert wurde, vermutlich am besten wieder. 8. Jahrhundert.

den ersten Rang eingenommen. Technische Fortschritte in der Zeit vom 4. bis 6. Jahrhundert ließen zwei Keramiktraditionen entstehen. Im Süden war es eine graue Ware mit grüner Glasur, im Norden eine weiße Ware mit einem blaßgelben Glasurüberzug. Es gab zwei Gründe für den Erfolg dieser Keramik: Die Entdeckung eines Tons, der große Formbarkeit und Hitzebeständigkeit miteinander vereinte, und die Entwicklung eines Brennofens, der bei lang anhaltenden, hohen Temperaturen den Ton und die Glasur durchbildete. 80, 81

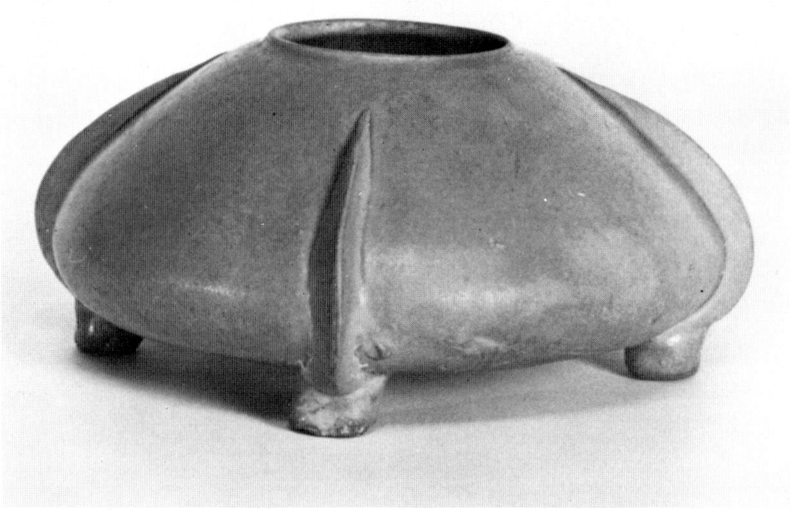

80 Wassergefäß aus Shanglinhu, Zhejiang. Zugehörig zum Keramiktypus *yue*, eine der am meisten geschätzten Waren dieser Zeit. Die grüne Glasur ist in einer dünnen, glatten Schicht aufgetragen, so daß die Eleganz der Topfform noch mehr hervorgehoben wird.
10. Jahrhundert.

81 Eingebuchteter Krug als Beispiel der weißen Keramik des Nordens, vermutlich aus der Dingzhou-Region. Der Gefäßkörper ist reinweiß und nicht oxydiert. Die Glasur weist einen blassen elfenbeinfarbenen Schimmer auf, der durch den »Tränentropfen« auf der Seite und die Fingerabdrücke an der Basis eine besondere Note erhält.
10. Jahrhundert.

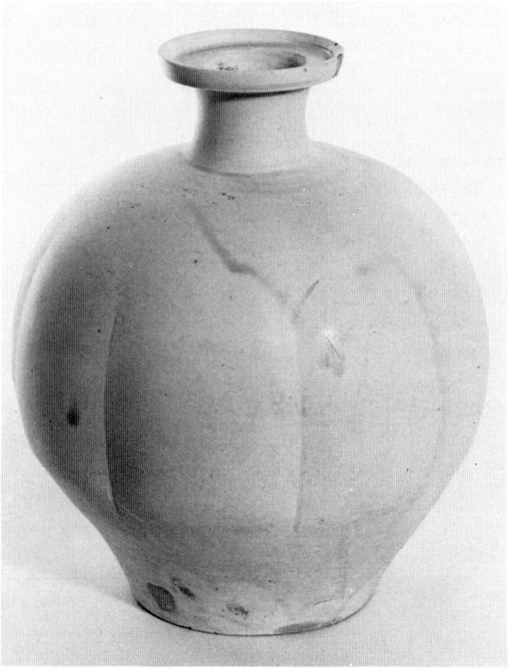

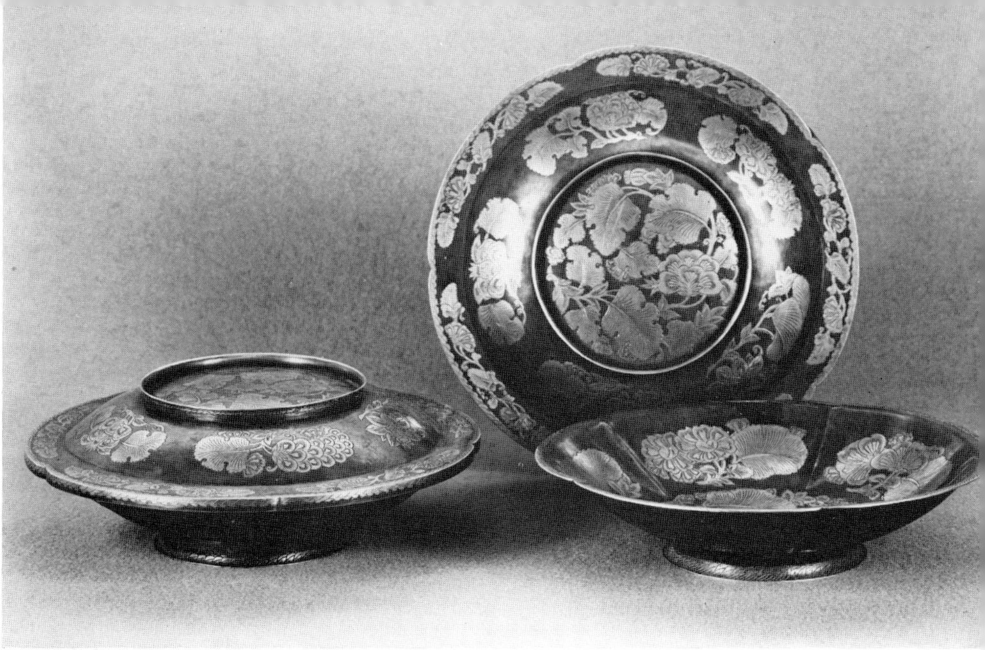

82 Schüsselpaar mit Deckel aus Silber mit ziselierter Goldverzierung. Die blattartige, geränderte Form stammt aus dem Mittleren Osten und gelangte zunächst mit der Technik der Metallbearbeitung nach China, wo sie dann aber schnell Eingang in die Keramik fand. Die reichen Blumenmotive gehören zum klassischen Verzierungsrepertoire dieser Zeit. Um 750 bis 850.

Mit dem neuen Material und der neuen Technik gelang es den chinesischen Töpfern zum ersten Mal, jene Keramik herzustellen, die seitdem als die klassische chinesische Keramik angesehen wird. Die hoch gebrannten Gefäße waren solide und schlicht in der Form, häufig an Bronzen erinnernd, und mit einer Glasur in zurückhaltenden Farben überzogen. Die Farben reichten von einem dunklen Grünbraun über Grünblau bis hin zu einem blassen Gelb. Es ist nicht klar, ob die berühmte grünblaue Farbe zufällig oder durch Experimentieren gefunden wurde. Die dunklen Farbtöne trafen jedenfalls genau den Geschmack des Publikums und setzten sich schnell durch. Vielleicht spielte auch eine Rolle, daß die Glasurfarbe an die ganz ähnlich getönten, sehr populären Jade- und Bronzegegenstände erinnerte.
Zur gleichen Zeit, als die dunkel gefärbte Keramik in Mode kam, begeisterte man sich aber auch für die exotische Pracht der buddhistischen Plastik, für die Goldverarbeitung, die Textil- und Glasherstellung und für anderes Kunsthandwerk, das in der Tang-Zeit aufblühte. In dieser Epoche, die durch eine überschwengliche Experimentierfreudigkeit in der Kunst gekennzeichnet ist,

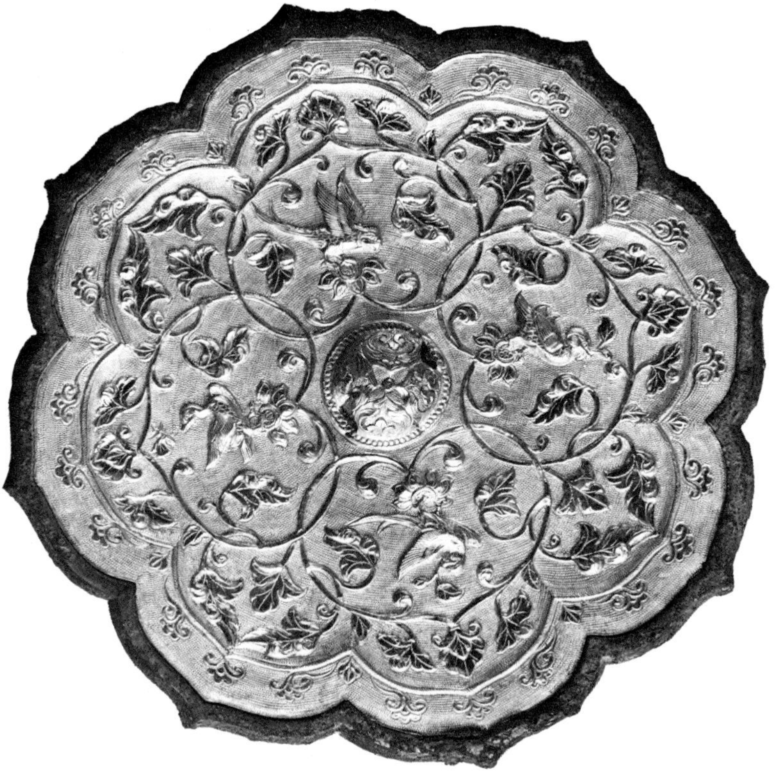

83 Blattförmige Spiegelrückseite aus Bronze mit Silberdekor und Goldintarsien. Anders als die für magische Zwecke verwendeten Spiegel der Han-Zeit (Abb. 42), galten diese Tang-Spiegel als kostbare Schmuckstücke. Das verschlungene Vogel- und Blumenmotiv entstand in der Mitte des 8. Jahrhunderts und ist ein Beispiel für den »internationalen« Stil.

84 (rechts) Pilgerflasche. Steinzeug mit brauner Glasur über weißer Engobe. Die abgeflachte Form geht auf die Lederflaschen zurück, die von Reisenden in Zentralasien verwendet wurden. Ebenso läßt sich der gegossene Dekor, der eine Winzerszene zeigt, von der geprägten Ornamentierung des Originals ableiten. Mitte 8. Jahrhundert.

entwickelte sich im Handwerk ein kompletter Stilkanon, den man als »international« bezeichnete, um anzudeuten, daß sein Einflußbereich weit über die Grenzen Chinas hinausging. Die Herkunft dieser Stilrichtung läßt sich bis nach Kleinasien und in den Kaukasus zurückverfolgen. In China taucht sie immer wieder auf und macht sich am deutlichsten bemerkbar bei den Gold-
80, 82 und Silberwaren der Tang-Zeit, die gedrehte und gehämmerte Vorlagen aus Persien nachahmen, aber in chinesischer Gußtechnik verarbeitet sind. Auch anderer Schmuckdekor wurde häufig von fremden Vorbildern übernommen,

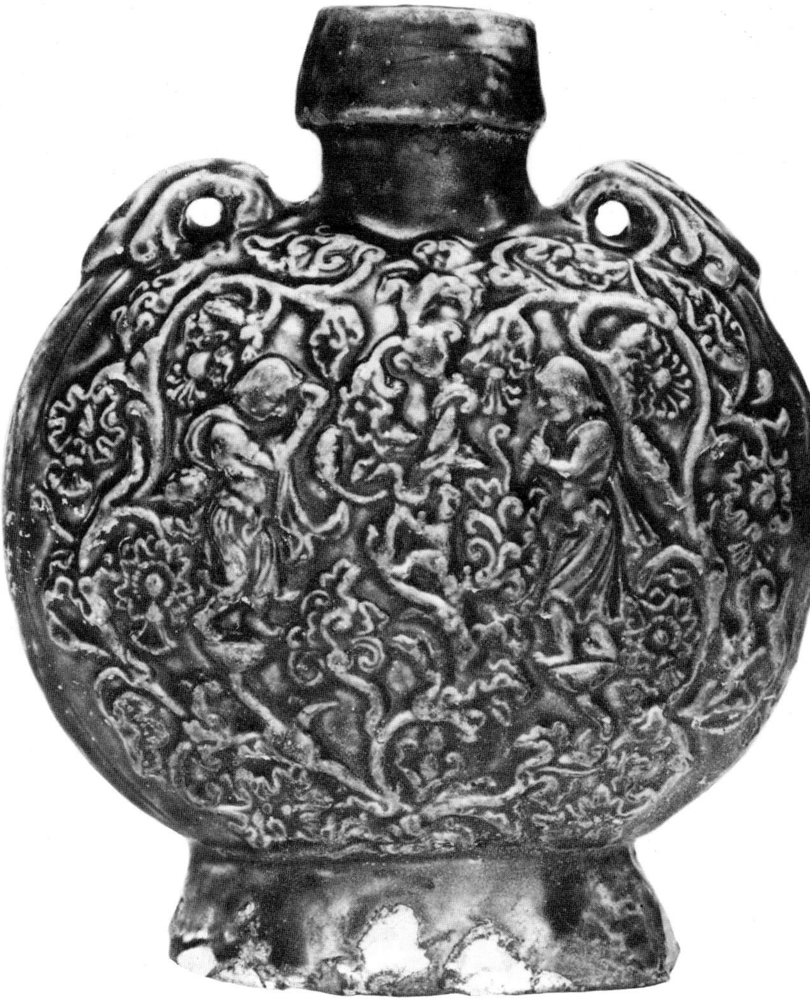

wobei die Motive aus Zentralasien und aus dem Nahen Osten auf den chinesischen Geschmack zugeschnitten wurden. Die Vorliebe für das Exotische blieb im hauptstädtischen Kunsthandwerk während des 7. und 8. Jahrhunderts durchgehend lebendig. 84, 85
Auch Glas wurde in China hergestellt, entweder leuchtend blau oder bräunlichgelb im »internationalen« Stil, oder als Jadeimitation, in Form und Farbe nach alten Stücken gearbeitet. Es gab viele Arten von Gefäßen und Zierat aus Hartstein, dazu Einlegearbeiten aus Holz oder Bernstein und Bronzespiegel,

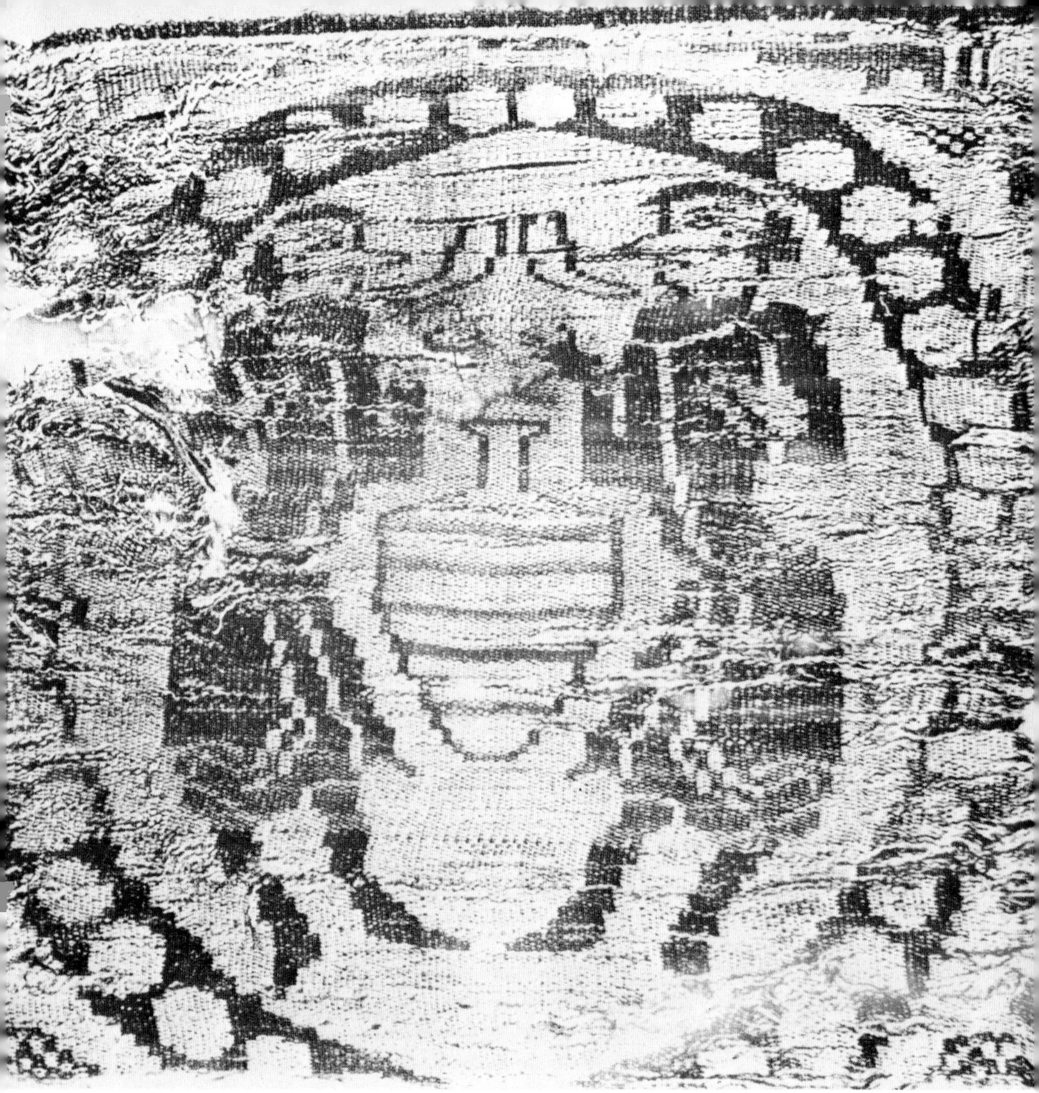

85 Fragment eines Seidentuchs mit eingewebtem Muster, zwei Weintrinker darstellend. Aus Astana, nahe Turfan, Xiniang. Sowohl die Technik der Wandteppichweberei, die wahrscheinlich von den Nomadenstämmen Zentralasiens entwickelt wurde, als auch die Art des Motivs, bei dem sich zwei Figuren in einem Rundbild gegenüberstehen, wurden in die chinesische Tradition aufgenommen. (Siehe auch Abb. 110). 8. Jahrhundert.

86 (rechts) Grabmodell eines gesattelten Kamels. Cremefarbene, grüne und gelbe Glasur über weißem Gefäßkörper. Solche Figuren von Tieren, Dienern, Unterhaltungskünstlern und Haushaltsgegenständen wurden im 8. Jahrhundert in Serienproduktionen hergestellt. Man formte sie sektionsweise nach vorliegenden Mustern und fügte die Einzelteile zusammen, wobei sich viele lebensechte Posen ergaben.

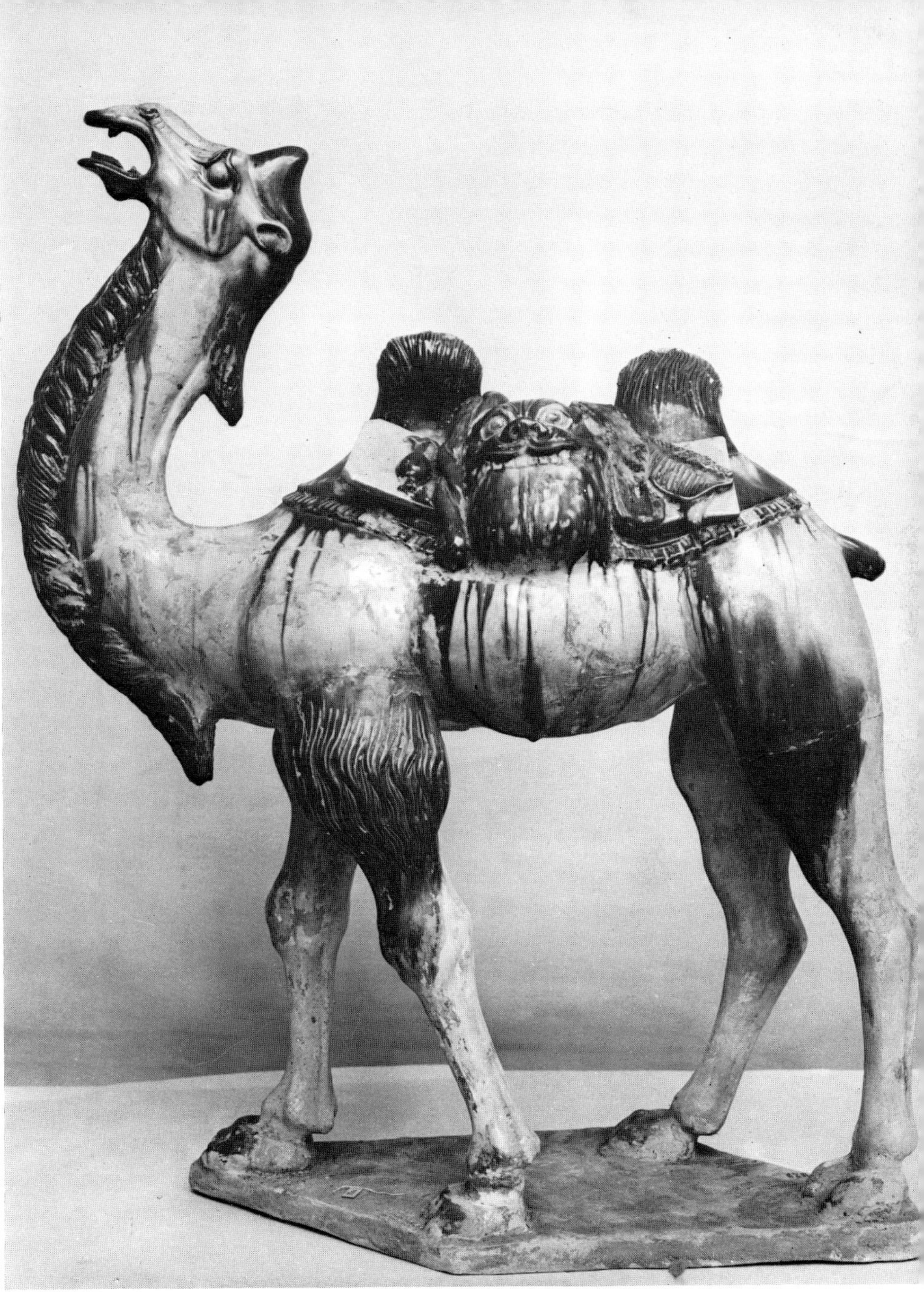

die mit Intarsien geschmückt waren. All diese Produkte eines hochentwickelten Kunsthandwerks wurden als Grabbeigaben verwendet, fanden sich aber vermutlich auch in den städtischen Haushalten dieser Zeit, in der China eine der extravagantesten Epochen seiner Geschichte erlebte. Tang-Seiden sind in wunderschöner Ausführung im Shosoin-Museum in Japan aufbewahrt. In dieser Sammlung finden sich auch zwei bemalte und mit Intarsien versehene Musikinstrumente aus Holz. Besonders bemerkenswert ist die Oberseite der
87 Pipa, eines lautenähnlichen Instruments.
Zu den prächtigsten Werken dieser Epoche gehören Grabfiguren aus niedrig gebranntem Ton mit einer leuchtenden Farbglasur. Die bunt gemischte, großstädtische Gesellschaft, die sich in diesen Keramikfiguren widerspiegelt,
75, 86 gab es im 10. Jahrhundert nicht mehr. Der Glanz war dahin. Und in den Landschaftsbildern dieser Zeit, wie sie etwa von Wang Wei gemalt wurden, drückt sich eine eher kontemplative Stimmung aus.

87 Ausschnitt einer Landschaft in Lackmalerei auf der Vorderseite einer *pipa,* eines lautenähnlichen Instruments. Dieser obere Teil einer buddhistischen Figurenmalerei gehört zu den frühesten, heute bekannten Fluß- und Bergkompositionen. 8. Jahrhundert.

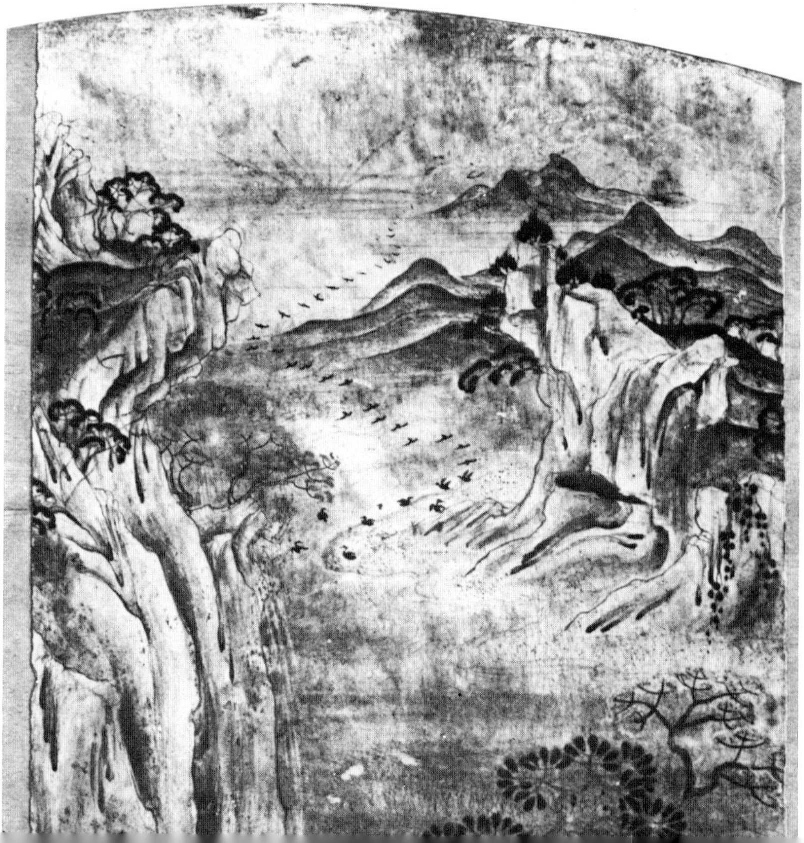

7 Räumlichkeit und Monumentalität

10. bis frühes 12. Jahrhundert

Die vielfältigen Möglichkeiten, die sich durch die Tuschmalerei auf Seide für die Darstellung von Landschaftsmotiven eröffneten, wurden von einer neuen Malergeneration bald genutzt, um neue kompositionelle Konzepte für das Rollbildformat zu entwickeln. Vor allem die große Hängerolle wurde jetzt zum bevorzugten Format für klassische Meisterwerke. Durch die Form der Rolle war ein langgestreckt rechtwinkliges Format vorgegeben, und diese Bildqualitäten ließen sich durch verschiedene Methoden zum Ausdruck bringen. Vielleicht gaben die vertikal angeordneten erzählenden »Stilleben« der vorangegangenen Jahrhunderte den Anstoß zu einer Technik, die darauf basiert, den Blickwinkel an die kontinuierlich nach oben strebende Bildkomposition zu knüpfen, so daß sich eine sukzessive Verschiebung des Blickwinkels von unten nach oben ergibt. Dadurch wurde es möglich, innerhalb eines eingeschränkten Formats zugleich den Eindruck weiter Entfernung und großer Höhe zu erwecken, ohne im Betrachter ein Schwindelgefühl zu erzeugen. Mittels dieser perspektivischen Darstellung, die sich völlig anders als in Europa entwickelte, gelang es den chinesischen Künstlern dieser Epoche, äußerst eindrucksvolle Berglandschaften zu malen. Der mobile Blickwinkel war natürlich mit einer ständigen Überprüfung des Bildgefüges verbunden. In die Tiefe verlaufende Bildelemente sind an den Bildrändern festgemacht, das Gleichgewicht zwischen ihnen wird jedoch durch die Handhabung von Linie und Farbwerten hergestellt. Sogar kuriose Ungereimtheiten in der Maltechnik werden in Kauf genommen, um dieses Gleichgewicht zu erhalten. Da es keine Zentralperspektive gibt, können die Landschaftsdarstellungen dieser Epoche von vielen Blickwinkeln aus betrachtet und beurteilt werden. Insofern sind diese gewaltigen Kompositionen – manche Bilder sind bis zu 1,8 Meter hoch und 0,9 Meter breit – äußerst komplexe Konstruktionen. Die damals übliche Maßstabsanwendung fand auch in der Landschaftsmalerei Eingang.

Taoistische Glaubensvorstellungen lassen sich gut in Landschaftsdarstellungen ausdrücken. Das gilt vor allem für Berglandschaften, die ganz eigene Empfindungen wecken: Das Gefühl der Einsamkeit, die Ehrfurcht vor dem Ewigen und, im Angesicht eines gewaltigen Berggipfels, das überwältigende

Gefühl der eigenen Bedeutungslosigkeit. All diese Aspekte mußte ein chinesischer Maler in seinem künstlerischen Schaffen beachten. Sie waren Teil jenes schwer zu fassenden »Lebensgeistes« oder »Atems«, den Xie He in der ersten seiner sechs Regeln als wichtigsten Bestandteil eines meisterhaften Bildes gefordert hatte. Die Maler des 10. Jahrhunderts versuchten aber darüber hinaus, den »Lebensgeist« auch noch durch das auszudrücken, was sie in der Welt vorfanden. Indem sie die Landschaft zu ihrem wichtigsten Thema machten, versuchten sie nichts anderes, als dem uralten Glauben der Chinesen an die Einheit zwischen Mensch und Natur unmittelbarer Ausdruck zu verleihen.

Die Namen vieler Maler, die im 10. Jahrhundert zu Ruhm gelangten, wie
88, 89 Dong Yuan und Zhu Ran, sind uns auch heute noch geläufig, aber von ihren Bildern haben sich nur wenige erhalten. Zwei ausgezeichnete Beispiele für die Landschaftsmalerei dieser Zeit finden sich jedoch im Palastmuseum von
90 Taibei. Das ältere mit dem Titel *Reisende zwischen Strömen und Bergen* stammt von dem Hofmaler Fan Kuan (um 950 bis 1050) und ist eine große Hängerolle. Es ist eine Tuschmalerei mit sparsamer Kolorierung in düsteren Farben auf Seide, die heute zu einem teefarbenen Ton nachgedunkelt ist. Es ist ein stilles, eindringliches Bild mit schönem, kraftvollem Pinselstrich, der die Tönung und die Struktur der Linien gut zur Entfaltung bringt. Stilistisch ist das Bild jener Richtung zuzuordnen, die unter dem Begriff »Großer Berg« bekannt ist. Dieses Thema ist in vielen Variationen bearbeitet worden. Immer ist ein Berggipfel, häufig aus aufeinandergeschichteten Felsmassen bestehend, bildbeherrschend.

Fünfzig Jahre später schuf Guo Xi (um 1020 bis 1090) ein Bild mit dem Titel
91 *Zeitiges Frühjahr*. Auch er war Hofmaler, arbeitete aber am Hofe der Nördlichen Song in Kaifeng. Darüber hinaus war er auch Leiter der Kaiserlichen Akademie. Daraus läßt sich schließen, daß er bei seinen Zeitgenossen im hohem Ansehen stand. Es gibt Dokumente, die bestätigen, daß er auf vielen Gebieten der Malerei Hervorragendes leistete, und die betonen, daß er Landschaften nur zu seinem eigenen Vergnügen malte. Wenige seiner Bilder sind erhalten geblieben. Das *Zeitige Frühjahr* ist das bekannteste.

Der Berg steht wie eine Rauchsäule mitten im Bild. Rechts und links davon sind viele kleinere Szenen angeordnet, jede mit eigenem Blickpunkt und jede ein Blickfang für das Auge, bevor sich der Betrachter auf die Reise durch die Landschaft und die Strukturen des Bildes begibt, den steilen Pfad zu den Tempeln hinauf, die rechts liegen, oder nach links, in das weite Tal hinein. Die räumliche Komplexität des Werkes ist so groß, daß der Künstler den Betrachter gleichsam innerhalb der Komposition auf unterschiedliche Höhen und Tiefen versetzt und ihn auf diese Wanderschaft durch die Landschaft mit-

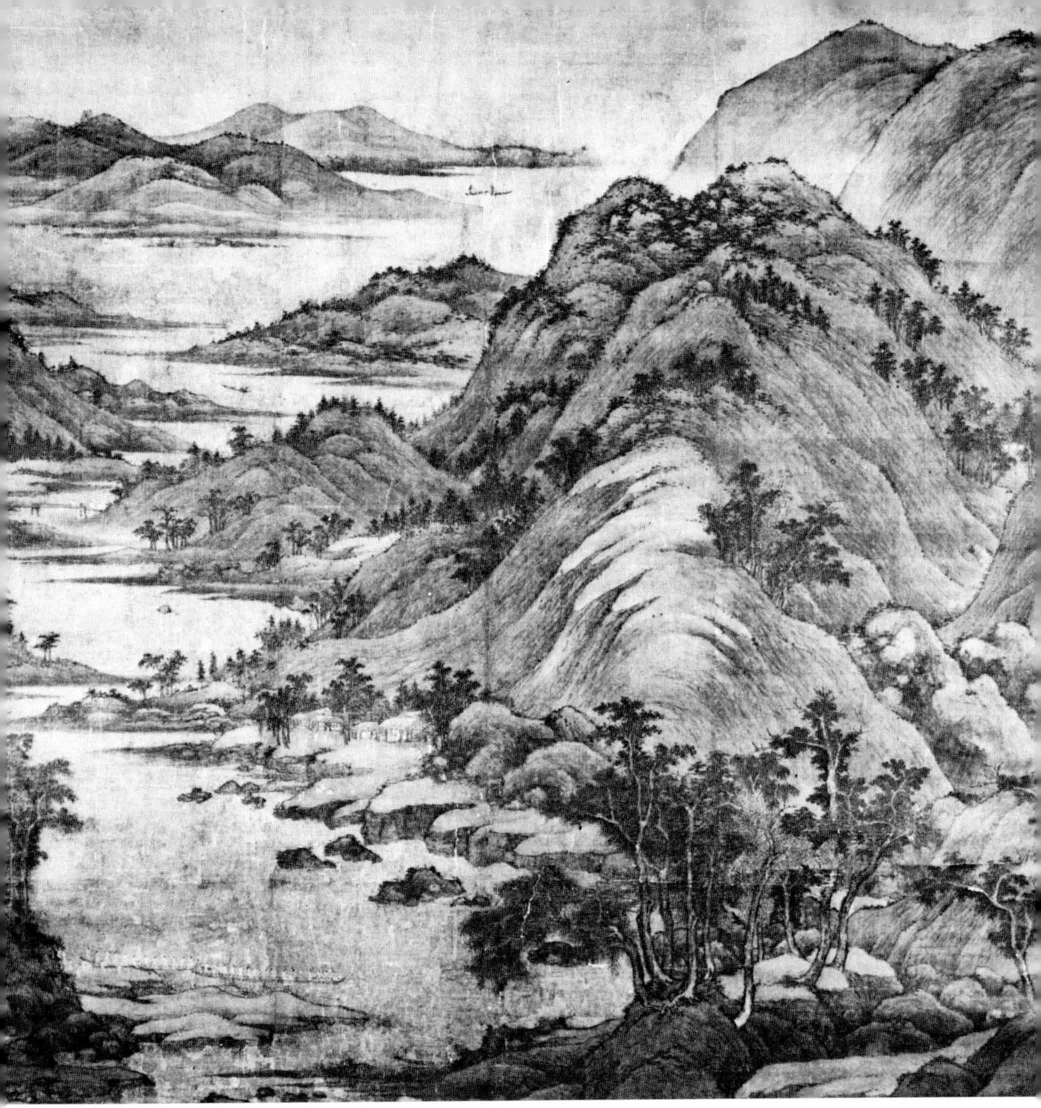

88 (rechts) Dong Yuan (um 947 bis 970), *Regenbeschwörung.* Tusche und leichte Kolorierung auf Seide. Ein Vergleich mit Abb. 87 läßt größere Kennerschaften im Verknüpfen der Kompositionselemente, aber ähnliche Raumwirkung erkennen. Dong Yuan, der aus Nanjing stammte, stellte auf seinen Bildern die sanften Berge seiner Heimat dar.

89 (Seite 110) Zhu Ran (um 960 bis 980). *Auf der Suche nach dem Tao in den Herbstbergen.* Tusche auf Seide. Ein Klassiker des Landschaftstyps »Großer Berg«, bei dem der Betrachter aus der Ebene im Vordergrund hoch hinauf in die Gipfel des Berges gehoben wird. Zhu Ran war berühmt für seine langen Formungslinien und die akzentuierenden Tupfen.

90 (Seite 111) Fan Kuan (um 950 bis 1050), *Reisende zwischen Strömen und Bergen.* Tusche und leichte Kolorierung auf Seide. Ein anderes Meisterwerk der Nördlichen Song-Schule. Der Künstler baut deutlich unterscheidbare Blickebenen auf, wobei er Nebelschwaden zwischen den Vordergrund und das gewaltige Bergmassiv setzt, um Tiefe zu erzeugen.

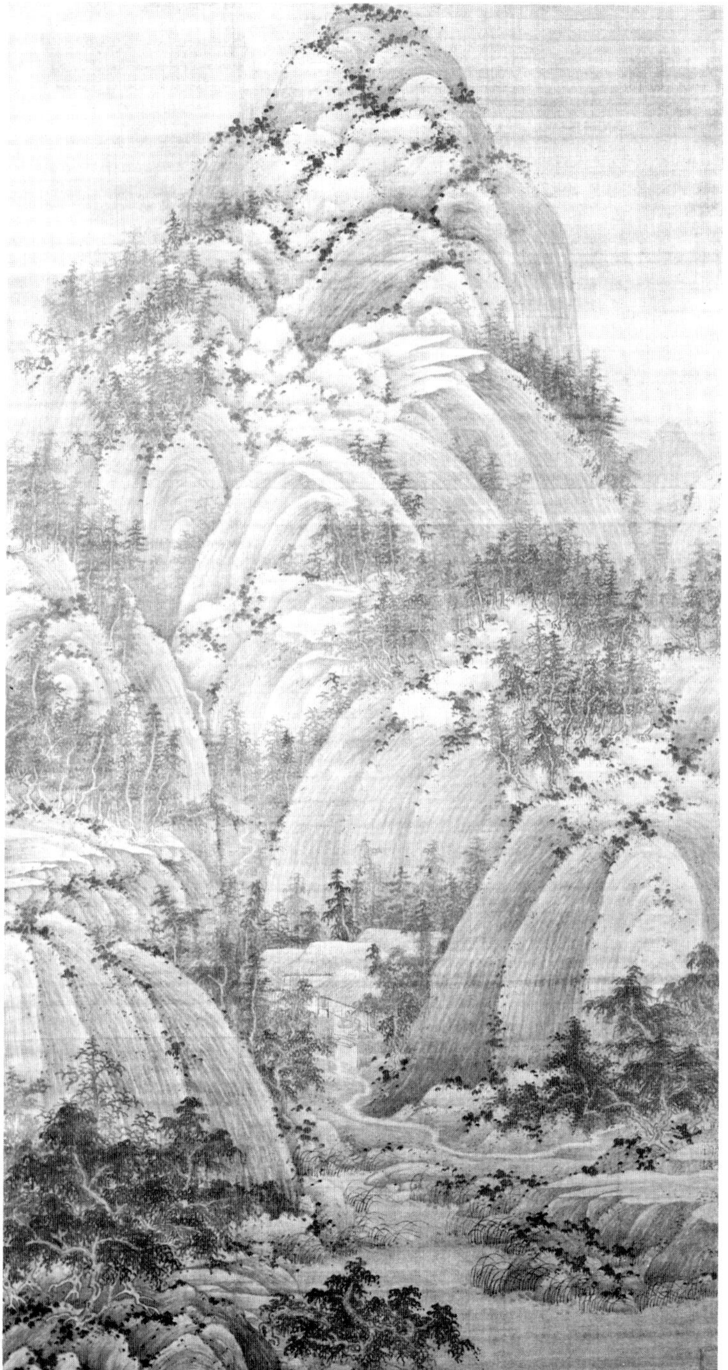

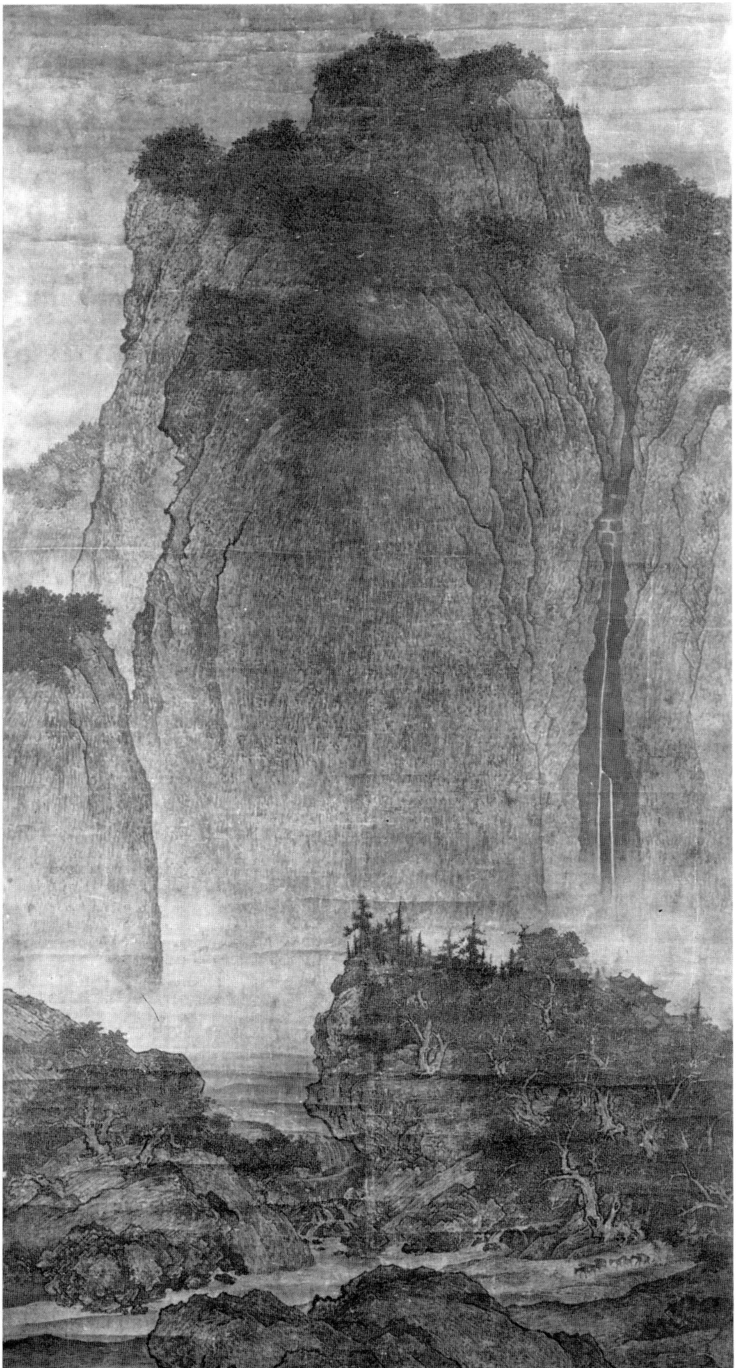

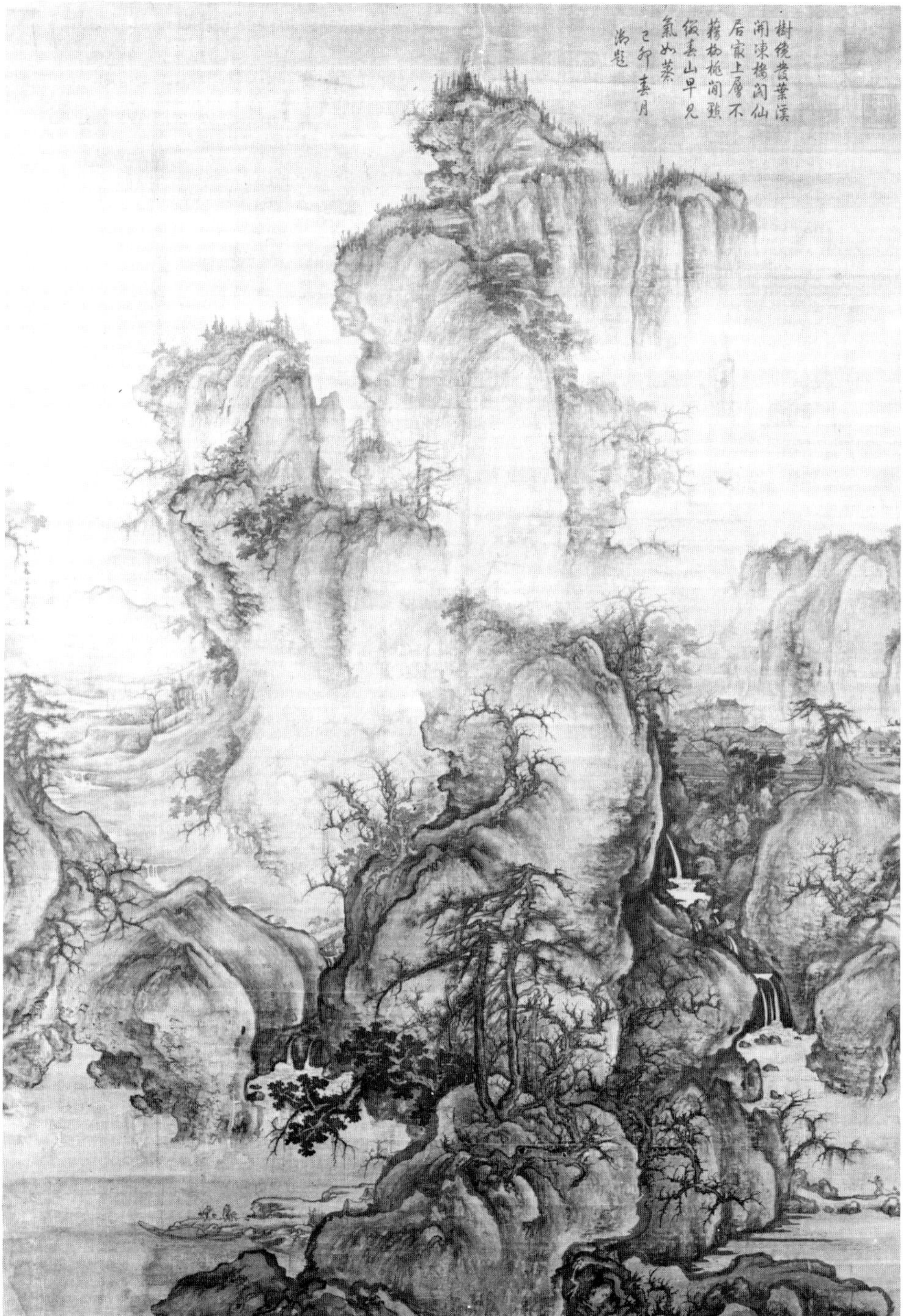
樹綻芽葉溪
開凍樓閣仙
居最上層不
藉柳桃閒點
綴春山早見
氣如蒸
乙卯春月
御題

nimmt. *Zeitiges Frühjahr* ist in der Maltechnik komplizierter als *Reisende zwischen Strömen und Bergen.* Guo Xi arbeitete mit Lavierungen von nasser und trockener Tusche. Die zarten Farben reichen von erdigen Brauntönen bis zu einem hellen Grün. Sie sind zur Betonung der Strukturen eingesetzt, weniger zur Kolorierung des Bildes. Viel gerühmt wurden Guo Xis Baumdarstellungen, deren Nachahmung bei weniger begabten Künstlern allerdings oft zum Klischee verkam. Sein Bild ist eines der letzten in einer klassischen Tradition. Wie nach dem Barock in Europa folgte auch in China nach der großen Landschaftsmalerei eine Hinwendung zu kleineren Formaten, die mit einem merklichen Wandel in den kompositorischen Mitteln verbunden war.
Die fast gleichzeitig mit Guo Xis *Zeitigem Frühjahr* entstandenen Handrollenbilder von Xu Daoning dokumentierten diesen Wandel. Sie sind ebenfalls mit Tusche auf Seide gemalt. Der Fall dieses Künstlers war auch deswegen ungewöhnlich, weil er nicht zur Beamtenklasse gehörte, der die meisten Maler entstammten. Zumindest in jungen Jahren hat er sich seinen Lebensunterhalt als Apotheker verdient. Im Vergleich zu Guo Xi ist seine Landschaft viel mehr stilisiert. Sie ist ausgesprochen weniger »romantisch« und weniger barock als die Landschaft von Guo Xi, sie läßt eine neuerwachte Vorliebe für besonders elegante Pinselführung erkennen. Das intimere Handrollenbild, das vom Betrachter nach Wahl an beliebiger Stelle geöffnet werden konnte, gab es nur im Fernen Osten. Für diesen langen Bildstreifen mußte ein ganz neuer Kompositionsstil gefunden werden. Xu Daoning setzte es aus mehreren, sich überschneidenden Bildelementen zusammen, die sich dem Betrachter beim langsamen Entrollen auf einem Tisch enthüllen. Dabei werden die beiden Stabenden der Rolle in den Händen gehalten und von rechts nach links entrollt, so daß immer nur kleine Ausschnitte sichtbar werden. Die Handrolle 92
war also nicht dazu gedacht, in ganzer Länge auf einmal betrachtet zu werden. Xu Daonings Flußlandschaft ist sehr einfach im Aufbau. Im Vordergrund fließt ein Fluß mit mehreren Seitentälern, die sich nach hinten hin verlieren und von dramatischen Felsklippen eingeschnitten sind.
Die Landschaft war das wichtigste Thema jeder ernstzunehmenden Malschule in China, schloß jedoch die Beschäftigung mit anderen Themen keineswegs aus. Und ihre Neigung zum Klassifizieren brachte die Chinesen schnell dahin, auch diese Malerei in Regeln zu fassen. Die Vogel- und Blumenmalerei
der Epoche wurde zur dekorativen Kunst gezählt, die Bambus- und Orchi- 93
deenmalerei dagegen gehörte wegen ihres kalligraphischen Bedeutungsge-

91 Guo Xi (um 1020 bis 1090), *Zeitiges Frühjahr.* Tusche und leichte Farbe auf Seide. Der Vergleich mit Abb. 89 und 90 zeigt den Wandel zu mehr Fülle in der Komposition und zu barocker Prachtentfaltung.

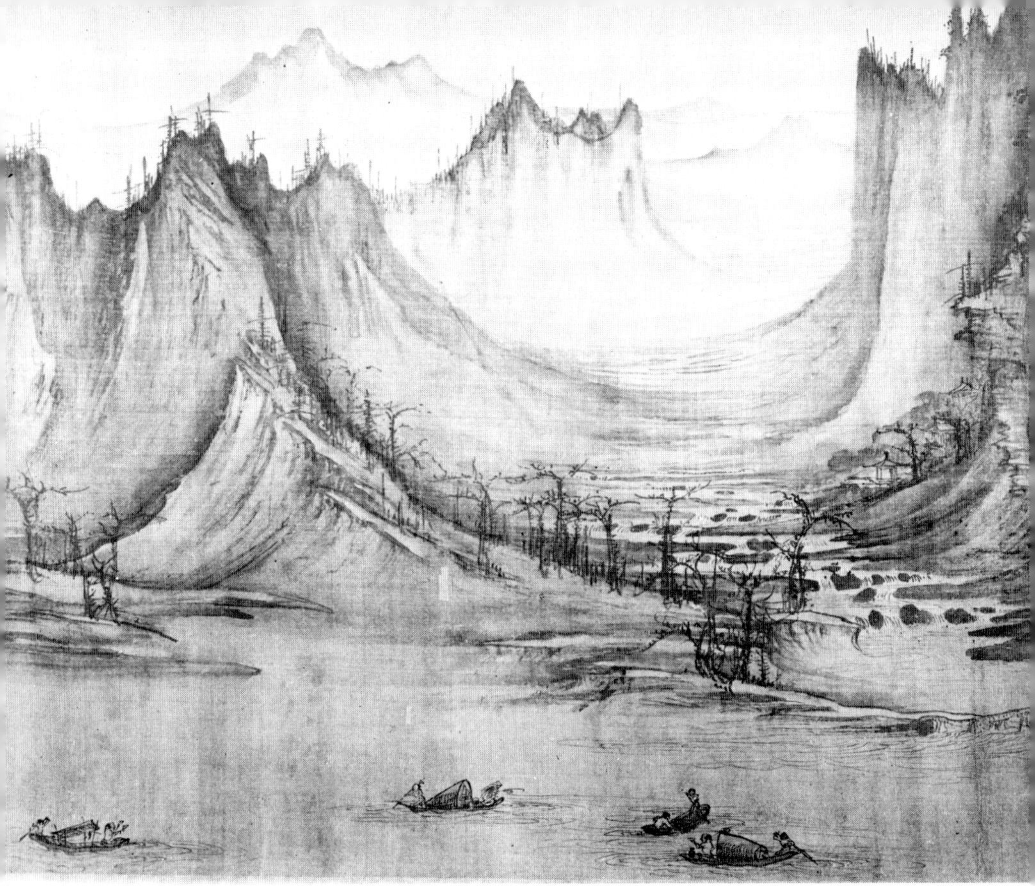

92 Xu Daoning (11. Jahrhundert), *Fischen in einem Bergfluß* (Ausschnitt). Handrolle, Tusche auf Seide. Die Eigenwilligkeit der Darstellung dieser öden Landschaft wird deutlich, wenn man das Tal im Hintergrund mit dem auf Abb. 91 vergleicht.

halts zu den akademischen Kunstgattungen.Klare Unterscheidungen traf man auch zwischen Bildern, die nur mit Tusche gemalt waren, und solchen, die zusätzlich koloriert waren. Die Verwendung von Farbe wurde zum wesentlichen Unterscheidungsmerkmal zwischen dekorativer und akademischer Malerei.

Dabei wurde die dekorative Kunst jedoch keineswegs als künstlerisch zweitrangig angesehen. Sie war vielmehr ein hoch angesehenes Moment in der chinesischen, häuslichen Kultur und umfaßte das gesamte Handwerk dieser Zeit. Durch die Teilung des Landes im 10. Jahrhundert, die mehrere blühende Hofhaltungen nebeneinander entstehen ließ, erhielt das lokale Handwerk großen Aufschwung. In den Produktionszentren von Zhejiang, insbesondere den Öfen von Shanglinhu, entstand die Yue-Keramik, die für den Hof von Wu,

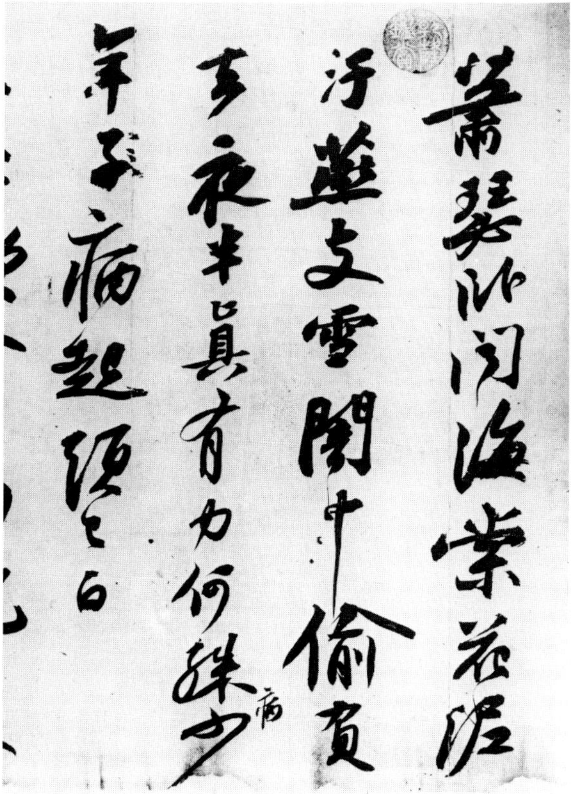

93 Fragment einer Kalligraphie von Su Shi (1036 bis 1101) aus seinem Gedicht *Tag des erloschenen Herdfeuers.* Su Shi war ein hervorragender Gelehrter, Dichter und Kalligraph. Er war berühmt für seine Darstellung von Bambus.

nahe dem heutigen Nanjing, bestimmt war. Dieses grau-grüne Steinzeug war von so großer Schönheit, daß die zeitgenössischen Kunstsammler es in ihre Schatzkammern aufnahmen und sich davon sogar zu Gedichten inspirieren ließen. Die Yue-Keramik ist von zurückhaltender Eleganz, kommt fast ohne Verzierungen aus und zeichnet sich vor allem durch ihre feine, anmutige Oberflächenstruktur und durch ihre Farbe aus.

Zur gleichen Zeit stellten die Henan-Töpfer im Norden eine schwarz glasierte
Keramik her und produzierten außerdem eine Fülle von weißen Tongefäßen. 96
Die Ding-Ware, nach Dingzhou in Hebei benannt, gehörte zum Erlesensten, 81, 94
was an weißer Keramik in dieser Provinz hergestellt wurde. Charakteristisch für sie ist eine weiße, nicht durchscheinende Färbung des Gefäßkörpers, die mit einer transparenten, elfenbeinfarbenen Glasur überzogen ist. Die Ausführung ist von ausgesuchter Raffinesse und ganz offenbar häufig Silbergefäßen nachempfunden. Die charakteristische Silberfassung am Mündungsrand der Ding-Schalen und -Untersetzer rührt von einer speziellen Art des Brennens

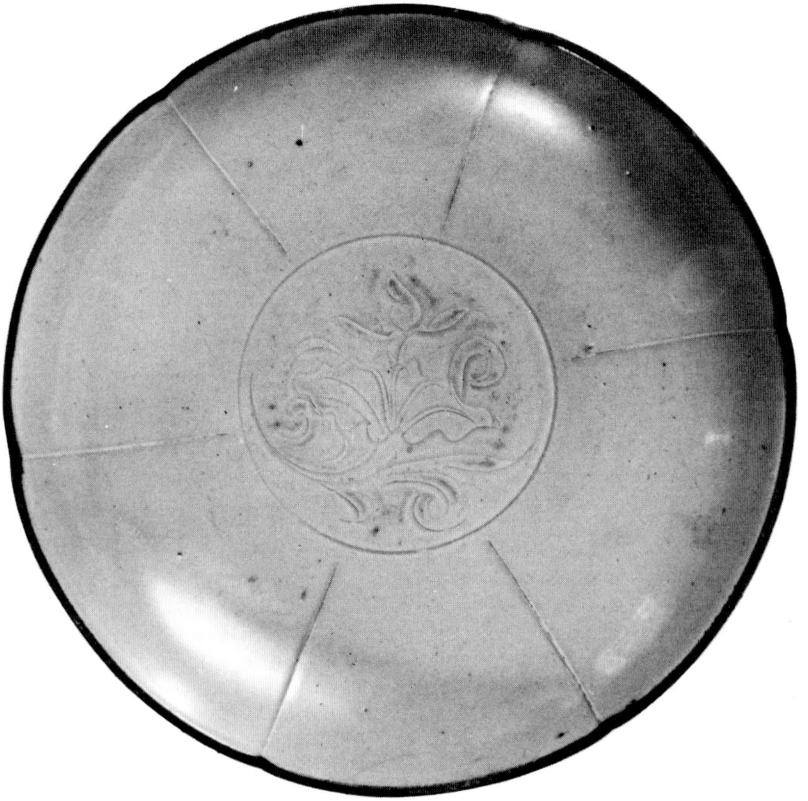

94 Blattförmige Schale, Ding-Keramik. Die eingeschnittene, florale Ornamentierung wurde mit einer abgeschrägten Klinge eingraviert. Die Glasur sammelte sich in den Einschnitten, was eine Art Schattenlinie hervorbrachte. Eine Seite der Linie ist scharf abgesetzt, während die andere Seite in die Schräge des Einschnitts übergeht. 11. bis 12. Jahrhundert.

her: Sie wurden kopfunter in einem feuerfesten Spezialgefäß in den Ofen gebracht. Das hatte zur Folge, daß der obere Rand unglasiert blieb, weshalb er mit Silber oder Bronze gefaßt wurde. Zur Verzierung schnitten die Dingzhou-Dekorateure eine flache Linie ein, die zu freien Blumenmustern ausgestaltet wurde, ein Stil, der später von anderen Töpfereien imitiert wurde. Ebenso nachgeahmt wurde eine Verzierungstechnik, bei der man den Dekor einpreßte: Im frühen 11. Jahrhundert stand die Ding-Keramik in hohem Ansehen, das jedoch Schaden nahm, weil sich in der Glasur oft kleine Bläschen bildeten, die als »Tränen-Tropfen« bezeichnet wurden. Am Hofe wandte man

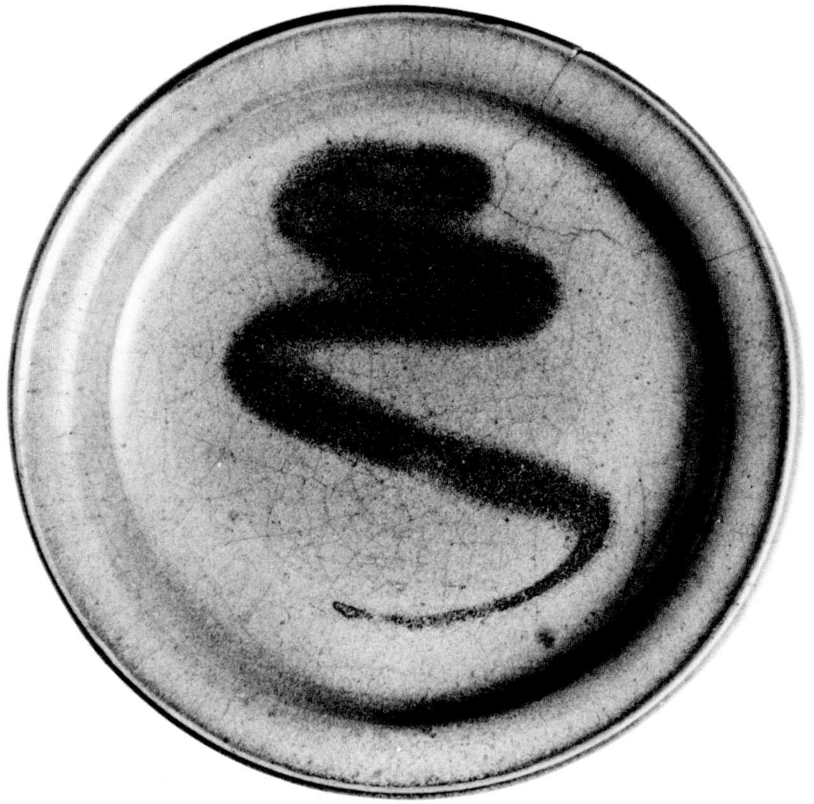

95 Blaßblau glasierter Teller aus lederfarbenen Steinzeug, Jun-Keramik. Der purpurfarbene, zickzackförmige Spritzfleck wurde mit Kupfer in die Glasur gemalt. Ein besonders farbenprächtiges Keramikobjekt dieser Zeit. 12. Jahrhundert.

sich daraufhin einer anderen großen chinesischen Keramiktradition zu, der grau getönten, mit einer eisenhaltigen Glasur überzogenen Töpferware. Zu den edelsten Erzeugnissen dieses aus dem Norden stammenden Keramiktyps
zählte die Ru-Ware, die von Manufakturen in Qingliangsi, nahe Bao Feng in 76
der Provinz Henan, hergestellt wurde. Ihre charakteristischen Merkmale sind eine besondere Feinkörnigkeit des Tons, schlichte und elegante Gefäßformen und eine außergewöhnliche, in einem weichen Glanz verschwimmende, bläuliche Glasur. Ru-Keramik war bei den Zeitgenossen sehr begehrt und ist heutzutage äußerst selten. Leichter verfügbar ist ein ähnlicher Keramiktyp,

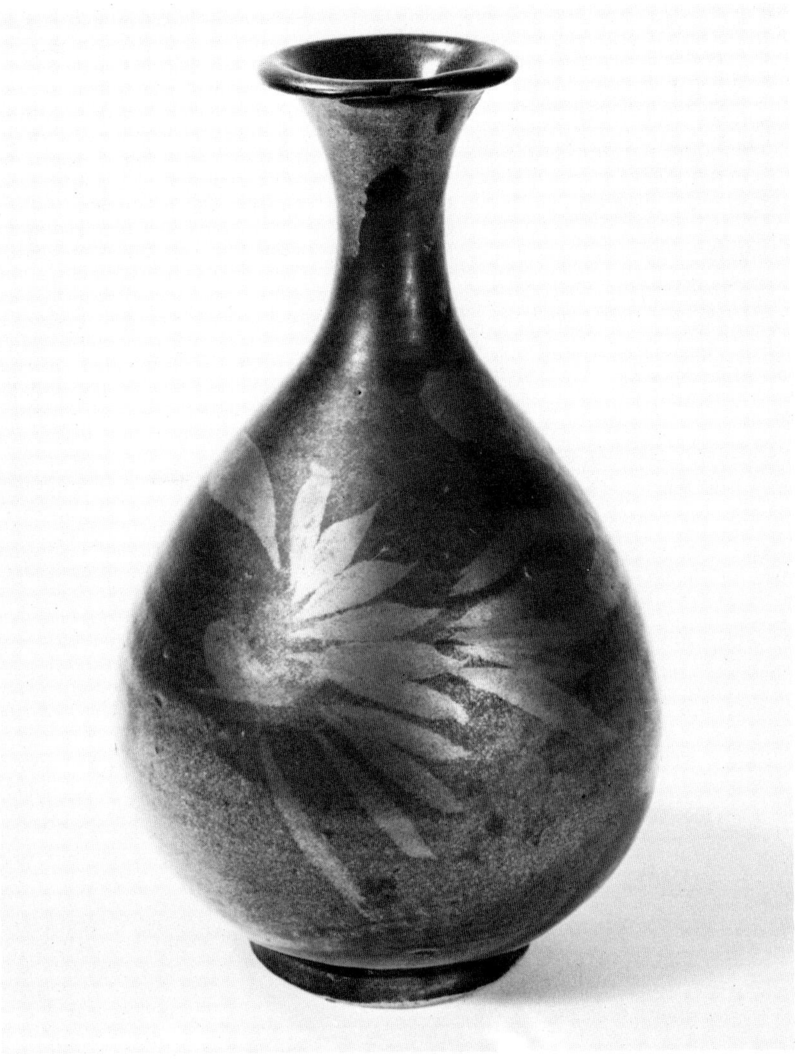

96 Birnenförmige Vase. Dieses nördliche Steinzeug ist aus einem hellen Ton hergestellt, der mit fast schwarzer Glasur überzogen wurde. Der in die Glasur gemalte Blumenzweig hat einen metallischen Schimmer. 12. bis 13. Jahrhundert.

95 die Jun-Ware, die aus Manufakturen um Kaifeng stammt und mit ihrer etwas einfacheren Ausführung für den Alltagsgebrauch bestimmt war. Kennzeichnend für diese gedrungene, hoch gebrannte Ware ist der betont schwere Fuß und die dicke, mit Bläschen und Unebenheiten durchzogene Glasur. Die

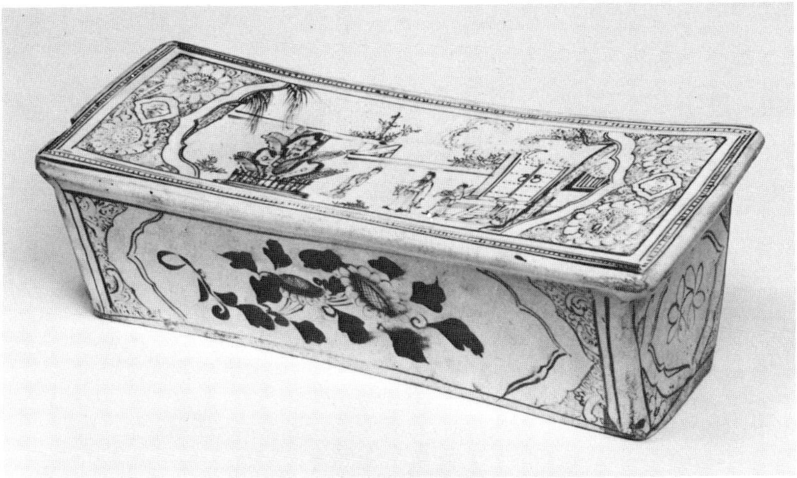

97 Farblos glasierte Nackenstütze mit Unterglasurverzierungen aus Engobe. Cizhou-Ware. Motivart und Entwurf lassen eine mögliche, aber noch ungeklärte Verwandtschaft zu dem späteren Blau-Weiß-Porzellan vermuten. 12. Jahrhundert.

Glasur hat einen intensiven, ins Lavendelfarbene gehenden Blauton, dem oft purpurrote Zusätze beigemischt sind. Sowohl die Ru-Keramik, als auch die Jun-Keramik wurden in anderen Töpfereien Nord- und Südchinas imitiert. Die sogenannten nördlichen Seladone, die in den nördlich von Xi'an gelegenen Brennzentren produziert wurden, gehören einer anderen Stilrichtung an: Diese Stücke besitzen einen reich eingeschnittenen oder eingepreßten Oberflächendekor und sind mit einer klar schimmernden Glasur in dezenter, olivgrüner Tönung überzogen. Die Vorliebe für diese Art von Dekor zeigt sich nirgendwo besser als in der Cizhou-Keramik. Auch hier handelt es sich um eine Gebrauchskeramik aus der Provinz Hebei. Charakteristisch ist der gedrungene, graue Gefäßkörper, der mit eingeritzten Linienornamenten auf weißem Engobe-Untergrund verziert wurde. Ein Ensemble von Nackenstützen aus Keramik, deren Dekoration aussieht wie Kopien aus Holzschnitt- 97
büchern, gilt als ganz außergewöhnlich und begründete einen Dekorationstypus, der später im 14. Jahrhundert im Süden Chinas eine Hochblüte erlebte. Die Vielfalt an hochwertiger Keramik im nördlichen Song-Reich belegt einen Grad an handwerklicher Kunst und Kennerschaft, der sich nicht allein auf die Töpferei beschränkte. Auch die Seidenweberei und -stickerei, die Kunst der Herstellung von Tapisserien, Lackwaren und von Schnitzereien aus Jade und anderen Hartsteinen und aus Elfenbein erreichten ein hohes Niveau.

8 Der Hof und die Kunst des Chan-Buddhismus

12. bis frühes 14. Jahrhundert

Wie die dekorative Kunst genoß auch die Malerei zu Beginn des 12. Jahrhunderts am Hofe der Nördlichen Song in Kaifeng kaiserliche Gunst und Förderung und erreichte einen ihrer Höhepunkte. Kaiser Hui Zong, der letzte Song-Herrscher in Kaifeng, war ein Autokrat mit präzisen Geschmacksvorstellungen. Er umgab sich mit zahlreichen Künstlern und gründete eine Malakademie, deren Leitung er persönlich übernahm. Er traf seine Künstler täglich, und es wird berichtet, er habe Malwettbewerbe organisiert. Die Kaiserliche Akademie pflegte einen unverkennbar dekorativen Stil und übte einen Einfluß aus, der bis heute noch spürbar ist. Die Maler der Akademie verwendeten das sogenannte »Format des kleinen Albumblattes«, womit sie sich von den kompositorischen Mitteln der zeitgenössischen Landschaftsmaler verabschiedeten. Durch äußerste Beschränkung des Bildmotivs war es ihnen möglich, eine – beinahe zweidimensionale – Flächengestaltung zu erreichen, in der sie die Spannung zwischen Linien, Flächen und räumlicher Tiefe mit größer Perfektion ausbalancierten. Charakteristisch für diese höfische Malschule der Nördlichen Song im 12. Jahrhundert sind preziöse Dar-
98 stellungen von Vögeln und Blumen, die mit größter Genauigkeit in leuchtend bunten Farben gemalt sind. Es war eine Stilrichtung, die sich von der großen Landschaftsmalerei des 11. Jahrhunderts weit entfernte.

Als Nordchina von einer türkischen Invasion heimgesucht wurde, die zur Gründung des Jin-Staates führte, flüchtete der Hof im Jahre 1127 von Kaifeng nach Süden und verlegte die Hauptstadt nach Hangzhou. Die Regierungszeit der Südlichen Song begann 1128 und endete 1279, als das ganze Land unter die Herrschaft Dschingis Khans und seines Enkels Kublai fiel, der die mongolische Yuan-Dynastie (1260 bis 1368) begründete, und Chinas Hauptstadt wieder nach Norden, nach Beijing verlegte. Was das künstlerische Leben Chinas angeht, so war das eigentlich Bedeutsame an dieser Umbruchsphase und der nachfolgenden Süd-Song-Periode, daß sich der südliche Stil (der bis dahin als entlegener Provinzstil abgetan worden war), außergewöhnlich rasch durchsetzte, während der nördliche Stil praktisch unterging. Obwohl so gut wie nichts erhalten geblieben ist, worauf sich ein detaillierter Vergleich zwischen nördlicher und südlicher Malerei des ausgehenden

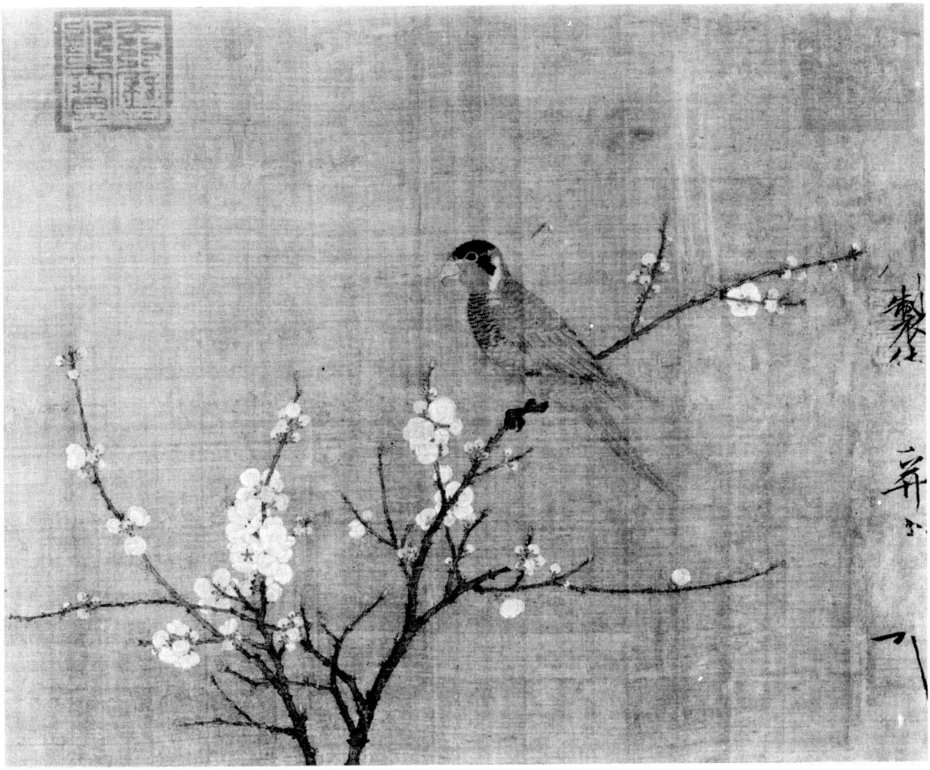

98 Kaiser Hui Zong (1082 bis 1135), *Fünffarbiger Papagei auf einem blühenden Aprikosenzweig.* Farbe auf Seide. Der ungemein feine Malstil der Nördlichen Song-Akademie sollte auf chinesische wie japanische Maler nachfolgender Jahrhunderte starken Einfluß ausüben.

12. und des 13. Jahrhunderts stützen könnte, darf man nach Lage der Dinge davon ausgehen, daß im Norden die traditionelle »realistische« Malrichtung fortgeführt wurde, die gewöhnlich als nördlicher Stil bezeichnet wird. Der gleiche Stil ist aber auch im Süden präsent. Bilder, die eine erstaunliche Beobachtungsgabe verraten, wie beispielsweise die Handrolle *Flußaufwärts* 99
zum Frühlingsfest von Zhang Zeduan, bezeugen, daß damals eine lebendige Tradition lediglich von Norden nach Süden verpflanzt wurde. Zhang Zeduans Bild, eine Tuschmalerei auf Seide im Handrollenformat, schildert die Festlichkeiten und das geschäftige Treiben in Suzhou zur Zeit des Quingming-Fests, an dem gemeinsame Familienbesuche bei den Grabstätten üblich wa-

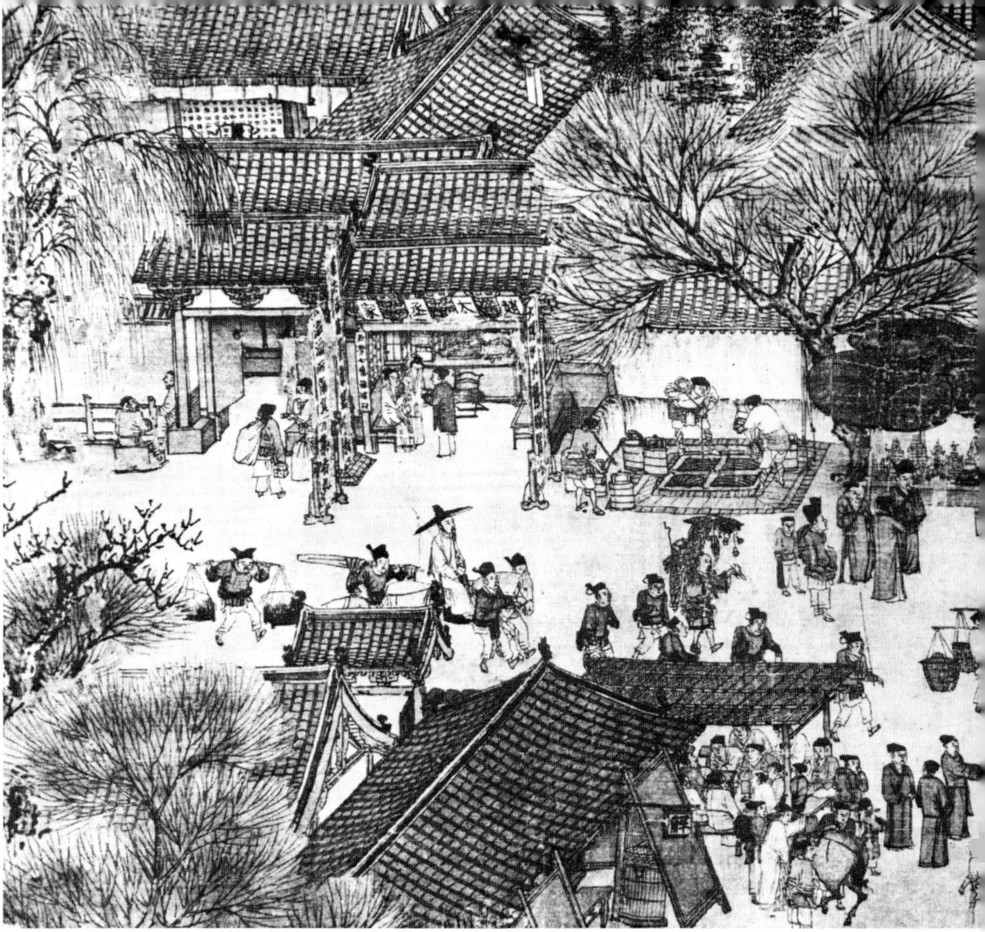

99 Zhang Zeduan (spätes 11. bis frühes 12. Jahrhundert), *Flußaufwärts zum Frühlingsfest* (Ausschnitt). Handrolle, Tusche auf Seide. Diese lebendige Marktszene fasziniert durch ihre genau beobachteten Details und ist ein ausgezeichnetes Beispiel für die chinesische

ren. Solche Genremalereien lassen sich direkt auf die detailgenauen Darstellungen von Fischern und Bauern zurückführen, wie sie für die großformatigen Landschaftsbilder des Nordens kennzeichnend gewesen waren.

Der Landschaftsstil am Süd-Song-Hof hingegen entwickelte sich eher in eine romantische Richtung. Aber teilweise war das auch schon in den Werken der nördlichen Hofmaler vorweggenommen, bei denen Komposition der Bildfläche und Eleganz der Linienführung unbedingten Vorrang genossen. Die Landschaftsmaler des 13. Jahrhunderts, die sich mit dem Problem konfrontiert sahen, auf einer ebenen Malfläche Tiefe zu erzeugen, bemühten sich um die Schaffung einer atmosphärischen Perspektive: »1000 Li Entfernung auf

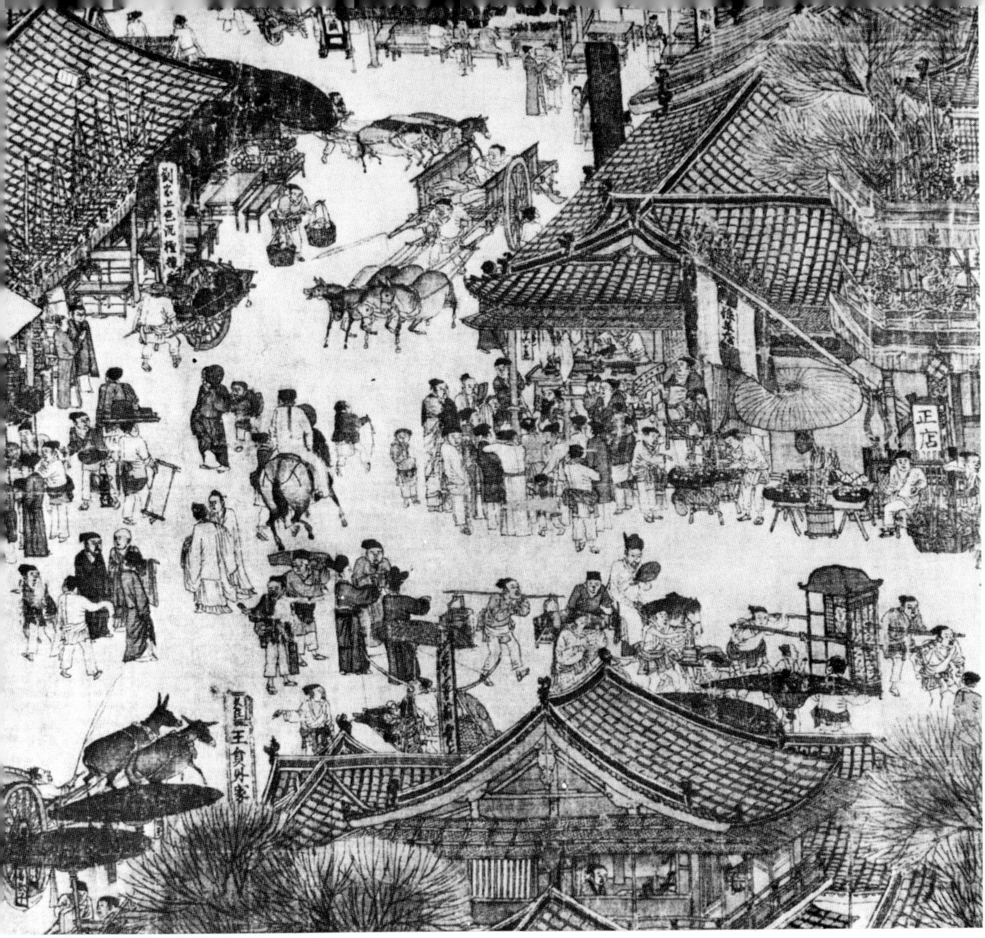

Genremalerei. Die Kombination von Vogelperspektive für die Häuser und annähernd seitlicher Draufsicht für die Figuren ist sowohl in der chinesischen als auch der japanischen Malerei üblich.

30 Zentimeter Seide«, lautete ihre Devise. Die südliche Hauptstadt Hangzhou war von Seen und Hügeln umgeben, eine völlig andere Landschaft als die majestätischen Berggipfel des Qinling-Gebirges im Süden von Kaifeng, die von den Landschaftsmalern der Nördlichen Song bevorzugt dargestellt wurden. Bei den Süd-Song-Malern bekamen diese Seenlandschaften mit ihrer Weite, ihren sanften Hügeln und schemenhaften Bäumen einen unverhohlenen romantischen Zug. In der Art, wie hier eine leicht melancholische Stimmung oder das Licht in der Abenddämmerung wiedergegeben werden, sind diese Bilder vor allem von hoher Eleganz. Ganz in der Tradition der großen chinesischen Landschaftsmalerei verwendeten die Künstler der Süd-Song nur Tu-

sche. Aber sie ersetzten die Seide immer häufiger durch Papier, was ihnen mehr Gestaltungsfreiraum ließ. Die Landschaftsmaler des 13. Jahrhunderts verwendeten viele der kompositorischen Mittel, die die Vogel- und Blumenmaler der Kaiserlichen Akademie Hui Zongs entwickelt hatten, darunter die »Eineck«-Komposition: Dabei wurden die massigen Objekte in eine Ecke der Bildfläche verlagert, wodurch eine völlig neuartige Spannung im Bild entstand. In dieser Epoche erhielten die einzelnen Pinselstricharten ihre Bezeichnungen, was darauf hindeutete, daß die Pinseltechnik Autonomie und erhöhte Bedeutung erlangte.

Xia Gui und Ma Yuan, zwei große Meister am kaiserlichen Hof des ausgehenden 13. Jahrhunderts, entwickelten einen dramatischen Tuschstil, der immer wieder mit der »Eineck«-Komposition in Verbindung gebracht wird und als typisch für den Landschaftsstil der Südlichen Song gilt. In der Handrolle
100 *Reinheit und Weite von Berg und Strom* schuf Xia Gui ein Bravourstück an Tuschmalerei auf Papier, in dem die Pinselarbeit als bildnerische Kraft gleichwertig neben der spektakulären Wasser- und Felsszenerie steht.

Meisterhaft sind der »Axthieb«-Strich, der »gezogene trockene« Pinsel, der »Fliegendes-Weiß«-Strich und der etwas zartere »hingewischte« Strich ausgeführt. Dieses Bild, das ungestüm von einem Segment zum anderen springt und das Auge über einen nur angedeuteten Zwischenraum vom Vordergrund in die Ferne lenkt, zeigt den damaligen Stand der Handrollenmalerei. Jetzt hatten die Künstler auch die Handrolle als Experimentierfeld entdeckt und versuchten, den Betrachter in die Tiefe des Bildes zu locken.

101, 102 Ma Yuan und sein Sohn Ma Lin verwendeten den gleichen Kompositionsstil wie Xia Gui. Ihre fließenden, einschmeichelnden Pinselstriche brachten jedoch eine sanftere Wirkung hervor. Ihre Pinseltechnik wurde zum klassischen Stil, der allerdings bei weniger begabten Malern zum Klischee verkam. Auf
101 dem Bild *Spaziergang im Frühling* wird ein Gelehrter mit seinem Diener in eine gartenähnliche Umgebung gestellt. Das Schwergewicht des Bildes ist mit den Figuren sowie den Bäumen und Felsen in eine Ecke gerückt, jedoch wird das Auge des Betrachters auf die dramatisch ausgreifenden Linien der Zweige gelenkt und, dem Blick des Gelehrten folgend, in die dunstige Ferne. So wird ein ausgeklügeltes Spannungsverhältnis hergestellt, das Malfläche und Tiefenillusion in einer schönen Balance hält.

Den Hofmalern der Nord- und Südschule in der Technik verwandt, von der geistigen Haltung her jedoch durch Welten von ihnen getrennt, waren die Maler des Chan-Buddhismus. Viele Gelehrte und Künstler waren von der asketischen Grundhaltung dieser Sekte und der Geradlinigkeit ihrer Lehre, die in Japan als Zen bekannt ist, angezogen. Die Chan-Sekte existierte schon seit dem 6. Jahrhundert n. Chr. Im 13. Jahrhundert erlebte sie jedoch in der Um-

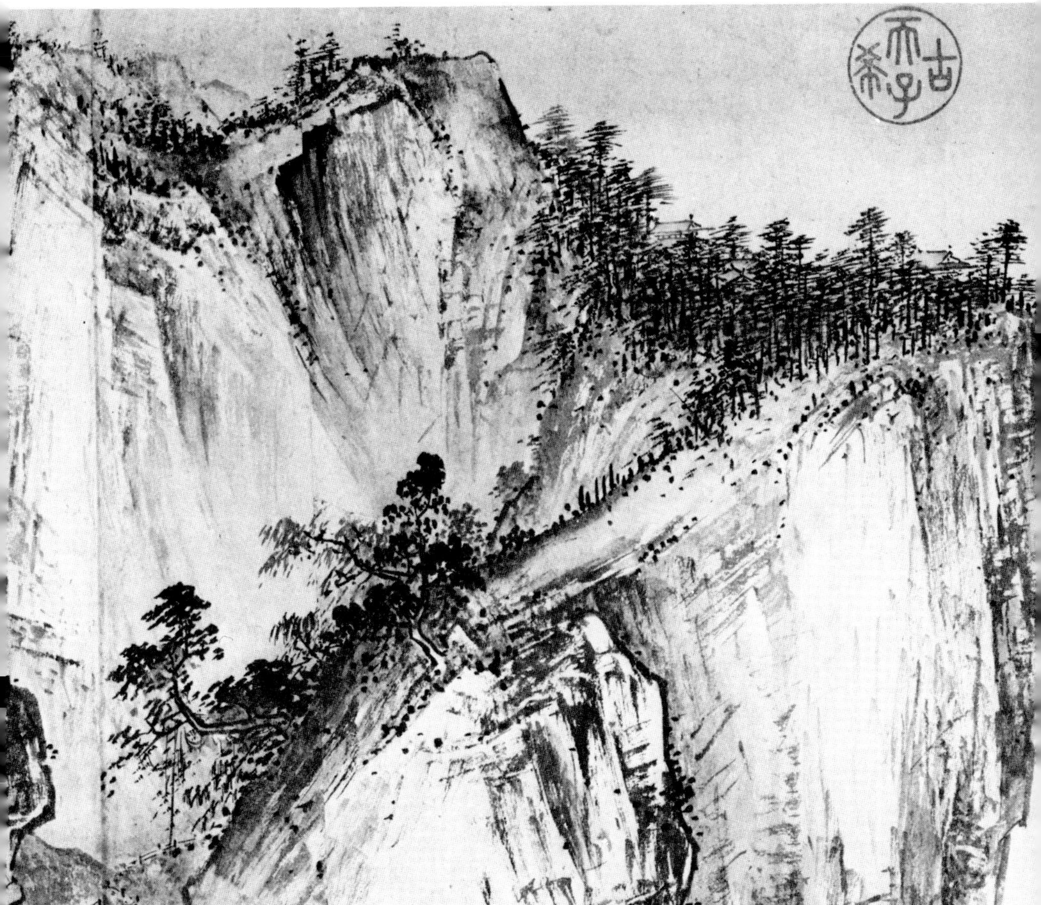

100 Xia Gui (1180 bis 1230), *Reinheit und Weite von Berg und Strom* (Ausschnitt). Handrolle, Tusche auf Papier. In den Formungslinien der Felsen ist der kräftige, sogenannte »Axthieb«-Strich angewandt. Die Bäume sind mit »gezogenem trockenem« und mit »nassem« Pinsel ausgeführt.

gebung von Hangzhou eine Art Renaissance. Charakteristisch für die Chan-Kunst ist bewußte Spontaneität des künstlerischen Ausdrucks, worin man eine Parallele zu der unvermittelt eintretenden Erleuchtung sehen kann, die für die Anhänger der Sekte das höchste Ziel darstellte. Diese Spontaneität stand in deutlichem Widerspruch zur Verfeinerung und akademischen Künstlichkeit, die in dieser Zeit am Kaiserhof gepflegt wurden. Vielleicht war es auch eine Reaktion auf die selbstherrliche Arroganz der Hofmaler, daß einige namhafte Künstler anfingen, Bilder zu malen, die vom Chan-Geist erfüllt waren. Die erstaunlich sichere Handhabung von Pinsel, Tusche und Farbe in Verbindung mit der geforderten Schlichtheit und Spontaneität ergaben wahre Meisterwerke, wie beispielsweise an den *Dattelpflaumen* von Mu Qi oder an den Figurenmalereien von Liang Kai zu sehen ist. Über das Leben der Künst-

101 Ma Yuan (1190 bis 1225), *Spaziergang im Frühling* (Ausschnitt). Tusche und leichte Kolorierung auf Seide. Ein Albumblatt, für das Ma Yuan in der Bildgestaltung ähnliche Mittel verwendet hat wie Hui Zong (Abb. 98), wobei er jedoch, um Räumlichkeit und Tiefe zu erzeugen, den Berg zur Linken und den fliegenden Vogel hinzufügt.

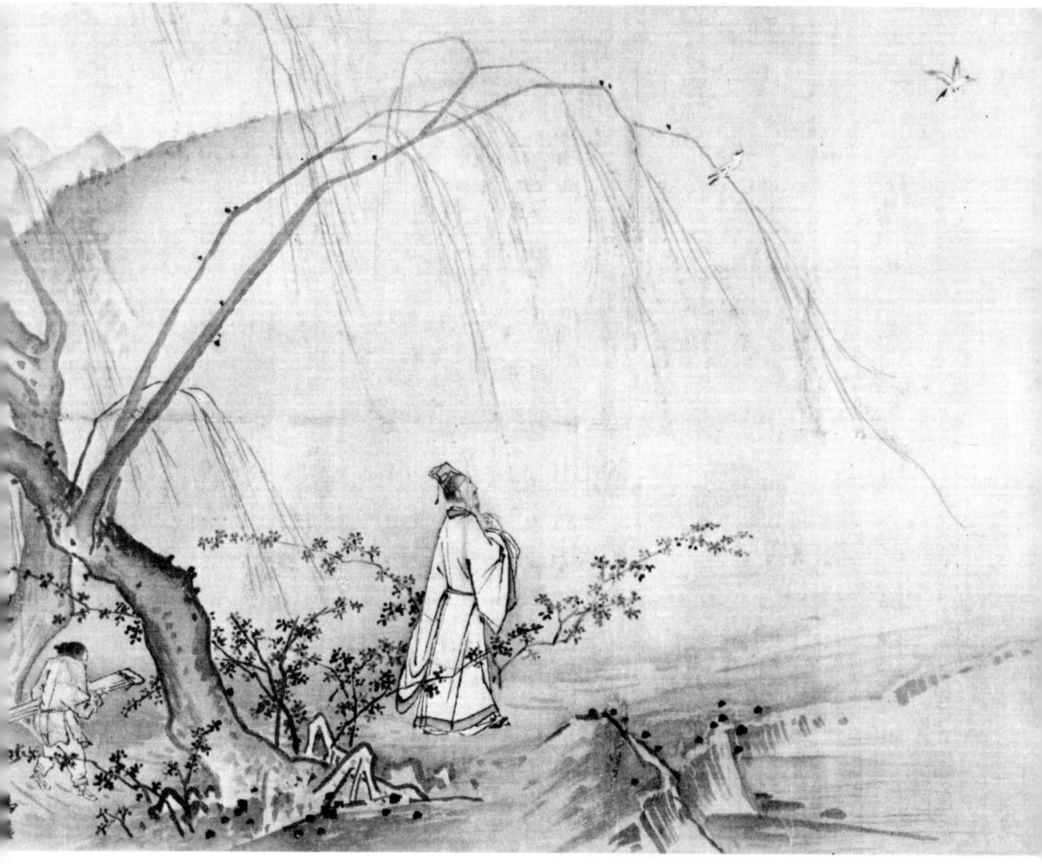

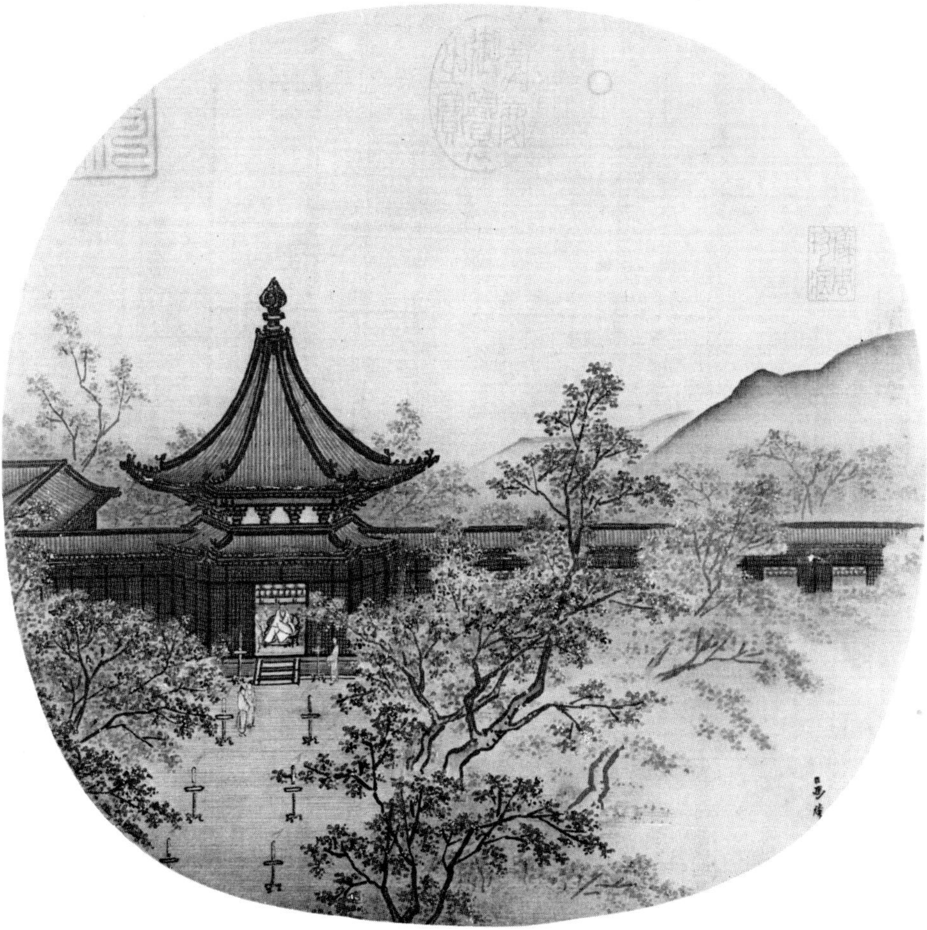

102 Ma Lin (frühes 13. Jahrhundert), *Warten auf Gäste im Lampenschein.* Albumblatt, Tusche und Farbe auf Seide. Die lebensfrohe Stimmung des Bildes wird erzeugt durch die schimmernden Farben des von der Lampe erhellten Raumes und durch das kühle Weiß der Blüten im Zwielicht. Reiche Schattierungen in den Tonwerten der Tusche.

ler dieser Zeit, insbesondere der Malermönche, ist so wenig bekannt, daß auch hinsichtlich der Identität Mu Qis, der möglicherweise ein japanischer Mönch war, ein Rest von Zweifel bleibt. Nicht alle seine Bilder sind in der Themenwahl so ungewöhnlich wie *Dattelpflaumen,* eine monochrome Ma- 104
lerei von einer unglaublichen Zartheit in der Tönung und in der Komposition. Mu Qi malte auch große buddhistische Bilder mit einer spirituellen Aussagekraft, wie sie die chinesische Ikonographie sonst nicht kennt. Mu Qis Zeit- 103

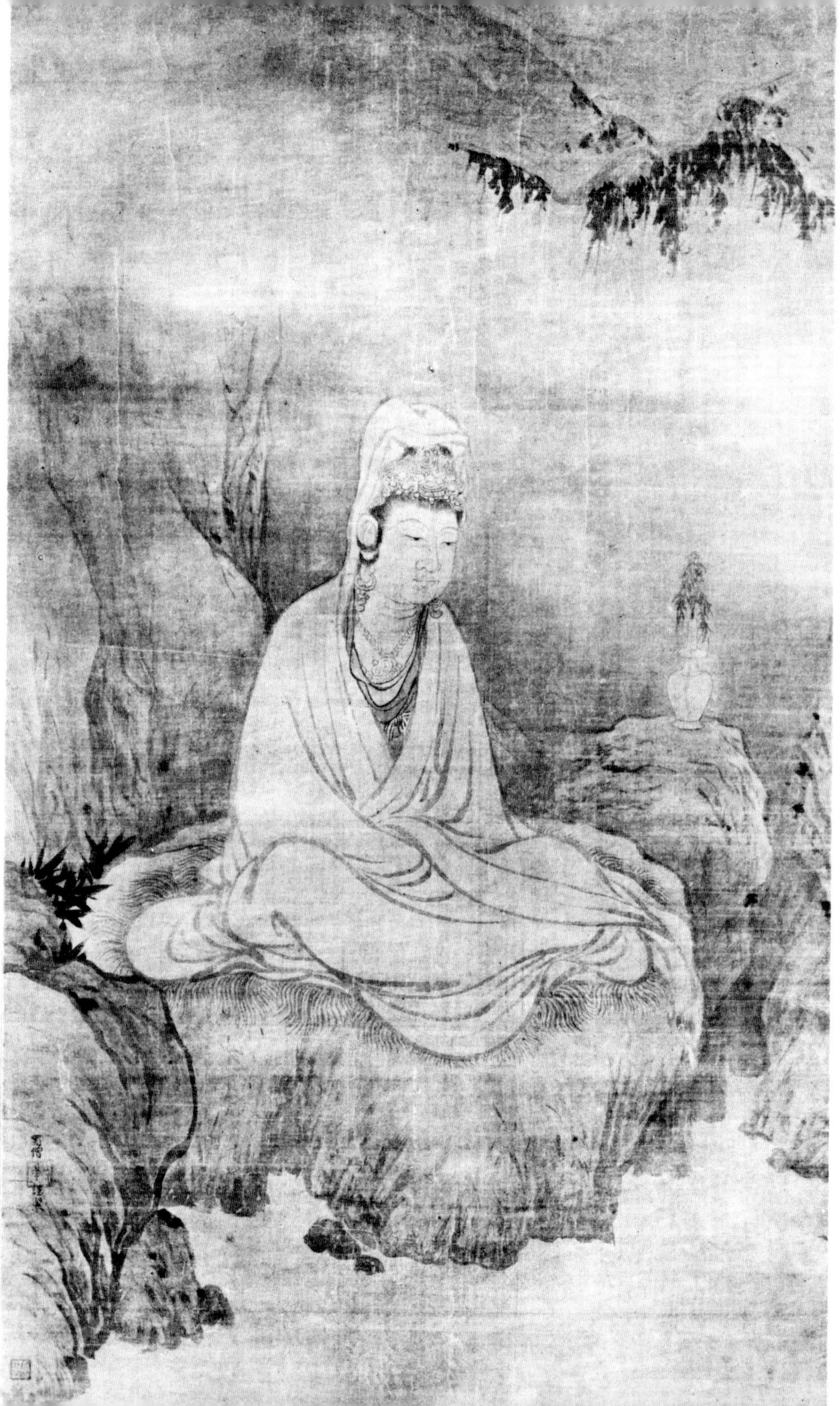

103 (links) Ma Qi (aktiv 1269), *Weiß gekleideter Guanyin.* Tusche auf Seide. In der eleganten Pinseltechnik eines Xia Gui und Ma Yuan wurde hier ein Beispiel meditativer Malerei von ungewöhnlicher Ausstrahlungskraft geschaffen.

104 Mu Qi, *Dattelpflaumen.* Tusche auf Papier. Dieses kleine Bild kann mit seinen kunstvollen, Farbigkeit vortäuschenden Tuschmodulierungen und der geistreichen Pinselführung als Inbegriff für das Chan-Ideal gelten.

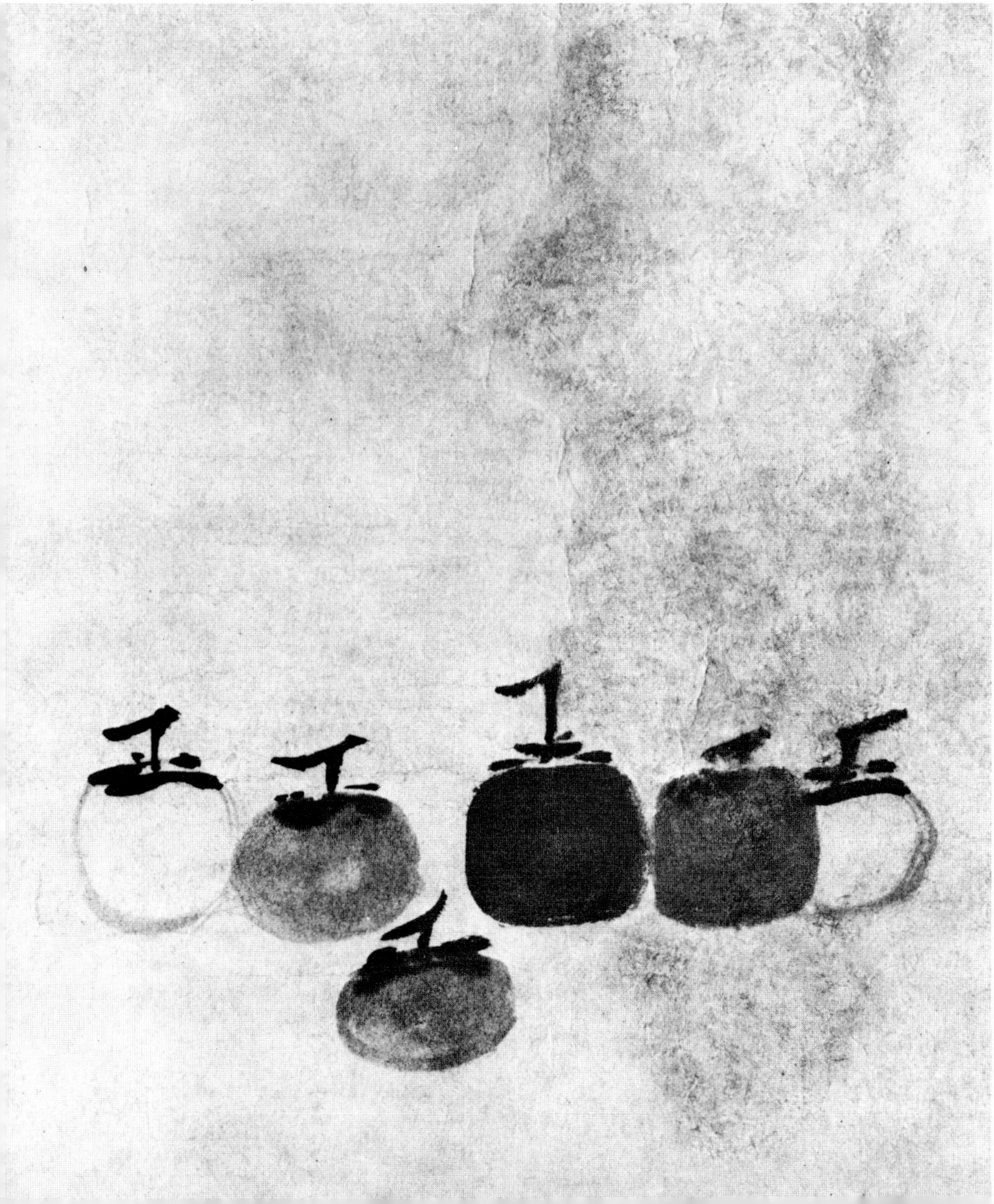

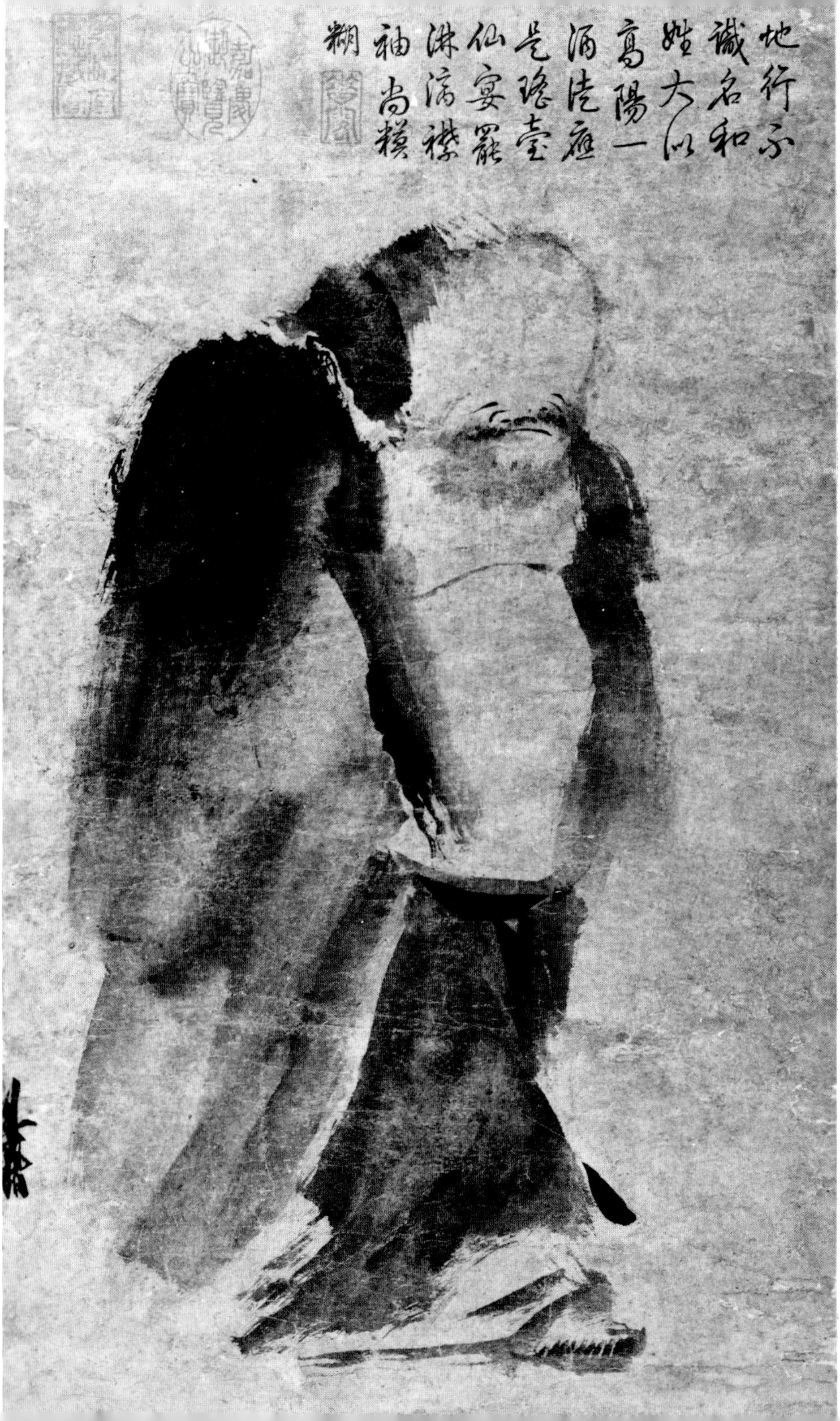
地行不識名和姓大似高陽一酒徒應是瓊臺仙宴罷淋漓襟袖尚糢糊

genosse Liang Kai wurde als akademischer Hofmaler ausgebildet, kehrte
aber zur Chan-Malerei zurück. Seine Porträts sind geistreich und humorvoll 105
zugleich.

Die Bewunderung für das Handwerk der Süd-Song unterschied den höfischen Geschmack von dem der Chan-Anhängerschaft. Eine dritte Geschmacksrichtung war die für Exportwaren aus allen Handwerkszweigen. Am besten lassen sich diese unterschiedlichen Strömungen am Beispiel der Keramik verfolgen.

Eine riesige Manufaktur entstand während der Südlichen Song-Periode in Jingdezhen, in der Provinz Jiangxi. Dort produzierte man weißes Porzellan mit einer blaßblauen Glasur, Yingqing genannt, die südliche Version der Ding-Ware, mit der sie in Dekorationsstil und Technik übereinstimmte. Die Jingdezhen-Töpfer formten und drehten ihre Stücke nach dem Vorbild der Silber- und Goldgefäße, die zu dieser Zeit in Mode waren. Die Schalen haben einen schönen Klang, wenn man sie anschlägt; die Wandung ist dünn und durchscheinend und am Rand oft blattartig geformt. Der Fuß ist kräftig und schwer mit einem dünnen Standrand und der charakteristischen, ringförmi-
gen Brennarbe aus Sand, die an der Basis fast schwarz oxydiert ist. Der Dekor 106
der Yingqing-Keramik des 13. Jahrhunderts ist entweder eingeschnitten oder mit Modeln gepreßt. Die Keramik wurde in mehreren Qualitätsstufen produziert. Die besten Stücke waren für den Kaiserhof bestimmt oder für den Export nach Japan.

Auch das grün glasierte Steinzeug aus Zhejiang spielte eine bedeutende Rolle im Exporthandel. Damals hatte sich der Markt von Shanglinhu zu den südlicher gelegenen Zhejiang-Öfen um Longquam am Ou-Fluß verlagert. Typisch für die Longquam-Keramik ist der grau-weiße, kräftig und stabil geformte
Gefäßkörper. Die dick aufgetragene grüne Glasur erhält einen delikaten grün- 107
blauen Glanz, der mit seinem speziellen, durchscheinenden Schimmer einen jadeähnlichen Charakter annehmen kann. Die hochwertige Qualität verdrängte am Kaiserhof die Ru-Keramik und wurde, in einer Zeit, als Jadeschnitzereien sehr geschätzt waren, zu einem begehrten Sammlerobjekt.

Japanische Mönche entdeckten außerdem eine schwarze Ware aus Fujian in 108
der Provinz Jian'an, die in den Tempeln der Chan-Buddhisten von Tianmushan, nahe Hangzhou, in Gebrauch waren. Dabei handelt es sich um eine bäuerliche Ware aus den nahe gelegenen Öfen im Westen von Fujian, deren braun getönte, mit einer dunklen Glasur überzogenen Teeschalen von der Chan-Sekte im 13. Jahrhundert für ihre Zeremonien übernommen wurden. Die Beliebtheit dieser einfachen Keramik veranlaßte viele Brennzentren, Imitationen herzustellen. Eine Vorliebe für höchst raffinierte »Schlichtheit« gehörte während der Song-Zeit zum Geschmacksideal der Chan-Buddhisten.

105 Liang Kai (um 1140 bis 1210), *Chan-Priester.* Tusche auf Papier. Auf seinen Bildern findet sich auch ein gewisser Humor, der für die Chan-Kunst charakteristisch ist.

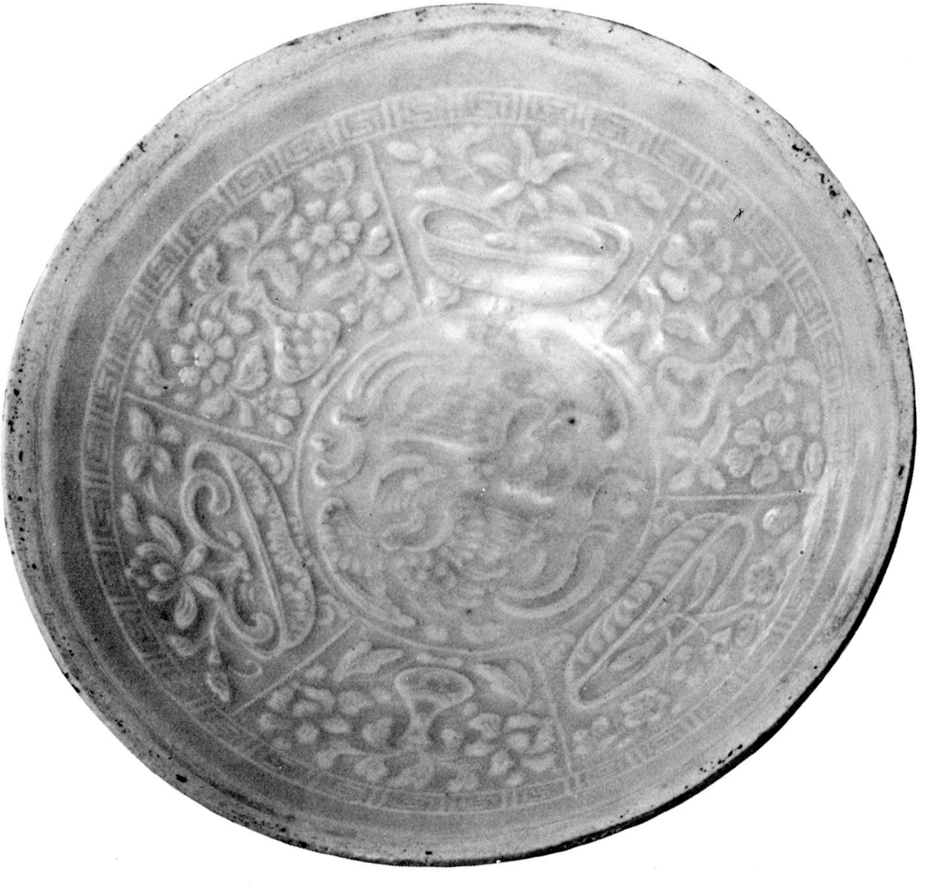

106 (oben) Porzellanschale mit eingepreßtem Dekor, Yingqing-Ware. Die in feste Einheiten unterteilte Ornamentik ist ein typisches Merkmal für die eingepreßte Verzierungstechnik; Stil und Technik lassen einen allgemeinen Wandel zu größerer Kunstfertigkeit erkennen. Aus Jingdezhen. 13. bis 14. Jahrhundert.

107 (rechts oben) Seladonschale mit reliefierter Lotusblume. Ein typisches Produkt der Longchuan-Manufakturen im südlichen Zhejiang. Der Gefäßkörper ist aus edlem, blaßgrauem Steinzeug, die Glasur ein dickes krakeliertes Blaugrün mit jadeähnlichem Schimmer. 13. bis 14. Jahrhundert.

108 (rechts unten) Teeschale, Temmoku-Ware im »Hasenpelz«-Stil, aus Jian'an, Fujian. Die dicke, dunkle Glasur rinnt vom Mündungsrand herab, der so gut wie unglasiert ist, und sammelt sich in Rollen und Tropfen über dem Fuß. Der sogenannte »Hasenpelz« ist auf der Innenseite der Schale erkennbar. 13. bis 14. Jahrhundert.

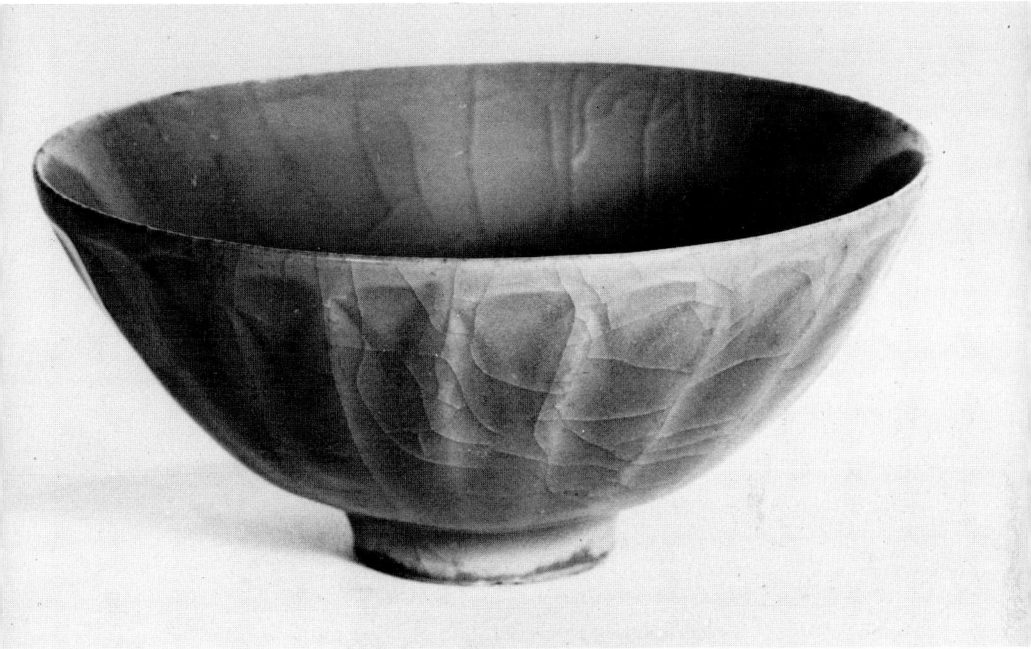
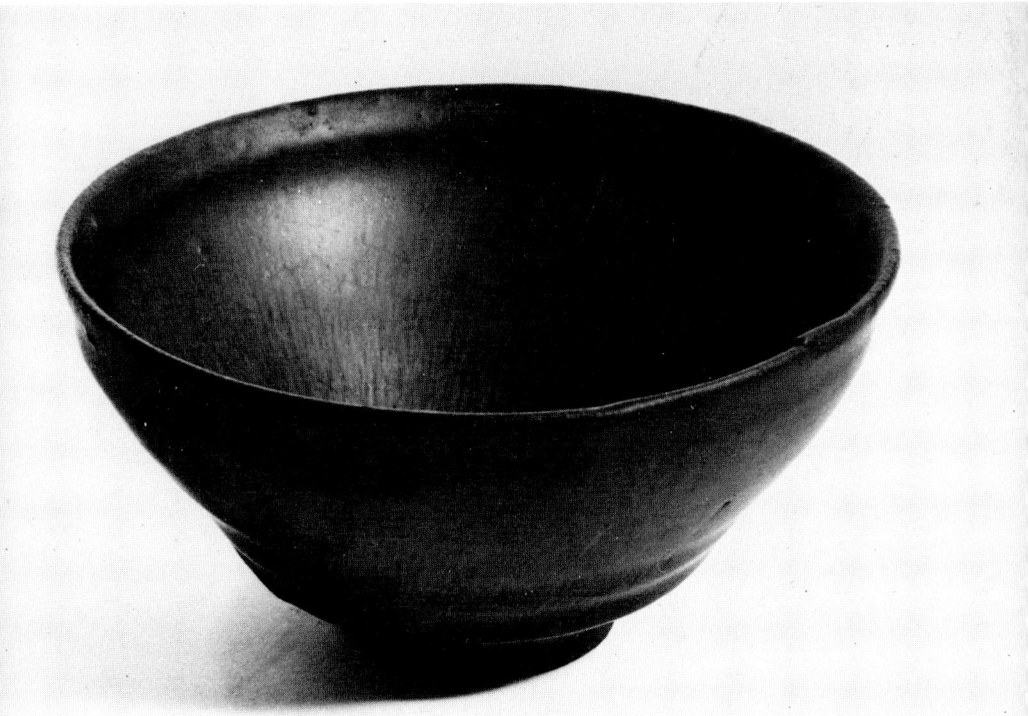

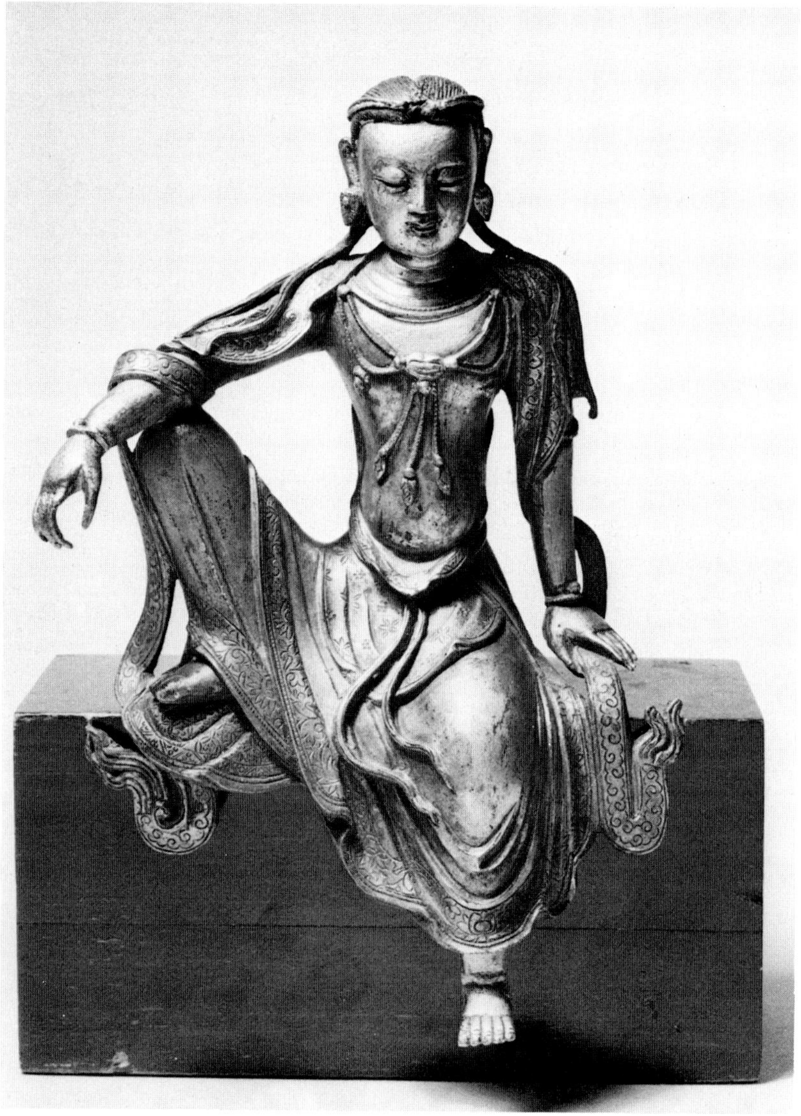

109 Bodhisattva aus Goldbronze. Diese elegante, kleine Figur weist die hübschen, eher femininen Merkmale buddhistischer Skulpturen des Süd-Song-Stils auf.

110 (rechts) Sittich auf einem Kirschzweig. Wandteppich aus gewebter Seide *(kesi)*. Der zeitgenössische Stil der Vogel- und Blumenmalerei diente auch als Vorlage für die Gestaltung feiner Textilien. 13. Jahrhundert.

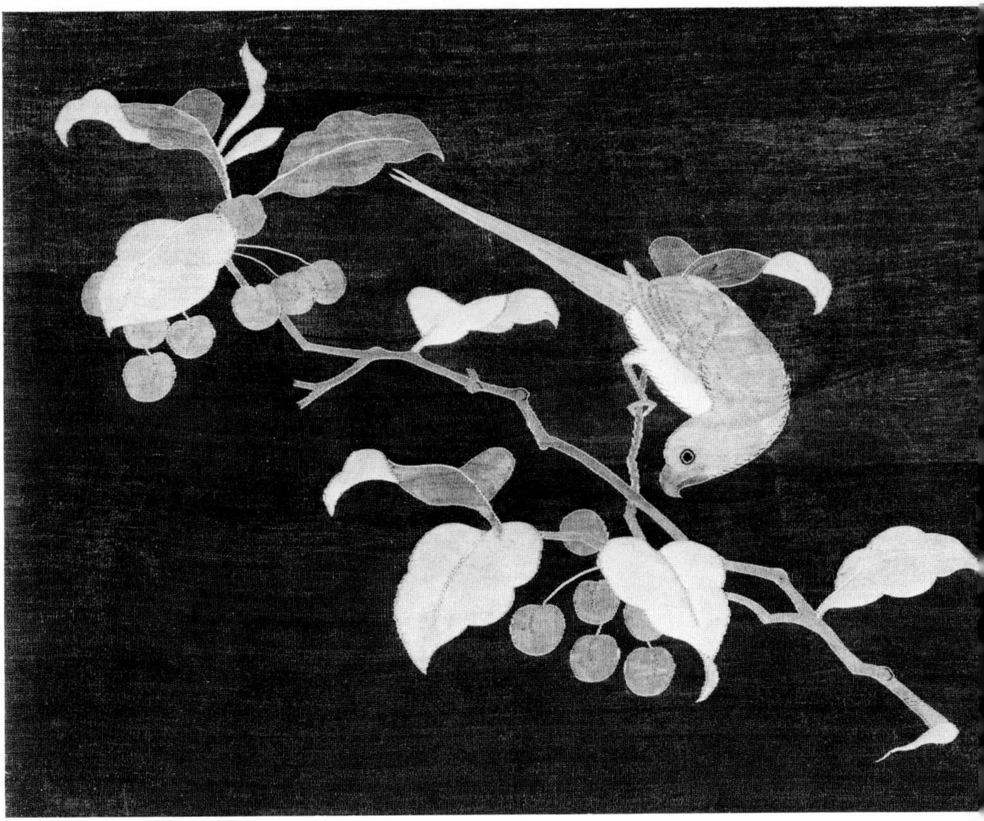

Die japanischen Mönche bezeichneten die Schalen als Temmoku, nach der japanischen Aussprache für Tianmushan, wo sie die Schalen gefunden hatten. Mit diesem japanischen Begriff werden heute alle schwarzen Teegefäße bezeichnet, auch wenn sie aus unterschiedlichen Brennöfen stammen.

Wie nicht anders zu erwarten, nahmen während der Süd-Song-Zeit auch die anderen Zweige des Kunsthandwerks, wie die Herstellung von Bambus- und Elfenbeinschnitzereien, von Lackmalereien, von Bronzen und von Erzeug- 109, 110
nissen der Seidenverarbeitung einen Aufschwung. Was aus empfindlichen Materialien gearbeitet war, hat nur selten überlebt, aber von den Jade- und Elfenbeinschnitzereien und vor allem vom Porzellan ist doch einiges erhalten geblieben, um zu zeigen, daß der Hof und die für Geschmacksfragen zuständigen Literatenkreise eine besondere Vorliebe für den kontemplativen Südstil hatten. Die Literaten behielten diese Vorliebe im allgemeinen auch über das 13. Jahrhundert hinaus bei.

9 Tradition und Erfindungsgeist

14. bis 15. Jahrhundert

Im Jahre 1260 fielen die Mongolen unter Dschingis Khan und seinem
Enkel Kublai in China ein und verjagten die Turkvölker der Jin, die das Land
vorher erobert hatten. Bis 1280 hatten sie das Reich unter ihrer Herrschaft ge-
einigt. Die Jin-Metropole Beijing wurde zur neuen Hauptstadt ernannt. Die
traditionell herrschende Beamtenklasse in China, die sich um die alte Haupt-
stadt Hangzhou niedergelassen hatte, sah sich daraufhin vor eine schwierige
Entscheidung gestellt: Sollte man in den Dienst einer Fremdherrschaft treten
oder nicht? Diejenigen, die eine Beamtenkarriere einschlagen wollten,
mußten unweigerlich in den Norden, also dorthin, wo vor der Süd-Song-
Periode schon einmal das Zentrum der chinesischen Kultur gewesen war.
Diejenigen, die den Entschluß faßten, sich aus dem öffentlichen Leben zu-
rückzuziehen, verzichteten damit auch lebenslang auf jegliche Karriere in der
Verwaltung der neuen mongolischen Yuan-Dynastie. Unter den namhaften
Malern gab es solche, die die veränderten Machtverhältnisse akzeptierten,
und solche, die es vorzogen, den neuen Herren den Rücken zu kehren. So hat
77 Zhao Mengfu, der ranghöchste Hofmaler dieser Zeit, scheinbar hauptsächlich
im Ruhestand gemalt. Er und viele andere bekannte Maler lebten bei
Hangzhou in einer Gegend, die als Jiangnan (Süden des Yangzi-Flusses) be-
kannt war und sich im Lauf des 13. Jahrhunderts zu einem kulturellen Mit-
telpunkt entwickelte. Die Individualität und der Erfindungsreichtum der chi-
nesischen Kunst während der Yuan-Periode läßt sich vielleicht aus dem ver-
änderten Status erklären, der vielen Schriftstellern und Malern von der
mongolischen Fremdherrschaft aufgezwungen wurde und sie leidvollen Er-
fahrungen aussetzte. Viele Maler der Yuan-Zeit hörten auf, sich den strengen
Bestimmungen der traditionellen Landschaftsmalerei zu unterwerfen, und
werden daher heute als Erneuerer der klassischen Schule angesehen, die ihren
Nachfolgern den Weg für eine neue Stilentwicklung freimachten.

Unter den Malern dieser Epoche gibt es zum ersten Mal einige, die für uns auch biographisch faßbar werden. Von den Malern, die im Süden blieben, haben sechs größere Bedeutung erlangt. Zwei davon blieben eher der alten akademischen Tradition treu, die vier anderen, die zu den Neuerern zählten, sind allgemein als die »Vier großen Meister der Yuan« bekannt.

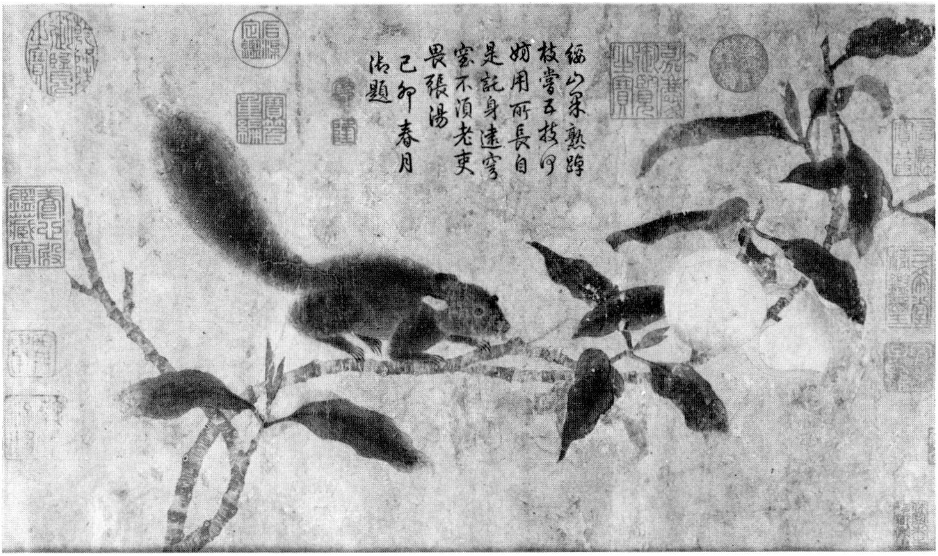

111 Qian Xuan (um 1235 bis 1301), *Eichhörnchen auf einem Pfirsichzweig*. Tusche und Farbe auf Papier. Obwohl sich dieses kleine Bild stark am Vogel- und Blumenstil des 12. Jahrhunderts orientiert, ist die Darstellung deutlich bewegter und naturnäher.

Qian Xuan (um 1235 bis 1301) gehörte zu denen, die an den Hof nach Beijing gingen. Er war ein Gelehrter aus Suzhou, der nie ein öffentliches Amt bekleidete. Als Maler entwickelte er einen sehr auffälligen Malstil, der völlig dem Geschmack seiner Zeit entsprach. Qian hatte eine traditionelle Ausbildung genossen. Er hatte das Kopieren alter Meister und die Kunst der Kalligraphie erlernt, wobei er sich wahrscheinlich an Vorbildern des höfischen Süd-Song-Stils orientiert hatte. Stilmittel früherer Epochen, die als kreative Kraft in der chinesischen Kunst stets lebendig gewesen waren, traten zu dieser Zeit in der Malerei ganz besonders hervor. Man bewunderte an Qians Bildern die große Nähe zu den Originalen, und der Künstler selbst gab an, daß er seine Bilder nur signiere, »um sie von bloßen Nachahmungen zu unterscheiden«. Alle seine Bilder, die in dieser Art gemalt sind, strahlen große Würde und Kraft aus. Durch eine besondere Farbgebung stellte Qian auch einen deutlichen Bezug zu den Tang-Bildern der »blau-grünen« Stilrichtung her. Der Aufbau seiner Bilder, der in gewisser Weise an den »Eineck«-Stil der Südlichen Song erinnert, ist insgesamt sehr geschlossen, und jedes Bildelement ist mit größter Detailgenauigkeit ausgeführt. Selbst dort, wo er den Vogel- und Blumenstil 111
der Nördlichen Song nachahmt, lockert er die Komposition auf, um seinem Motiv mehr Natürlichkeit zu geben.

Qian Xuans jüngerer Zeitgenosse, Zhao Mengfu (1254 bis 1322), hatte seine Ausbildung zu Beginn der Yuan-Dynastie ebenfalls schon abgeschlossen. Er war ein hochbegabter Gelehrter und Kalligraph. Als er 1286 nach Beijing berufen wurde, begann er eine steile Beamtenkarriere und brachte es bis zum Kriegsminister. Er ließ sich jedoch früh, 1295, in den Ruhestand versetzen und kehrte mit einer großen Bildersammlung, zu der auch Werke aus dem 10. Jahrhundert gehört haben sollen, in seine Heimat Wuxing zurück. Sein
77 Bild *Herbstfarben*, das die Berge von Shandong zeigt, bietet eine einfache, aber lebendige Darstellung dieser ganz besonderen Landschaft. Von der akademischen Kunstfertigkeit des 13. Jahrhunderts ist nichts zu spüren, jedoch findet sich mehr als ein flüchtiger Hinweis auf die Pinselarbeit und die Maltechniken des 10. Jahrhunderts. Zhao Mengfu fühlte sich mit allem Nachdruck einer Tradition verpflichtet, die ihn mit Song Yuan und Zhu Ran verband. Trotzdem verzichtete er in seiner Malerei nicht auf Farbe. Die persönlichen Aufzeichnungen, in denen er über seine Malerei berichtet, sind in einer gekonnten, aber höchst eigenwilligen Schönschrift geschrieben. Zhao genoß zu seiner Zeit große Bewunderung und galt, wie es scheint, als die ideale Verkörperung eines Literatenkünstlers. Sein Ruf litt allerdings darunter, daß er allzu große Willfährigkeit gegenüber den neuen mongolischen Machthabern an den Tag legte. Das mag auch der Grund dafür sein, daß relativ wenig von seinem Werk erhalten ist. Zu denjenigen seiner Zeitgenossen, die sich für einen Rückzug aus dem öffentlichen Leben entschieden, gehörten, wie schon erwähnt, die »Vier großen Meister der Yuan«: Huang Gongwang, Wu Zhen, Ni Zan und Wang Meng. Jeder von ihnen entwickelte seinen ganz persönlichen Stil, und sie lebten alle in der Jiangnan-Region, die in dieser Zeit nicht nur weit vom Zentrum der politischen Macht entfernt war, sondern auch noch im Einflußbereich eines berüchtigten Bandenführers lag.

Huang Gongwang (1269 bis 1354) galt als Wunderkind und wurde wahrscheinlich aus diesem Grund von einer vornehmen Familie adoptiert. Für kurze Zeit war er als Beamter tätig. Berühmt gemacht haben ihn aber nur seine
112 Bilder, die er im hohen Alter schuf, insbesondere die Handrolle *Spaziergang in den Fuchun-Bergen*, eine Tuschmalerei auf Papier. Aus seinen Aufzeichnungen geht hervor, daß er sieben Jahre an diesem Bild gearbeitet und während dieser Zeit zahlreiche Skizzen und Detailstudien von den Bergen angefertigt hat, die er darstellen wollte. Seine Pinselführung ist absolut sicher und wirkt doch frei und unbefangen. Man hat ihn in dieser Hinsicht sogar mit Tizian verglichen. Das Bild zeigt eine weite Landschaft mit einem See, einer Bergkette und bewaldeten Abhängen. Die Landschaft erschließt sich dem Betrachter von mehreren Blickwinkeln aus. Wenn man Huangs Bilder mit den theatralischen Landschaftsszenen Xia Guis vergleicht, oder mit den komple-

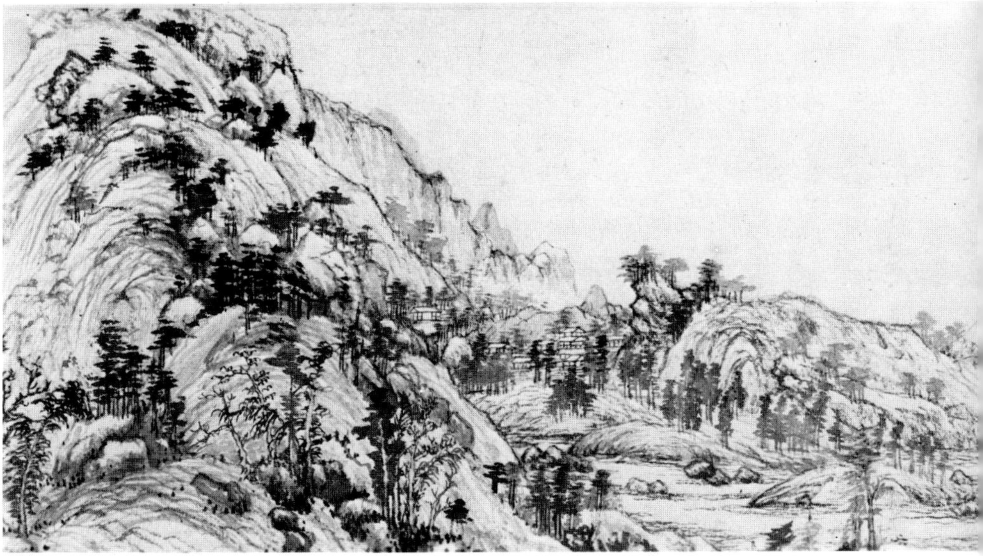

112 Huang Gongwang (1269 bis 1354), *Spaziergang in den Fuchun-Bergen* (Ausschnitt). Handrolle, Tusche auf Papier, 1350. Ein Vergleich mit den frühen Meistern, die Huang bewunderte (Abb. 89, 90) und den zeitgenössischen Bildern von Malereien Zhao Mengfus (Abb. 77) und Qian Xuans (Abb. 111) läßt den kraftvollen Ausdruck dieses Meisterwerks deutlich werden.

xen und grandiosen Detaildarstellungen von Guo Xi, dann wird der Eklektizismus chinesischer Maler deutlich. Huang Gongwang hat sich aber darüber hinaus auch als einer der ersten mit der Darstellung von Licht beschäftigt, ein völlig neues Element in der Landschaftsmalerei, das erst damals entdeckt wurde.

Wu Zhen (1280 bis 1354), ein anspruchsloser Mann, verdiente seinen Lebensunterhalt als Wahrsager und als Priester. In einem Nachwort zu einem seiner Bilder gab er eine anrührend bescheidene Selbstbeschreibung:

»Ich hätte gern auch eine Ode an die ›Heimkehr‹ verfaßt [wie Tao Yuanming], aber leider sind mir nicht so schöne Verse eingefallen, wie sie sich in seinem Gedicht ›Die drei Pfade sind fast verweht‹ finden. Ich wäre gern an den Ufern des Yangzi und des Xiang spazieren gegangen, aber leider stand mir der Mantel aus grünen Blättern nicht. Ich hätte gern Ackerbau betrieben, aber ich war zu schwach zum Pflügen. Ich hätte gern im Garten Gemüse angebaut, aber die Steuern waren zu hoch, und die Fremden [die Mongolen] hätten mir alles weggenommen. Ich hätte Karriere machen können, aber es gab keine passende Stellung für mich. Auch der Rückzug ins Privatleben brachte mir nichts, weil ich im Müßiggang kein Glück finden konnte. So habe ich von Almosen

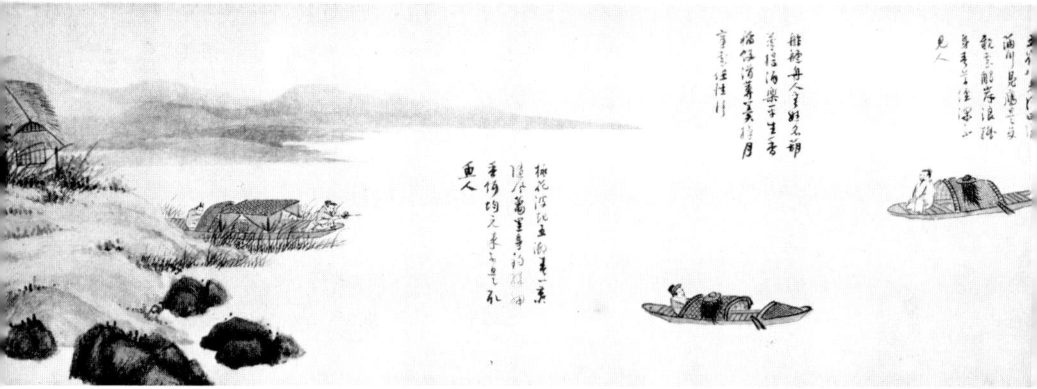

113 Wu Zhen (1280 bis 1354), *Fischer* (Ausschnitt). Handrolle, Tusche auf Papier, datiert 1352. In der Darstellung der räumlichen Perspektive ist dieses Bild ein typisches Beispiel für die Maltechnik des 13. Jahrhunderts. In der Pinselstrichtechnik und in der Themenwahl zeigt sich jedoch der Malstil des 14. Jahrhunderts.

114 (rechts) Ni Zan (1301 bis 1374), *Das Rongxi-Atelier.* Tusche auf Papier. Ein gutes Beispiel für die Technik der sogenannten »gestreckten« Landschaftsdarstellung. Die senkrecht aufragenden Bäume im Vordergrund sorgen für den Zusammenhalt der Komposition.

gelebt, in Dürftigkeit, aber nach meinem Belieben. Durch ein harmonisches Leben bin ich alt geworden. Was hätte ich mir mehr wünschen können?«*
Wu Zhen ist bekannt durch Tuschmalereien auf Seide oder Papier, die einen
113 ganz unverkennbaren Charakter haben. Seine Genrebilder von den Taihu-Seen, seiner Heimat, sind mit nasser Tusche gemalt in einem gleichmäßigen Ton, der den Eindruck großer Ruhe vermitteln. Die Genremalerei war immer eine der beliebtesten Malgattungen in China, und die erhaltenen Beispiele zeigen, daß sämtliche Stilrichtungen und Schulen sich damit beschäftigt haben. Ebenso elegant wie die Genredarstellungen sind Wu Zhens Bambusbilder. Auch hier arbeitete er vorwiegend mit nasser Tusche auf einem wenig saugfähigen Papier, was eine freie Pinselführung ermöglichte und einen geschmeidigen und schwungvollen Strich ergab.
Ni Zan (1301 bis 1374) entstammte einer gut situierten Familie, die ein vornehmes Haus führte und eine berühmte Bibliothek besaß. Er war ein gebildeter Mann, der für den Staatsdienst ausgebildet wurde, aber dann auf ein Amt verzichtete. Hohe Steuerlasten und lokale Unruhen während der Mongolenherrschaft bedrohten den Besitz der Familie, bis er schließlich veräußert werden mußte. Ni Zan zog sich daraufhin mit seiner Frau auf ein Hausboot zurück und lebte auf den Taihu-Seen. Es sieht so aus, als entstammten seine

* Zitat nach James Cahill, *Hills beyond a River*, New York und Tokio 1976.

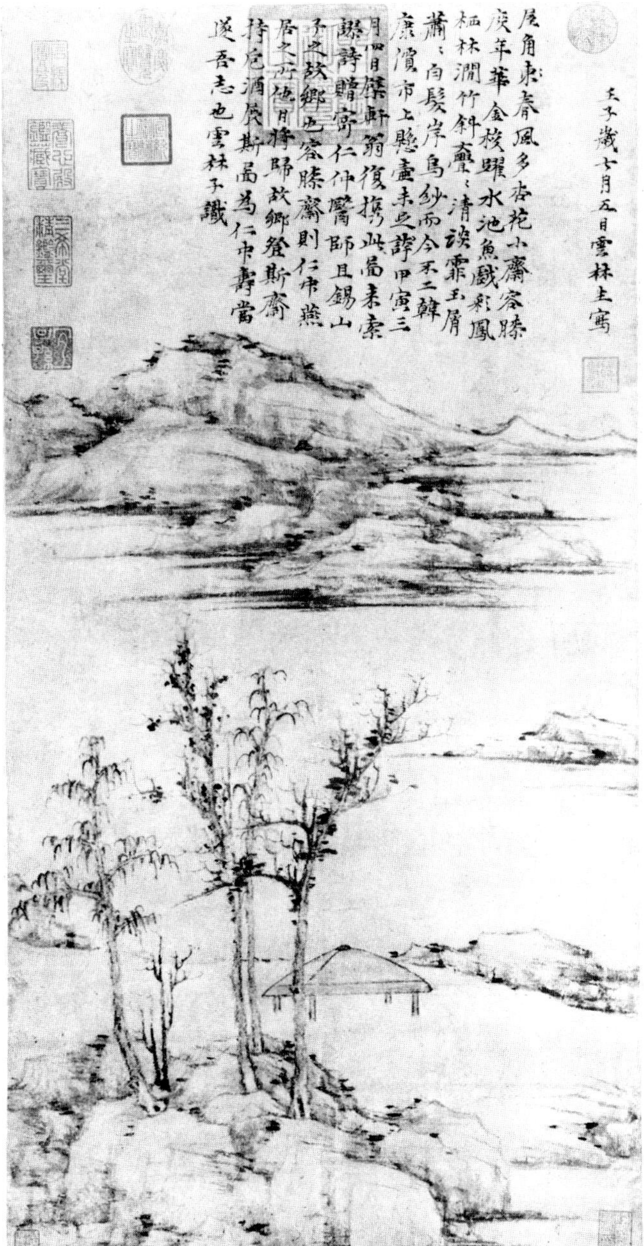
壬子歲七月五日雲林生寫
屋角春風多杏花小齋容膝
度年華金梭躍水池魚戲彩鳳
栖林澗竹斜亹亹清談霏玉屑
蕭蕭白髮岸烏紗而今不二韓
康價市上懸壺未足誇甲寅三
月四日檗軒翁復攜此圖來索
謬詩贈寄仁仲醫師且錫山
予之故鄉也容膝齋則仁仲燕
居之所他日將歸故鄉登斯齋
持巵酒展斯圖為仁仲壽當
遂吾志也雲林子識

114 höchst eigenwilligen Landschaftsbilder, in denen er immer wieder das gleiche Seenmotiv variiert, dieser Zeit. Seine schöpferische Phantasie beschäftigte sich stets mit stillen Gewässern und unbewohnten Landschaften, die in ein silbrig schimmerndes Licht getaucht sind. Er malte mit Tusche auf Papier, sein Strich ist leicht und manchmal wie im Stakkato geführt mit nur wenigen Nuancen im Ton. Er verwendete gern das lange Format der senkrechten Hängerolle und ist als der vorzüglichste Vertreter der sogenannten »gestreckten« Komposition anzusehen: Während die Landschaftsmaler des 11. Jahrhunderts die dargestellte Szene an den Bildrändern festmachten und die verschiedenen Blickwinkel durch eine Verknüpfung der einzelnen Bildelemente ineinander übergehen ließen, dehnten Ni Zan und andere Maler des 14. Jahrhunderts den Raum zwischen den Bildelementen immer weiter aus, bis ein beinahe horizontaler Kompositionsstil erreicht war. Um dem Bild einen besseren Zusammenhalt zu geben, stellten sie häufig senkrechte Bildelemente in den Vordergrund, wie zum Beispiel hohe Bäume.

Der vierte in der Gruppe der Yuan-Meister war Wang Meng, ein Großneffe Zhao Mengfus. Er war möglicherweise der Kreativste unter den vieren, obwohl er sich bei der Komposition seiner großformatigen Bilder an Vorbildern aus dem 10. Jahrhundert orientierte. Seine Bergszenen sind so aufgebaut, daß der Blickwinkel von unten nach oben mehrfach wechselt. Manchmal benutzte er die sogenannte »tour de force«-Perspektive, um beispielsweise einem
115 Bergrücken, der neben einer offenen Wasserfläche aufragt, Tiefe zu verleihen. Auch Wang Meng gilt als Meister einer komplexen Pinselführung, der häufig mit einer *cun* genannten, winzige Striche aneinanderreihenden Schraffurtechnik die Linien modellierte. Der Begriff *cun,* der sich aus dem Wort für die Falten auf dem Handrücken herleitet, bezeichnet eine Strichtechnik, mit der sich sowohl Strukturen als auch Modellierungen hervorbringen lassen. Nach einer kurzen Karriere zwischen 1354 und 1368 zog sich Wang Meng in die Berge bei Suzhou zurück. Später wurde er von Hong Wu (1368 bis 1398), dem ersten Kaiser der Ming-Dynastie, an den Hof berufen. Kurz darauf fiel er jedoch einer Säuberungsaktion zum Opfer, wurde mit einer Reihe anderer in Ungnade gefallener Gelehrter ins Gefängnis geworfen und starb dort.

Im 14. Jahrhundert erweiterte sich auch das Spektrum an dekorativer Kunst,
116–118 und zwar durch die Einführung der Unterglasurmalerei auf Porzellan mit Ko-

115 Wang Meng (1308 bis 1385), *Strohgedeckte Hallen auf dem Tai-Berg.* Tusche und Farbe auf Papier. Eine ausgefallene Komposition, in der der Wasserfall zur Linken und das Tal zur Rechten bedenklich nahe an den Bildrand gerückt sind. Das zentrale »Rückgrat« der Komposition wächst aus den Bäumen heraus bis hinauf auf den Bergkamm.

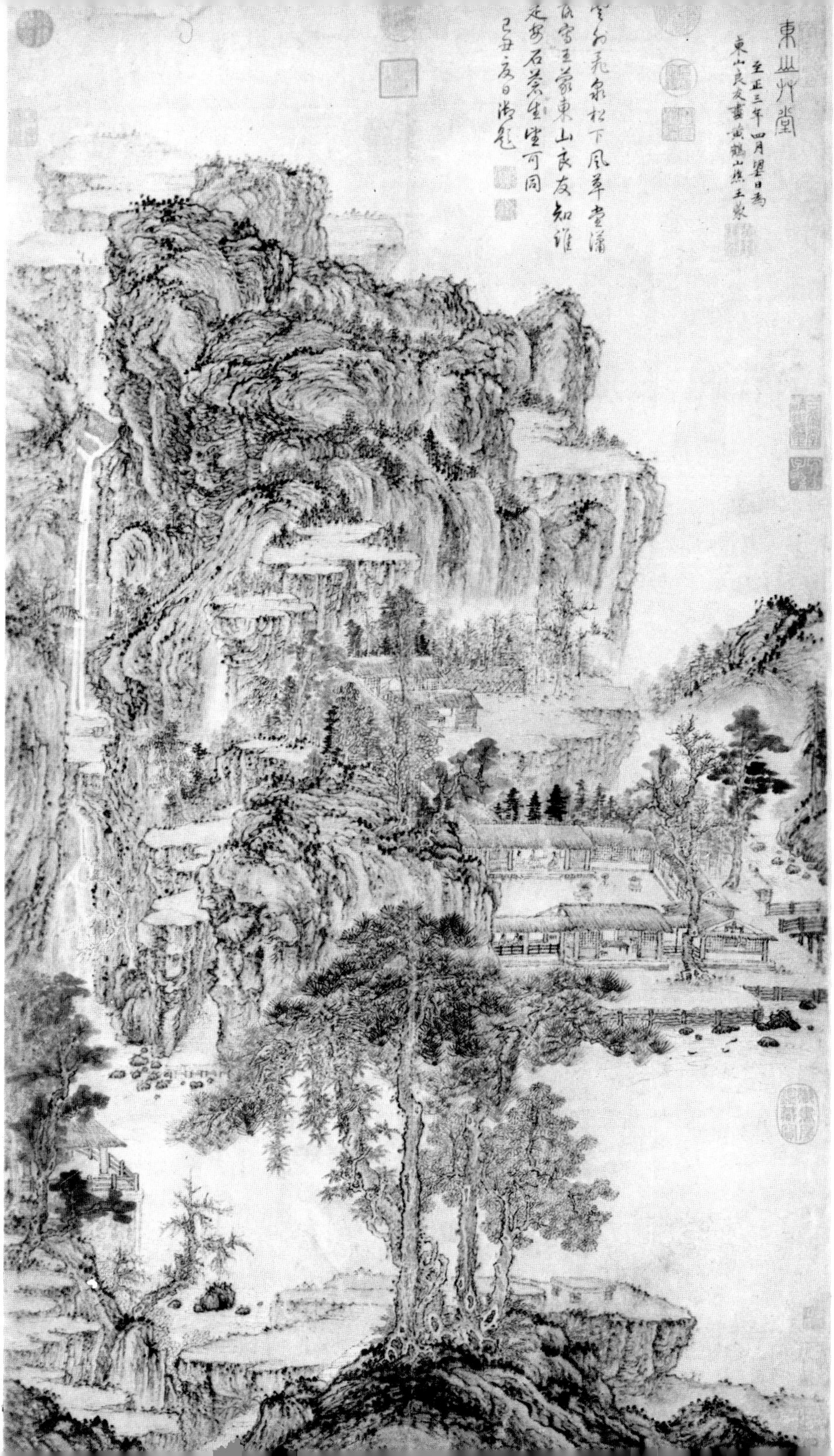
東山艸堂
至正三年四月望日為
東山良友畫黃鶴山樵王蒙

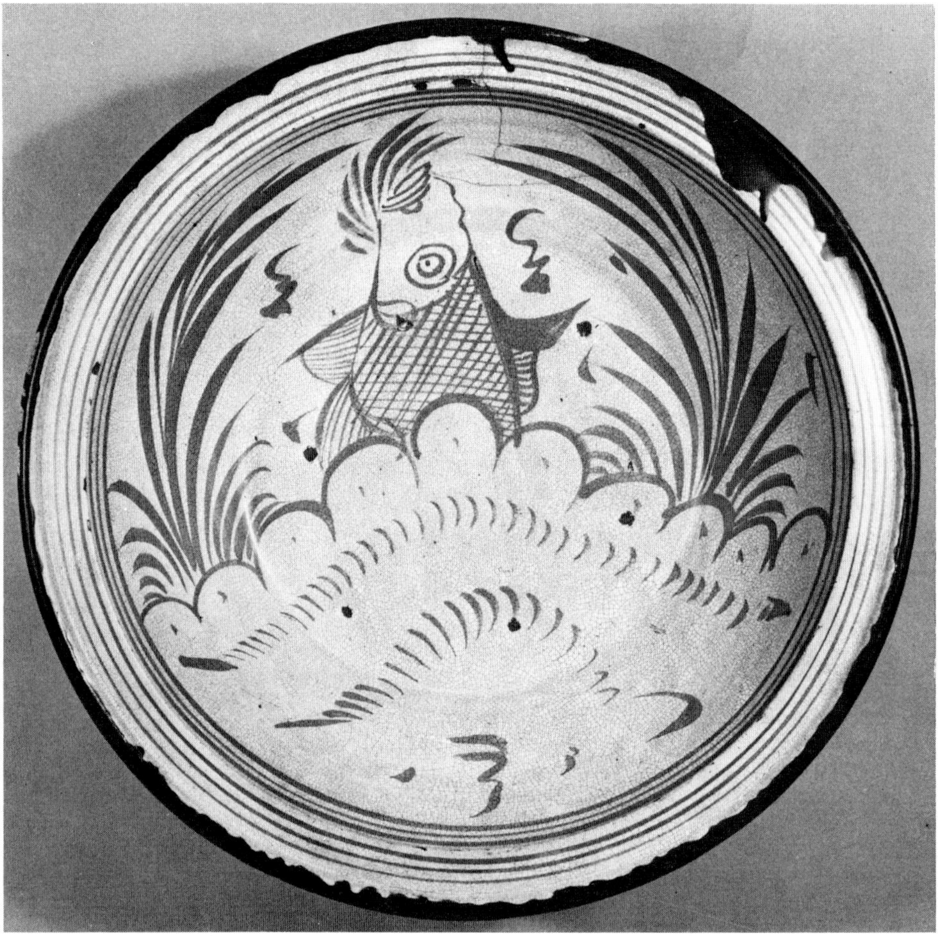

116 Teller aus Steinzeug mit Unterglasurdekor aus Eisenoxyd. Eine Verwandtschaft mit dem Zizhou-Stil ist unverkennbar. (Siehe Abb. 97). Vermutlich aus Jizhou, Jiangxi. 14. Jahrhundert.

balt- und Kupferoxyd, den steigenden Absatz von geschnitzten und bemalten Lackarbeiten und durch eine wachsende Nachfrage nach Metallgeräten. Alle Produkte des Kunsthandwerks ließen damals, egal ob sie aus Süd- oder Nordchina stammten, eine Tendenz zu kräftigeren Formen und prunkvollen Verzierungen erkennen. Sogar die im Niedergang begriffenen Longchuan-Brennereien änderten ihre Keramikformen zu dieser Zeit und dekorierten sie wieder mit eingeschnittenen Mustern. Die Gefäße wurden schwerer, die Glasur dichter. Die Brennöfen von Jingdezhen, Fujian und Guandong begannen

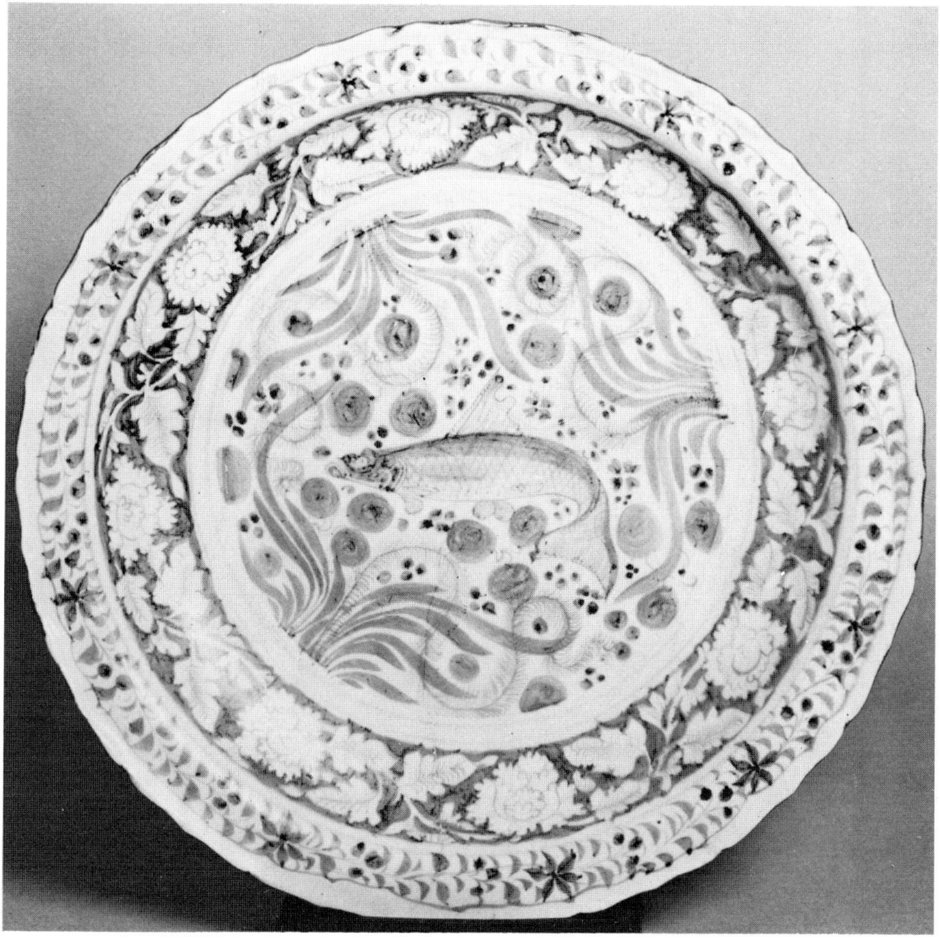

117 Großer Porzellanteller mit blauem Unterglasurdekor (Kobaltoxyd). Das Blau ist auf den Porzellankörper gemalt und dann mit einer Yingqing-Glasur überzogen. Aus Jingdezhen. Spätes 14. Jahrhundert.

zu expandieren, was hauptsächlich auf einen rasch zunehmenden Überseehandel zurückzuführen war. Zur gleichen Zeit, als man in Jingdezhen mit Kupfer- und Kobaltoxyd experimentierte, wurde dort auch ein einfarbiges, weißes Porzellan hergestellt, das sich gegenüber der am selben Ort gebrannten Keramik des 13. Jahrhunderts durch kräftigere Formen auszeichnete und in einem neuen Stil gestaltet war, der als *shufu* bekannt ist. Diese Bezeichnung geht auf zwei Schriftzeichen zurück, die häufig in den prächtigen Engobe-Dekor eingeschrieben sind. Die *shufu*-Glasur ist weniger durchsichtig

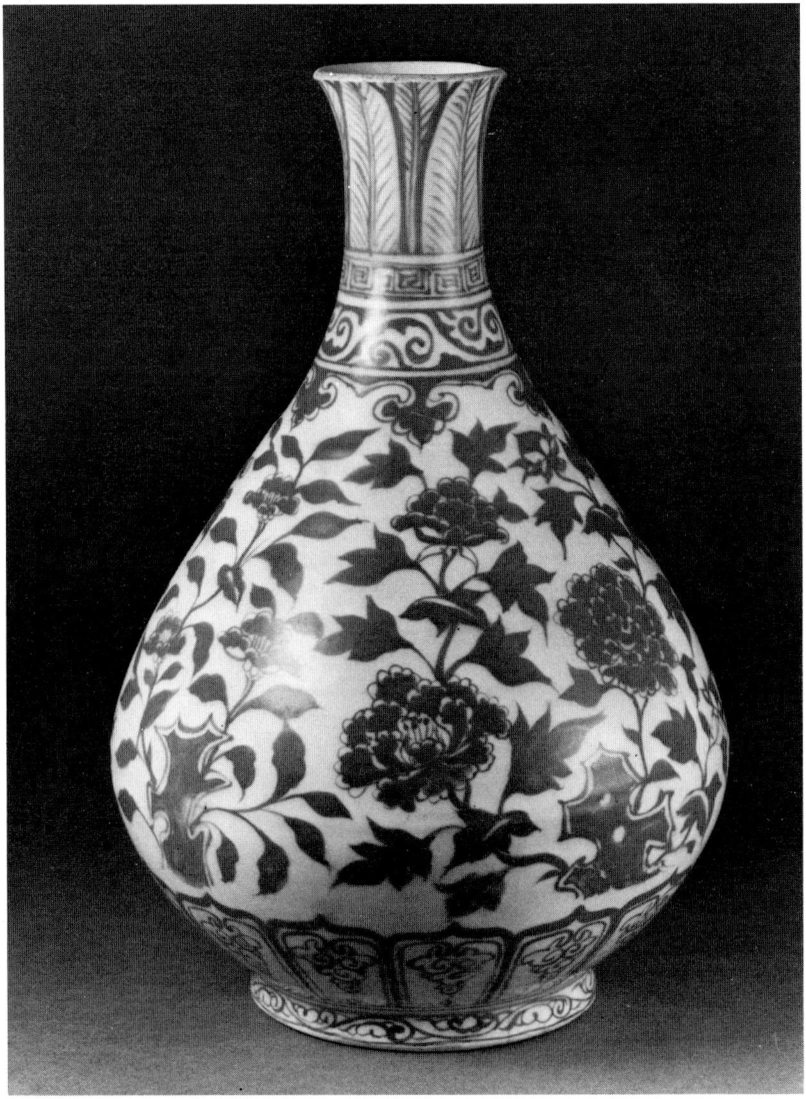

118 Birnenförmige Vase mit kupferrotem Unterglasurdekor. Die Künstler dieser frühen Zeit ließen das florale Ziermuster scheinbar aus dem Fuß der Vase herauswachsen. Die Lippe ist leicht verkürzt. Aus Jingdezhen. 14. Jahrhundert.

119 (rechts) Porzellanfigur eines sitzenden Guanyin. Der Torso ist geformt. Die Haare, der Schmuck und der Faltenwurf sind separat modelliert. Aus Jingdezhen. Datiert 1298 oder 1299.

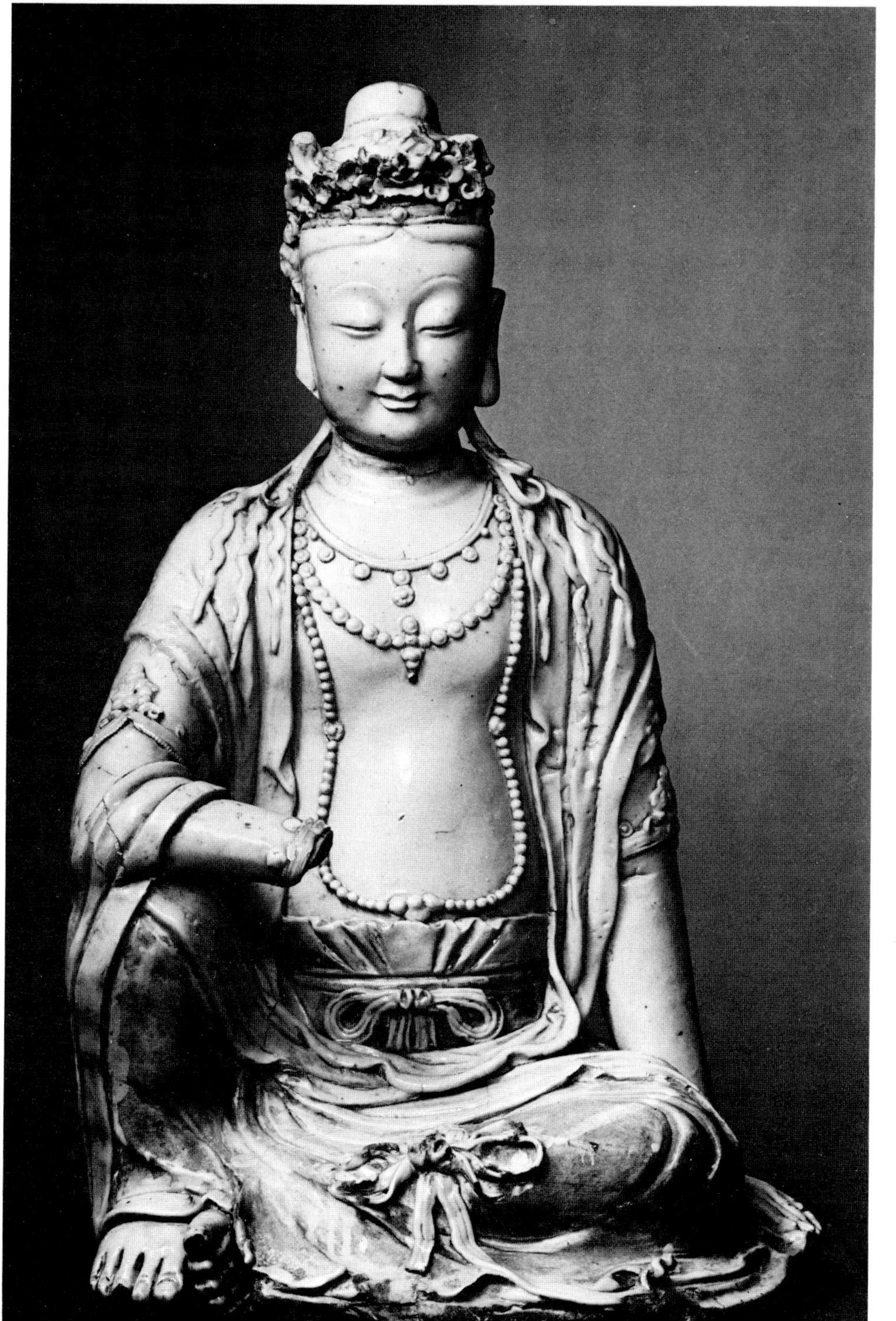

als die in derselben Werkstatt hergestellte Yingqing-Glasur, und hat den gleichen bläulichen Schimmer, im Gegensatz zu einer anderen weißen Ware dieser Periode, die »süßes« Weiß genannt wird und tatsächlich nahezu reinweiß ist.

Ein paar Formen wurden neu entwickelt, wie zum Beispiel der sogenannte Mönchsmützen-Krug und der gestielte Becher. Aber es ist in erster Linie der Unterglasurdekor, sowohl auf Metalloxydbasis als auch in Engobe-Malerei,
119 der das Porzellan des 14. Jahrhunderts auszeichnet. Elegant gestaltete buddhistische Figuren gehörten ebenfalls zu den Neuerungen.

Die Herstellung von Lackarbeiten zählte bereits sehr früh zu den bedeutendsten Zweigen des Kunsthandwerks. Lack ist ein sehr hartes, wasserbeständiges Material. Sprünge im Lack oder Beschädigungen durch Lichteinwirkung führen jedoch unter zu feuchten, wie auch unter zu trockenen Bedingungen zu einem schnellen Zerfall. Weil zudem die Sitte, den Toten Beigaben ins Grab zu legen, im 14. Jahrhundert aus der Mode kam, sind nur wenige Lackarbeiten erhalten geblieben. In China und Japan werden jedoch eine Reihe von Lackarbeiten aus der Yuan-Zeit aufbewahrt, meist blattförmige Schachteln und Teller, die ganz offensichtlich den Gold- und Silberwaren nachempfunden sind. Alle Lackarbeiten sind in Schwarz und Rot gehalten. Manchmal wurde für Intarsien und für die Signatur auch Gold verwendet. Als Bindemittel für die Lackfarben wurde das Harz des in Ostchina beheimateten Lackbaumes *(rhus vernificera)* genommen. Um dieses Harz zu gewinnen, wird der lebende Baum angezapft. Es ist zähflüssig und oxydiert an der Luft zu einer undurchsichtigen, weißlichen Farbe, die nur unter feuchten Bedingungen trocknet. Der Herstellungsprozeß beginnt damit, daß auf eine Matrize aus sorgfältig bearbeitetem Weichholz nacheinander mehrere sehr dünne Schichten Lack aufgetragen werden. Jede der Lackschichten wird glatt poliert. Zum Färben des Lacks werden Kohle, Zinnober und Ocker zugemischt. Wenn genügend Schichten aufgetragen sind und der Lack ausreichend gehärtet ist, kann er wie Holz mit dem Schnitzmesser bearbeitet werden. Gute Lackarbeiten bestehen aus Hunderten von Lackschichten. Auch die prunkvollen Lack-
137 schnitzereien aus der Zeit der Ming-Dynastie und der Qing-Dynastie wurden nach der gleichen Methode hergestellt.

Das Kunsthandwerk des 14. Jahrhunderts zeichnete sich durch besondere Vielfalt und Prächtigkeit im Dekor aus. Die Malerei, sowohl im dekorativen wie im darstellenden Bereich, löste sich vom Manierismus der Südlichen Song. Neue Stilrichtungen wurden entwickelt und verbreiteten sich in allen Kunstgattungen. Die strengen Prinzipien, die in der Maltradition maßgeblich gewesen waren, wurden gelockert, was den Schönen Künsten einen Freiraum eröffnete, der sie zu einer ungeahnten Blüte führte.

10 Eklektizismus und Innovation

15. bis 17. Jahrhundert

Als Kaiser Yong Le (1403 bis 1424) im Jahre 1403 Beijing zu seiner Hauptstadt ernannte, wurde mit dem Bau der sogenannten Verbotenen 120–124
Stadt und all der anderen Paläste, Grabstätten und kaiserlichen Tempel in und um Beijing begonnen. Die Verbotene Stadt umfaßte den eigentlichen Palast des Kaisers und die Gebäude der kaiserlichen Administration. Sie wurde so angelegt, daß sie den rechteckigen Palastbezirk der vorausgegangenen Dynastien Jin und Yuan einschloß und erweiterte. Der großzügige Plan, der einen Zeremonialbezirk, einen Tempelbezirk, einen Verwaltungsbezirk und die Bauten des kaiserlichen Haushalts umfaßte, wurde von Yong Le gebilligt und stellt eine typische Ming-Palastanlage dar. Die meisten der heute noch stehenden Gebäude stammen allerdings aus dem 17. und 18. Jahrhundert. Die Zeremonialbauten sind entlang einer Nord-Süd-Achse angeordnet und nach Süden ausgerichtet. Diese Achse ist so gelegt, daß sie in ihrer Verlängerung genau auf das Südtor der Stadtmauer weist. Wenn sie nicht von Menschen bevölkert werden, sind die gewaltigen Höfe und Terrassen vor den einzelnen Zeremonienhallen von nahezu erdrückender Großartigkeit. Sie wurden für Großveranstaltungen des Staates benützt. Der mauerumfriedete Bezirk mit den Haupthallen umfaßt auch kleinere Hallen, die ebenfalls zeremoniellen und administrativen Zwecken dienten. Der weiter außen liegende Teil unmittelbar an der Stadtmauer enthielt zahlreiche Hofgärten für die Mitglieder der kaiserlichen Familie. Die Tempel und Zeremonienhallen der kaiserlichen Familie liegen an der südöstlichen Ecke der Stadtmauer. Sämtliche Bauten sind im traditionellen Stil mit Balken und Säulen aus Holz konstruiert. Das System des Konsolengebälks, das im 1. Jahrhundert n. Chr. in Gebrauch gekommen war, war ständig weiterentwickelt worden, damit die immer größer werdenden Dächer gestützt werden konnten. In der Ming-Zeit wurde die Tragekonstruktion jedoch ein in sich dekoratives Element, indem man die einzelnen Balken durch farbige Fassungen betonte. Die Dächer wurden vereinfacht, der sogenannte *ang* verschwand. Die Dächer der Verbotenen Stadt sind mit gelb glasierten Ziegeln gedeckt. Das Dachprofil läßt den typischen Nordstil erkennen, das heißt, die Dachfirste sind weniger stark geschwungen, als das im Süden der Fall ist. Die Firstenden sind zu vollplastischen Drachenfiguren aus-

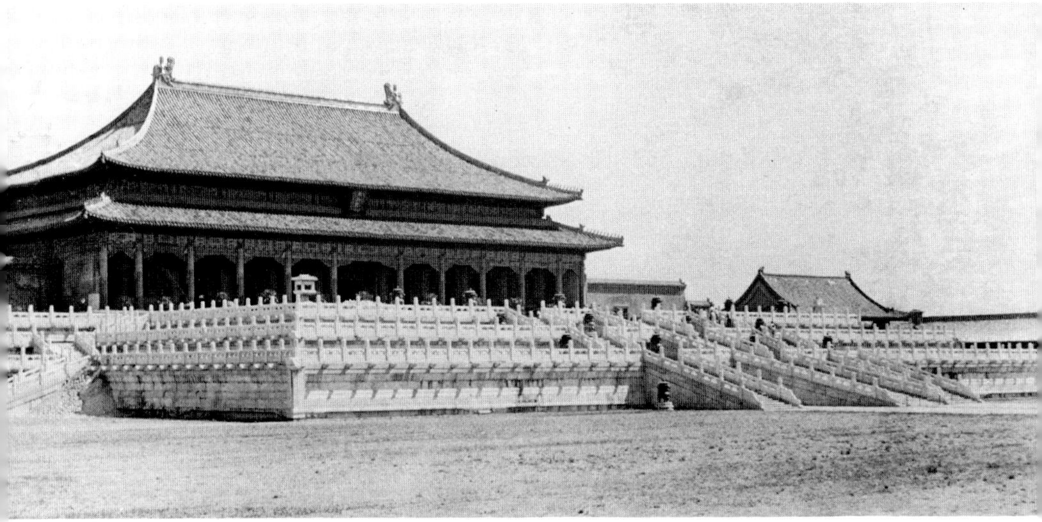

120 Die Verbotene Stadt, Beijing. Blick auf einen der Innenhöfe des Palastes. Baubeginn im 15. Jahrhundert.

121 Die Verbotene Stadt, Beijing. Blick auf den Kanal und den überdachten Gang zu den Haupthallen. Baubeginn im 15. Jahrhundert.

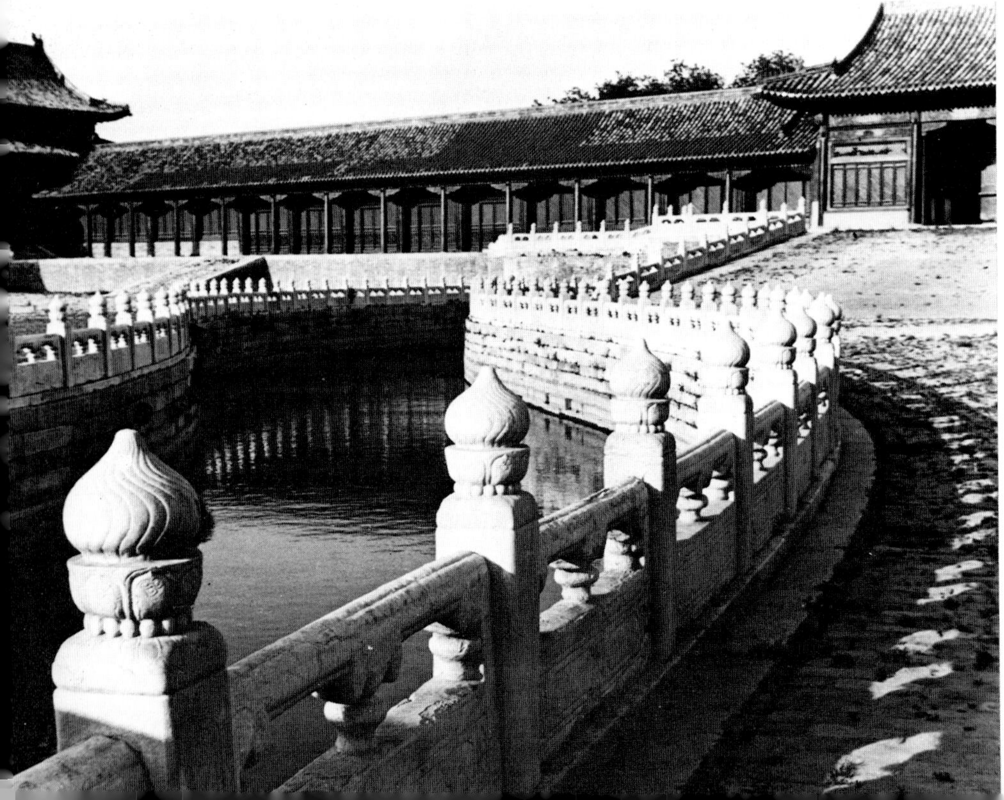

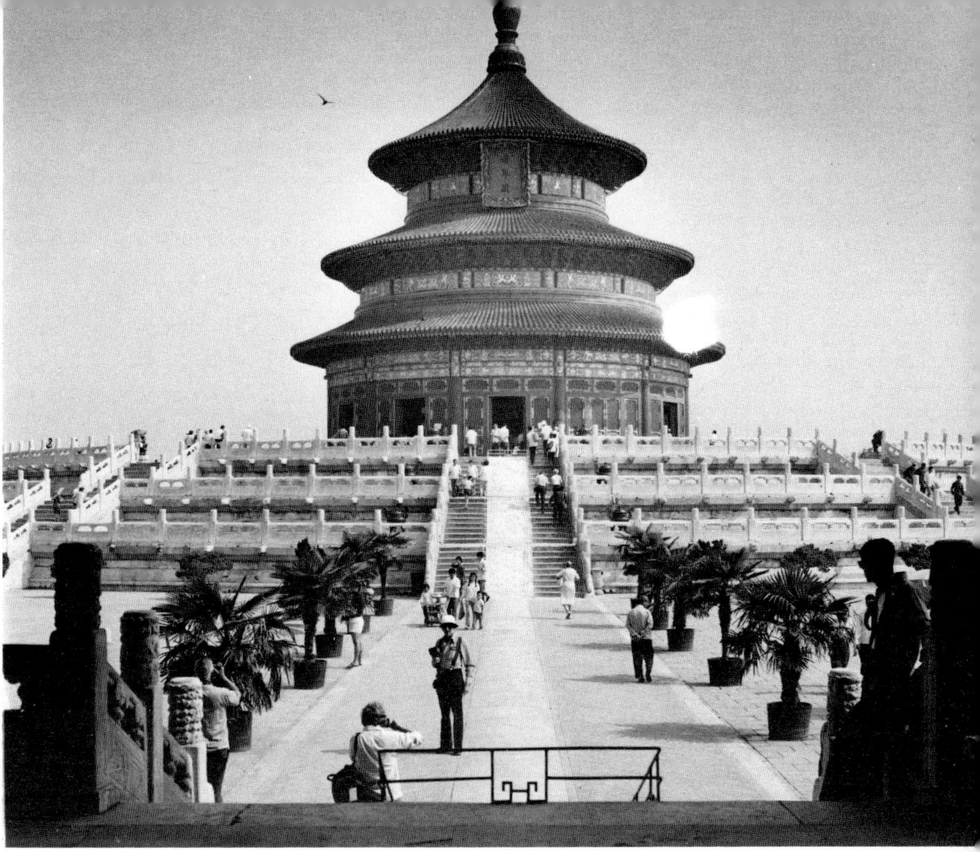

122 Der Himmelstempel nahe Beijing. Dieser kreisförmige Bau mit den blauvioletten Dachziegeln und dem prächtig bemalten Balkenwerk steht gegenüber vom Himmelsaltar, an dem die Kaiser die verschiedenen, den Jahreszeiten gewidmeten Kulthandlungen zelebrierten. Späte Qing-Periode.

geformt. Auch die Dachgiebel sind mit Tierfiguren aus Keramik geschmückt. Ab dem 15. Jahrhundert kam es zu einem technischen und künstlerischen Stillstand in der Architektur.

Obwohl Beijing Zentrum der Verwaltung war und zahlreiche Künstler und Handwerker an den Hof berufen wurden, war die Stadt nicht der kulturelle Mittelpunkt Chinas. Das Gebiet um Jiangnan blieb das bevorzugte Refugium der Maler und der Dichter. Suzhou, Yangzhou und Nanjing blühten auf durch den Seiden-, Tee- und Salzhandel und beherbergten bald eine wohlhabende Kaufmannschaft. In diesen Städten siedelten sich auch die Künstler an. Oft kamen sie nach der Versetzung in den Ruhestand und bauten sich Häuser mit
kunstvoll gestalteten Innenhofgärten. Der Bau dieser Gärten, die so angelegt 134
waren, daß sie sich dem Blick durch ein offenes Fenster darboten, entwickelte

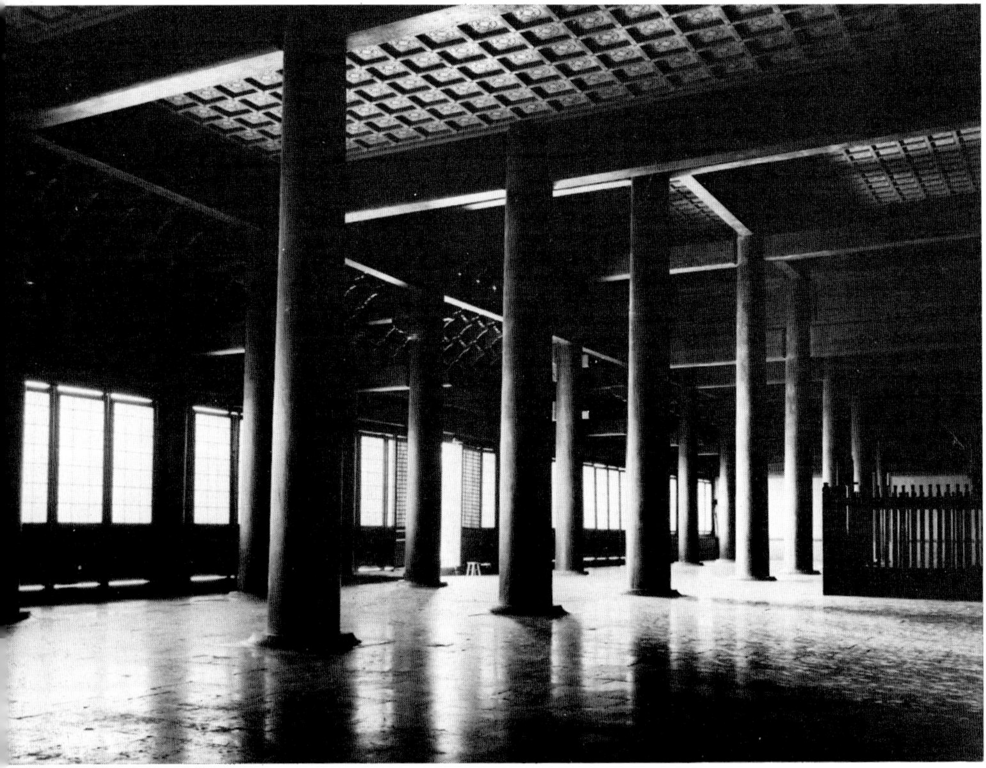

123 Das Innere der Zeremonienhalle bei den Ming-Gräbern außerhalb Beijings. Dieses gewaltige Gebäude wurde im 15. Jahrhundert errichtet und ist eine der größten Holzkonstruktionen, die heute bekannt sind. Dunkle Holzpfeiler erheben sich auf einem Marmorboden und tragen eine bemalte Holzdecke. Das Dach ist mit gelben Ziegeln gedeckt.

sich im 16. und 17. Jahrhundert zu einer eigenen Kunstgattung. Das Besondere an diesem Gartentypus war, daß er nicht eine Gesamtansicht der Anlage bieten sollte, sondern daß man in einem überdachten Korridor im Garten herumspazierte und durch vergitterte Fenster, die den Blick einrahmten, in den Garten hineinsah, oft auf eine sorgfältig gestaltete Fels- oder Baumszenerie. Auf diese Weise erschien der Garten wie eine Abfolge farbenprächtiger Bilder, die sich mit dem eigenen Gang in Bewegung setzen ließen, so als würde man in einer Malerei umherwandern, die sich ständig verändert. Jeder dieser Gartenszenerien lag als zentrales Kompositionselement das vergitterte Fenster zugrunde, das den Ausschnitt festlegte. Sein Zauber wurde noch dadurch erhöht, daß das Gittermuster das dargebotene Bild gleichsam gliederte und so den Kontrast zwischen Oberfläche und räumlicher Tiefe betonte. Tatsächlich kann man die Tuschmalereien der Zeit als Kommentare zu verschiedenen

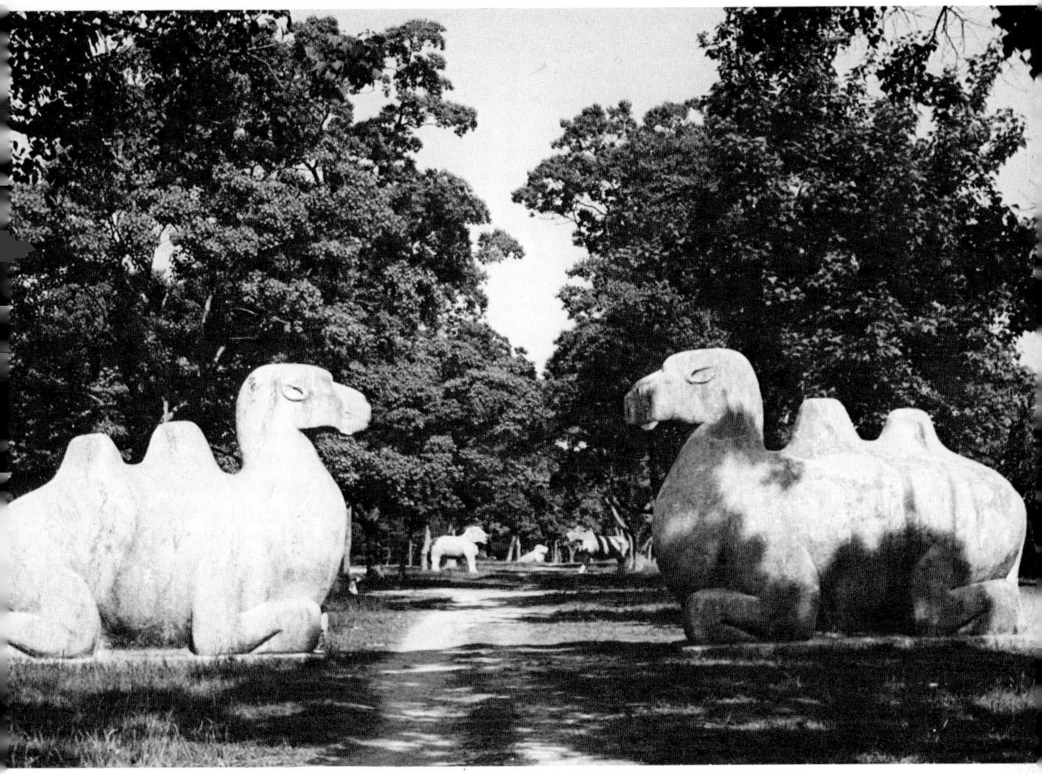

124 Marmorkamele auf dem »Weg der Seelen«, einer Allee, die zu den Ming-Gräbern führt und von Tierfiguren flankiert ist. Nur die ersten beiden Ming-Kaiser wurden hier in Nanjing begraben. Die Grabanlage ähnelt der in Beijing, ist aber deutlich kleiner.

Szenerien ansehen, die sie in ihren eigenen Gärten erprobten. Die Farbgebung spielte dabei keine Rolle. Dem Künstler kam es nur darauf an, die Kontraste graphisch herauszuarbeiten.

Die Innenhofgärten stellten jedoch nur einen von vielen Gartentypen dar, die damals in Mode kamen. In der Umgebung von Nanjing entstanden ausgedehnte Parks. Naturnähere Gärten wurden von begüterten Familien auf dem Land angelegt. Als Kaiser Hong Wu im Jahr 1368 in Nanjing die erste Hofhaltung der Ming-Dynastie errichtete, versammelte er auch eine Reihe von Künstlern um sich, um eine Akademie zu gründen. Jedoch war der Aufenthalt dieser Akademiekünstler in Nanjing meist nur von kurzer Dauer, da Cliquenwirtschaft und Verschwörungen, die für Hong Wus Hofhaltung charakteristisch waren, auch auf die Maler übergriffen.

Zu den bedeutendsten Hofkünstlern in der Mitte des 15. Jahrhunderts gehörte

Dai Jin, gebürtig aus Quiantang in Zhejiang. Er bevorzugte große Formate
und malte mit leichter, spielerischer Hand. Stilistisch orientierte er sich an der
romantischen Malweise des 13. Jahrhunderts, zeigte aber auch eine gewisse
125 Nähe zur fließenden Malerei Wu Zhens. Die Landschaft *Heimkehr am Abend*
ist wie eine Süd-Song-Landschaft aufgebaut, mit weiten Räumen, die in dun-
stiger Ferne verschwimmen. Eine Szene mit mehreren Figuren an einem Gar-
tentor bildet eine reizvolle kleine Einheit für sich. Das Bild ist im sogenann-
ten »flüssigen« Tuschstil gemalt, einem Stil, der mit ähnlicher Wirkung auch
126 schon von Ma Yuan im 13. Jahrhundert, von Wu Zhen im 14. Jahrhundert und
von Wang Fu am Beginn der Ming-Zeit verwendet wurde. Dai Jin blieb nur
kurze Zeit am Hof und zog sich bald in seine Heimat in Zhejiang zurück. Die
erste Silbe des Namens seiner Heimatprovinz wurde zur Bezeichnung für
eine neue Schulrichtung, die Zhen-Schule, übernommen, als deren Begrün-
der Dai Jin gilt. Unter Zhen-Schule versteht man allgemein einen sehr gän-
gigen Malstil, der auch als »professionell« bezeichnet wurde, was ein ab-
schätziges Urteil über die Hofkünstler beinhaltete, die als abhängige Hand-
werker betrachtet wurden und die nur auf Anweisung malten. Obwohl sie
von ihrem Werk her sehr unterschiedlich sein können, ist doch allen gemein-
sam ein anerkannt guter Pinselstrich, der extravagant und zugleich selbstsi-
cher wirkt. Wu Wei (1459 bis 1508) aus Hubei spezialisierte sich auf Genre-
bilder aus dem Leben von Fischern. Lin Liang (2. Hälfte des 15. Jahrhun-
derts) aus Guangdong malte Raubvögel, vor allem Adler und ihre Beute. Er
beeinflußte maßgeblich die Kano-Schule in Japan. Lu Zhi (2. Hälfte des 15.
Jahrhunderts) aus Ningbo war von allen diesen Hofkünstlern der erfolgreich-
ste: Er gründete eine Werkstatt, die sich auf die bildnerische Großproduktion
von Hausvögeln, vor allem Enten und Gänsen, spezialisierte. Diese dekora-
tive Ming-Malerei wurde nicht nur in großem Maßstab produziert, sie wurde
auch allen möglichen Stil- und Geschmacksrichtungen angepaßt. Vom The-
ma her beschränkte sie sich jedoch auf Kätzchen und junge Hunde, auf
138 hübsch gekleidete Kinder in idyllischer Gartenlandschaft, auf Singvögel in
blühenden Bäumen und auf prächtige Phönixe und Fasane.

Eine andere Malrichtung, die sich selbst Wu-Schule nannte, gruppierte sich um Shen Zhou (1427–1509). Er stammte aus Wuxian (Suzhou), wo seine Familie Güter besaß. Sein Urgroßvater war ein Freund Wang Mengs gewesen. Deswegen kann man davon ausgehen, daß sich im Besitz der Familie eine beachtliche Sammlung von dessen Bildern und Kalligraphien befand. Shen Zhou verfügte über eine umfassende Bildung, hatte aber nie die Beamtenlaufbahn eingeschlagen. In jungen Jahren erprobte er sich an Stilrichtungen des 11. und 14. Jahrhunderts. Er glossierte diese Stile, ohne seine eigene Individualität dabei aufzugeben. Sein Eklektizismus war nie bloße Nachahmung

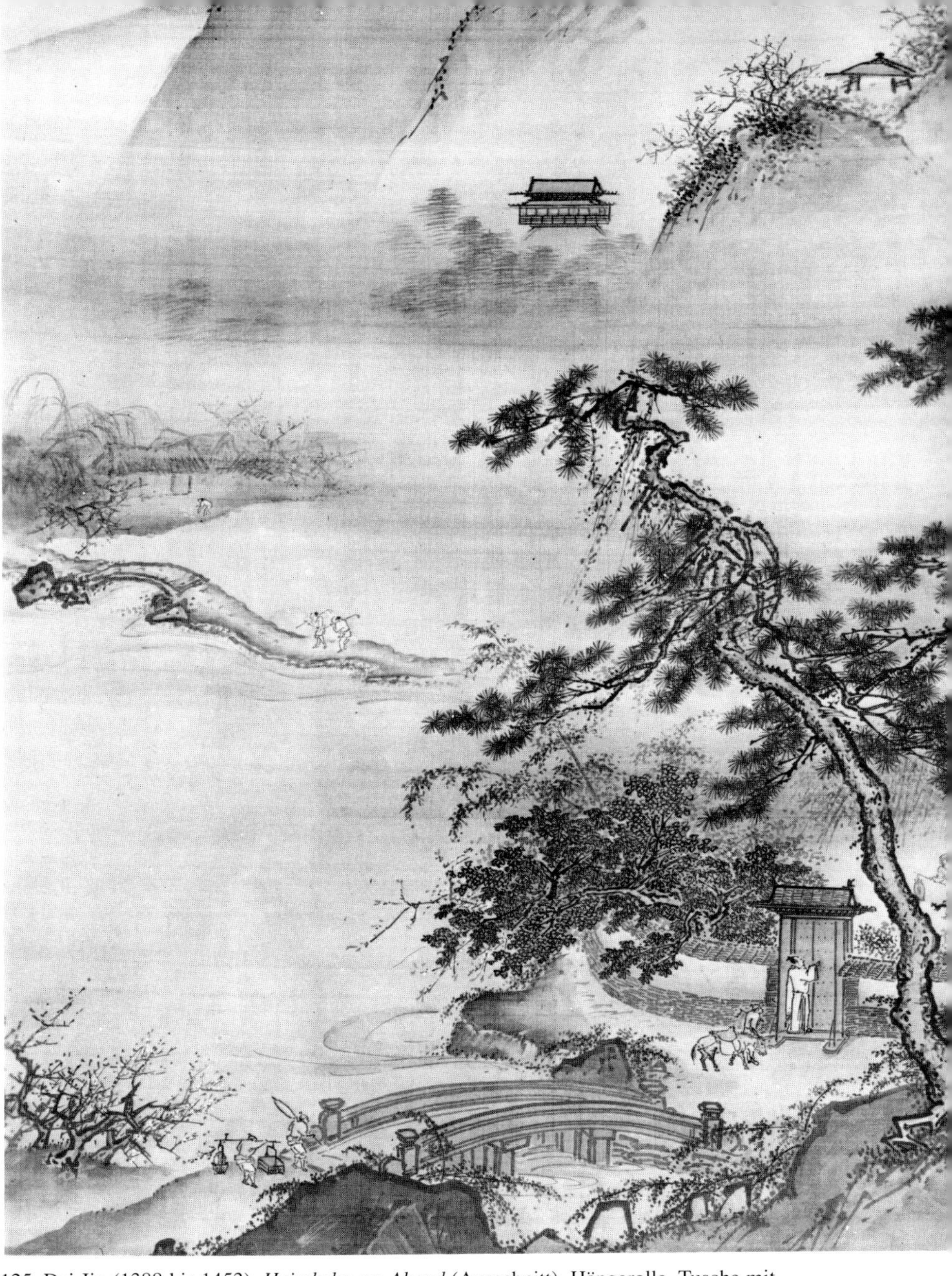

125 Dai Jin (1388 bis 1452), *Heimkehr am Abend* (Ausschnitt). Hängerolle, Tusche mit leichter Kolorierung auf Seide. Allein schon durch seine Größe eröffnete dieses Bild der Pinseltechnik eine ganz neue Dimension. (Siehe Abb. 101 und 102).

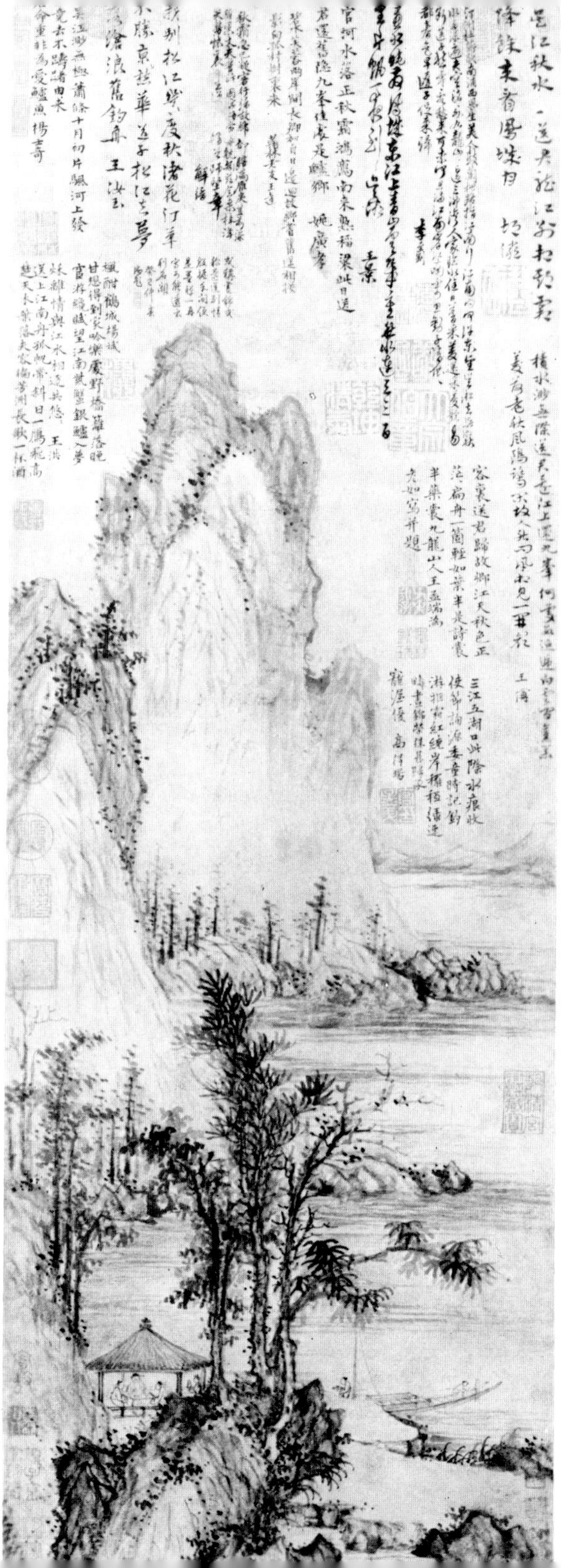

126 Wang Fu (1362 bis 1416), *Abschied bei Fengcheng.* Tusche auf Papier. Der Pinselstil erinnert an Wu Zhen (Abb. 113) und Ni Zan (Abb. 114); die einseitige Bildkomposition ist typisch für den Stil des 15. Jahrhunderts.

127 (Seite 157) Shen Zhou (1427 bis 1509), *Der Poet auf dem Felsen.* Albumblatt, Tusche auf Papier. Der Maler und Poet hat sich selbst, und damit auch den Betrachter, in das Bild hineinprojiziert. Eines der frühesten Beispiel für eine Bildinschrift, die auch als kompositorisches Element genutzt wird.

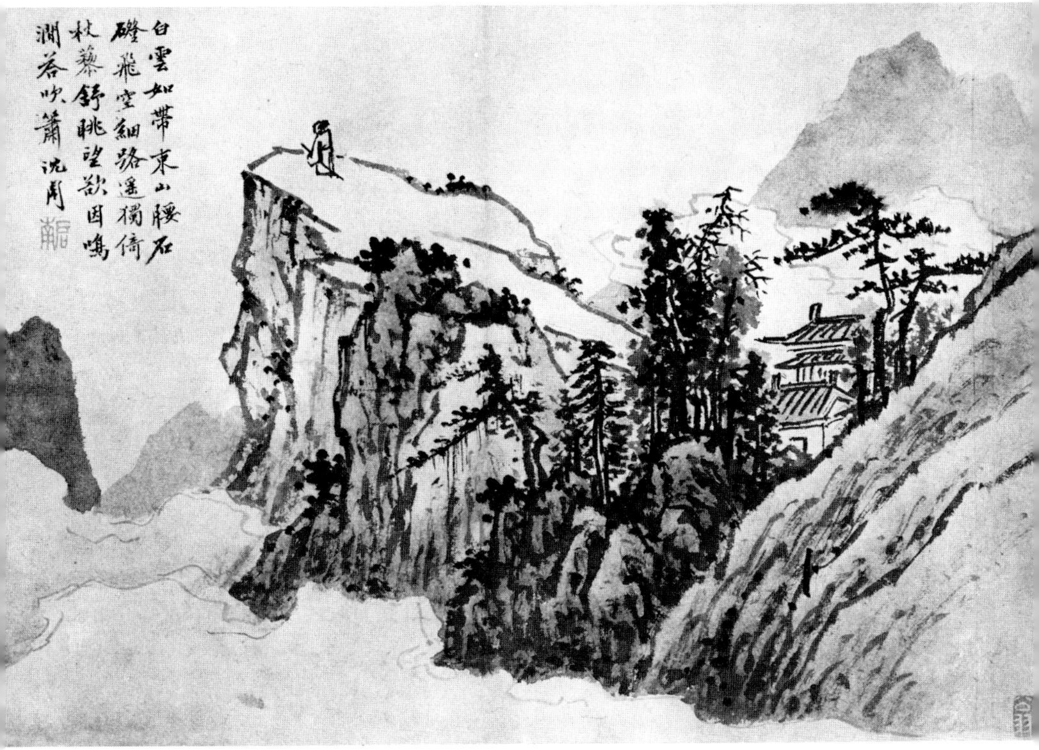

historischer Vorbilder. Seinen Lehrmeistern gegenüber nahm er eine Haltung ein, die man als wahrhaft konfuzianisch bezeichnen kann: Er hielt sich so lange an die Regeln der Tradition, bis er sich in der Lage fühlte, sie zu brechen und einen eigenständigen Malstil zu entwickeln. Glücklicherweise sind in seinem Werk viele hervorragende Beispiele aus den verschiedenen Schaffensperioden seines Lebens erhalten, so daß seine künstlerische Entwicklung auch heute noch gut nachvollziehbar ist.

Shen Zhous Themen waren vielfältig. Am liebsten malte er kleine Landschaften, die den Landsitz zeigen, auf dem er sein Leben verbrachte. Während Ni Zan reine Landschaften malte, die keinen einzigen Hinweis auf die Existenz von Menschen enthalten, finden sich auf Shen Zhous Landschaften oft einzelne Figuren, die, auf halbem Weg zwischen Bildvordergrund und Bildhintergrund postiert, den Blick in die Ferne gerichtet, spazierengehen. Größe und Position dieser Figur sind so gewählt, daß sich der Betrachter mit ihnen identifizieren und sich selbst in das Bild hineinversetzen kann. Figürliche Landschaftsbilder waren nicht neu, wie es vor allem Ma Yuans Werk zeigt. Neu 101
war, daß die Figuren bei Shen Zhou eine präzise Funktion erfüllten. In einem

127 Werk von Shen Zhou, das in der Nelson Gallery in Kansas City aufbewahrt wird, und das, im Format des Albumblattes, einen Dichter hoch oben auf einem Felsen zeigt, fühlt man sich als Betrachter ebenfalls auf geradezu magische Weise in das Bild hineingezogen. Hier wird die Absicht des Künstlers noch weiter verdeutlicht durch ein begleitendes Gedicht. Seit dem 13. Jahrhundert war es üblich, Bilder mit erläuternden Bemerkungen zu versehen, die sich auf Einzelheiten der Bildentstehung bezogen und Entstehungsdatum und Namen des Künstlers vermerkten. Auch die Form des Kolophons wurde in dieser Zeit eingeführt, wobei es sich meistens um Kommentare der Eigentümer oder anderer Künstler zur Malerei im allgemeinen oder zum jeweiligen Bildthema handelte. In der Ming-Dynastie nahmen die Künstler jedoch die Gewohnheit an, dem Bild als Ergänzung ein Gedicht hinzuzufügen. Das Gedicht auf dem Bild in der Nelson Gallery hat folgenden Wortlaut:

Weiße Wolken umschlingen den Berg wie eine Schärpe,
Steinerne Stufen führen hoch hinauf.
Der schmale Pfad verliert sich im leeren Raum.
Allein, auf meinen kräftigen Stock gestützt, blicke ich still in die Ferne.
Ich horche auf den Ton einer Flöte und höre nur ein Rauschen
aus der Schlucht.

Die Eindringlichkeit dieser Verse trug zweifellos noch mehr dazu bei, den Betrachter in die dargestellte Landschaft hineinzuziehen. Das kleine, völlig ungezwungene, aber ungemein eindrucksvolle Bild stammt aus Shen Zhous reifster Schaffensperiode, in der er voll zupackender Direktheit und Lebenskraft ist. Shen Zhous berühmtester Schüler, Wen Zhengming (1470 bis 1559), schlug die Beamtenlaufbahn ein, gab sie aber früh wieder auf und widmete sich ganz der Malerei. Kennzeichnend für sein Frühwerk sind ein gekonnter
128 Eklektizismus und eine Vielfalt an Stilrichtungen. Ein Beispiel dafür ist die Bearbeitung von Ni Zans Winterlandschaft. Während er sich im Kompositionsstil eng an die Vorlage des alten Meisters anlehnt, verändert Wen Zhengming den Charakter des Bildes dadurch, daß er stimmungsvolle Farben verwendet und die Szene in eine andere Jahreszeit versetzt: Seine Landschaft stellt einen lieblichen Frühlingstag dar. Er verzichtet auf die Farben Braun, Grün und Blau, die in der traditionellen Malerei der Akzentuierung dienten, und kommt nach und nach, auf sehr behutsame Weise, zu einer realistischeren Farbgebung. Diese Entwicklung, mit der er sich auch die Möglichkeit erschloß, Farbe zur Erzielung von Tiefenwirkungen einzusetzen, war mit der traditionellen Kompositionstechnik nicht vereinbar. Wen Zhengmings Expe-

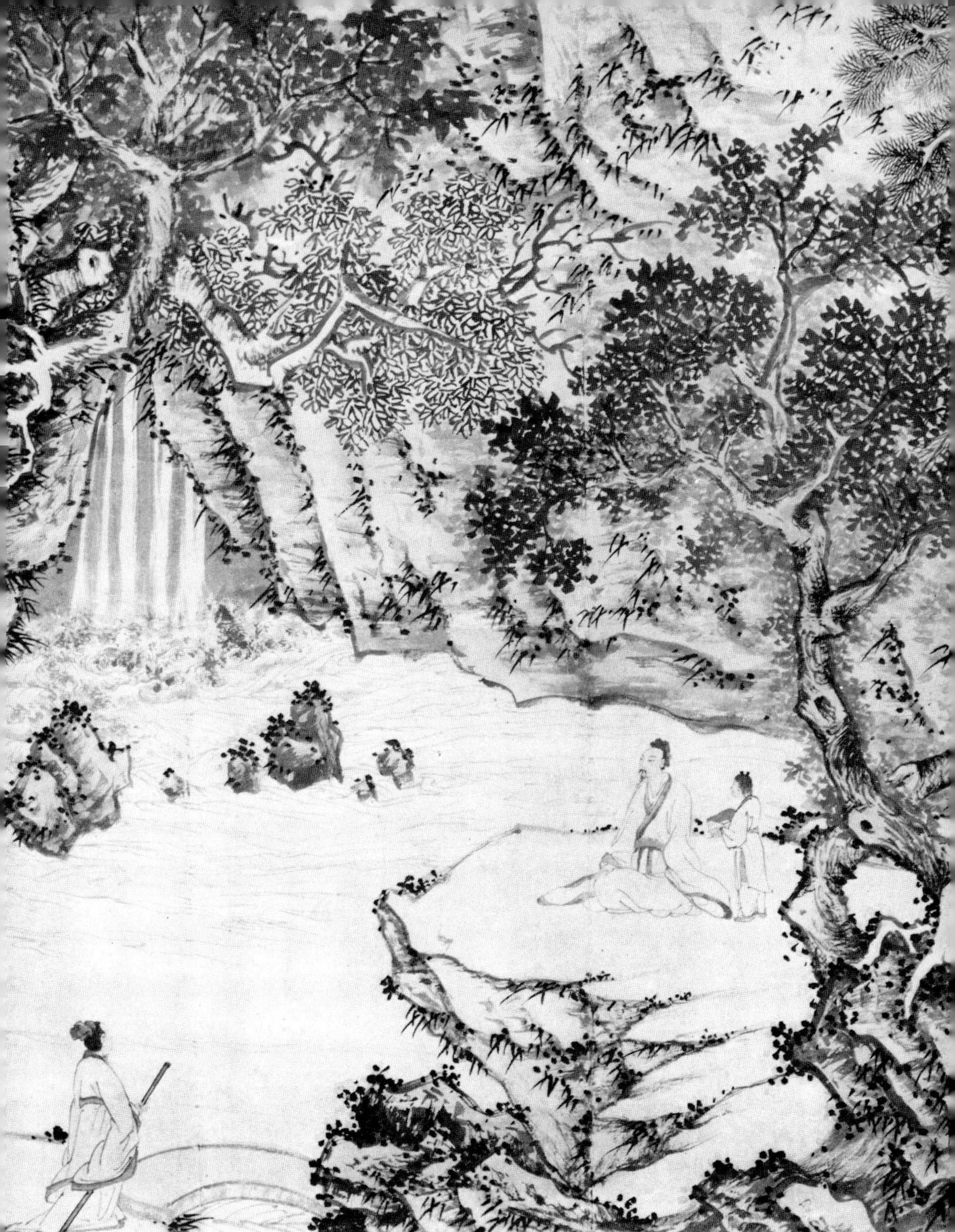

128 Wen Zhengming (1470 bis 1559), *Erhebende Mußestunde auf einem steilen Kliff* (Ausschnitt). Große Hängerolle, Tusche und Farbe auf Papier. Das üppige Blattwerk, sehr gekonnt durch unterschiedliche Pinselstriche angedeutet, ergibt ein eindrucksvolles graphisches Bild, das durch die Kolorierung noch mehr gewinnt.

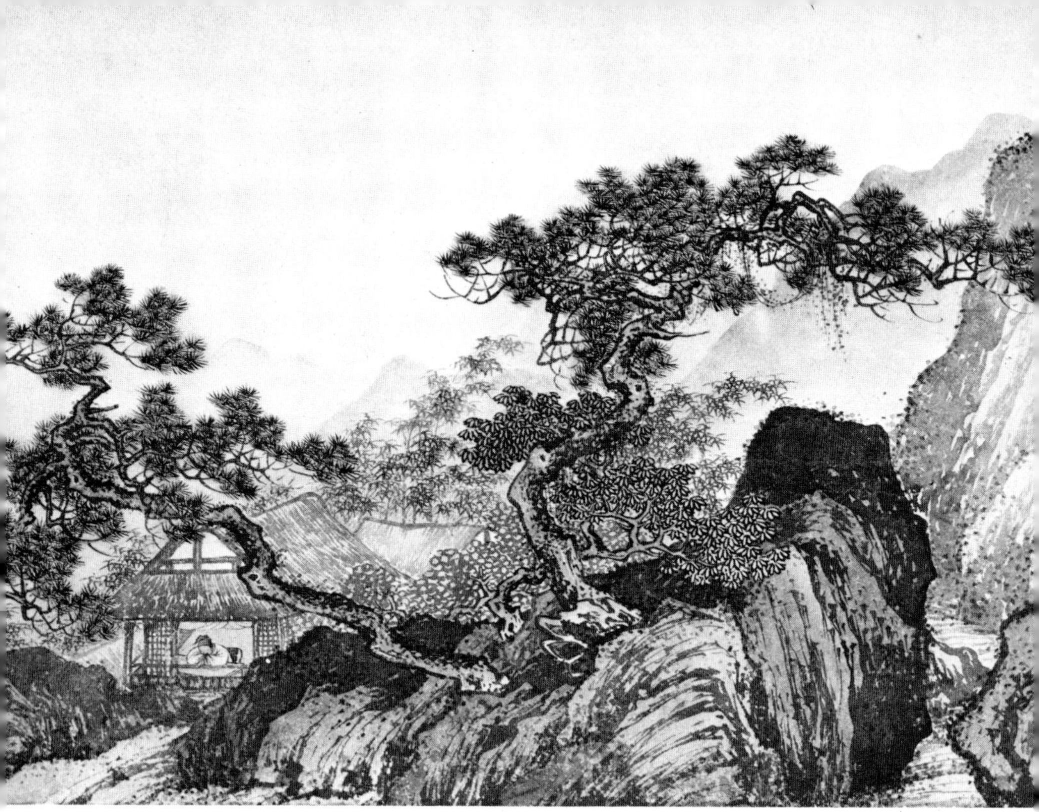

129 Zhou Chen (spätes 15. Jahrhundert), *Unsterblichkeitstraum eines taoistischen Gelehrten* (Ausschnitt). Handrolle. Tusche und leichte Kolorierung auf Papier. Die Abbildung zeigt den rechtsseitigen Anfang der Rolle. Der Traum selbst ist auf der linken Seite der Rolle dargestellt.

130 (rechts) Qiu Ying (um 1494 bis um 1552), *Fischerboot an einem Weidenufer.* Farbe auf Seide. Durch den hohen Blickwinkel und die sehr empfindsame Darstellung wird eine poetische Stimmung erzeugt.

rimente auf diesem Gebiet waren dabei keineswegs eine Einzelerscheinung. Er fand zahlreiche Nachahmer, die während der nächsten zwei Generationen
129 seinem Beispiel folgten, und auch viele andere Künstler des 16. Jahrhunderts, Zhou Chen eingeschlossen, widmeten sich der Erforschung dieses für die chinesische Malerei völlig neuartigen Bereichs bildnerischer Darstellung.
Der gefälligste unter den Malern, die sich Wen Zhengming zum Vorbild nahmen, war Qiu Ying (1. Hälfte des 16. Jahrhunderts). Streng genommen müßte man ihn den professionellen Malern zurechnen, da er sich seinen Lebensunterhalt als Dekorationsmaler verdiente. Obwohl er keine akademische Ausbildung hatte, war er ein hervorragender Eklektiker, der den archaischen

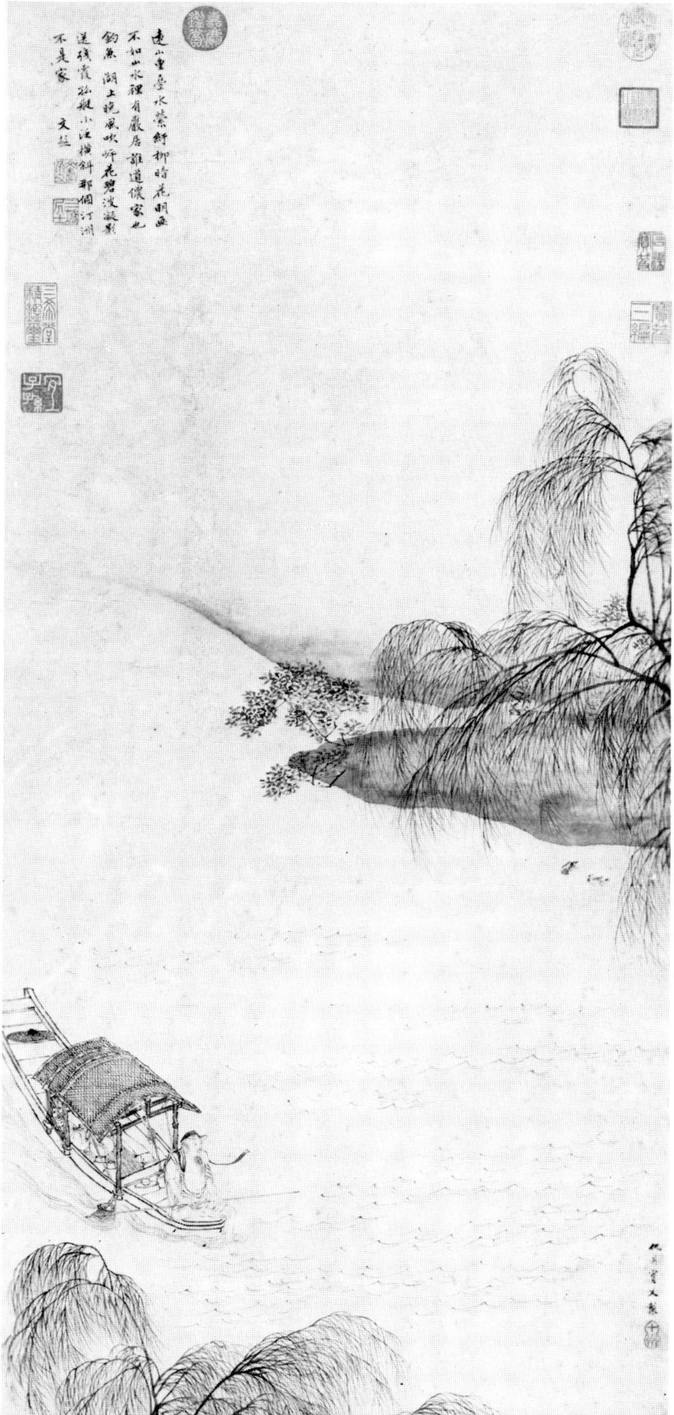
遠山重疊水縈紆柳暗花明画
不如山水裡有巖居誰道儂家也
釣魚 湖上晚風吹軒花碧波凝影
送殘霞孤艇小泛橫斜那個汀洲
不是家

Blau-Grün-Stil ebenso beherrschte wie die monochromen Tuschmalereien
130 oder Darstellungen in kräftiger Farbe. Völlig frei im Umgang mit den unter-
schiedlichsten Themen und Stilen verließ er sich ganz auf seine große künst-
lerische Begabung, die ihn allerdings oft in die Nähe der von den klassischen
Landschaftsmalern so gefürchteten Niedlichkeit brachte. Seine figürlichen
Arbeiten, zum Beispiel seine Darstellungen höfischer Szenen, die mit
großem Feingefühl ausgeführt sind, wurden oft nachgeahmt. Seine Land-
schaften sind frei von den Zwängen seiner akademischen Zeitgenossen, und
sie machen deutlich, welche Möglichkeiten in der Malrichtung der Wu-Schu-
le lagen, wenn die freie künstlerische Entfaltung nicht behindert wurde. Auch
Tang Yin (1470 bis 1524), ebenfalls aus Suzhou gebürtig, paßte nicht in das
klassische Schema. Tang Yin war kein Neuerer, aber seine Bilder zeigen so
viel Eleganz, daß er die Anerkennung und schließlich sogar die Bewunderung
seiner Zeitgenossen errang, auch wenn die Konservativen unter ihnen seinen
Pinselstrich als zu glatt bezeichneten. Ein weiterer anerkannter Künstler die-
131 ser Zeit war der Maler und Illustrator Chen Hongshou.
Das 16. Jahrhundert war für alle Kunstgattungen eine Zeit schöpferischer Vi-
talität. Der neue Trend zur Farbe ließ sich auch am Kunsthandwerk ablesen.
In der Keramik zeigte sich diese Tendenz, abgesehen von den prächtigen
140 Blau-Weiß-Porzellanen, in den neue Überglasurfarben, die eine Leuchtkraft
entfalteten, wie man sie zuvor nur von der niedrig gebrannten Grabkeramik
her kannte. In Jingdezhen kamen Glasuren in Gebrauch, die sich für niedrige
Temperaturen eigneten und in einem zweiten Brennvorgang den Porzellanen
aufgeschmolzen wurden. Mit dieser Methode wurden flächige Verzierungen
in Rot, Grün oder Gelb hergestellt. Jingdezhen wurde daraufhin nicht nur
zum Hauptlieferanten für den Kaiserhof, die dortigen Brennereien kontrol-
lierten fast die gesamte Porzellanherstellung des Landes. Die Erweiterung der
132 Märkte und ein stetig zunehmender Exporthandel brachten den Manufaktu-
ren noch mehr Reichtum. Während der Ming-Zeit machte sich in der Keramik
ein allmählicher stilistischer Wandel bemerkbar. Der zarte Formalismus des
15. Jahrhunderts wich einem ausgeprägten Naturalismus, der vor allem flora-
le Motive bevorzugte. Im 16. Jahrhundert fanden zunehmend auch »Bild«-
Motive Verbreitung, für die Holzschnitte als Vorlage dienten. Zwei oder drei
verschiedene Blautönungen waren in Gebrauch. Außerdem wurde es Mode,
jedes Ziermotiv mit Bordüren abzusetzen. Polychrome Drei-Farben- und
141 Fünf-Farben-Stile folgten dem bereits eingeführten Blau-Weiß-Stil. Die
Manufakturen in Hebei produzierten die Fahua-Ware, ein Steinzeug mit
schwungvoll gezeichnetem Dekor, meistens in Engobe-Malerei, der mit einer
Glasur in kräftigem Purpur, Gelb oder Türkis überzogen wurde. Emaille wur-
de im *cloisonné*-Verfahren auf Metallarbeiten aufgeschmolzen: Dabei trug

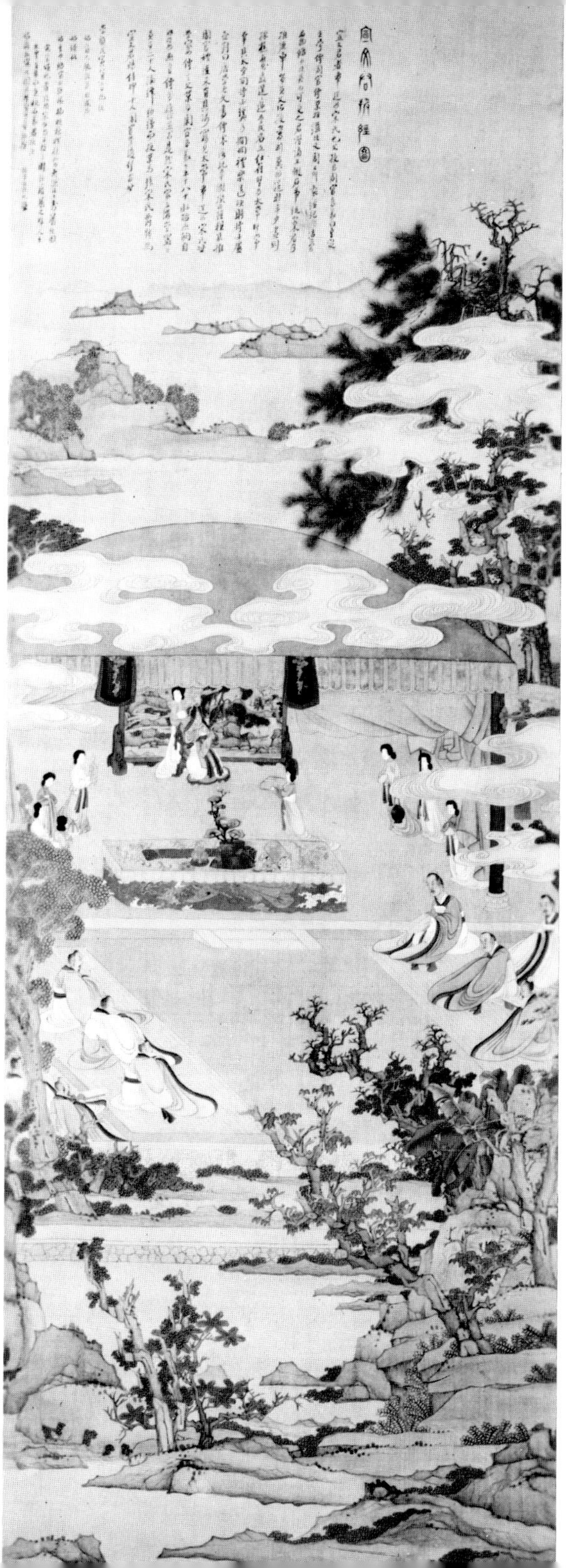

131 Chen Hongshou (1599 bis 1652), *Die Hofdame Xuan erteilt Unterricht in klassischer Literatur* (Ausschnitt). Farbe auf Seide. Dieser exzentrische Künstler malte oft in einem geistreichen, historisierenden Stil. Ein Vergleich mit Abb. 68 läßt erkennen, was er von den alten Meistern übernahm.

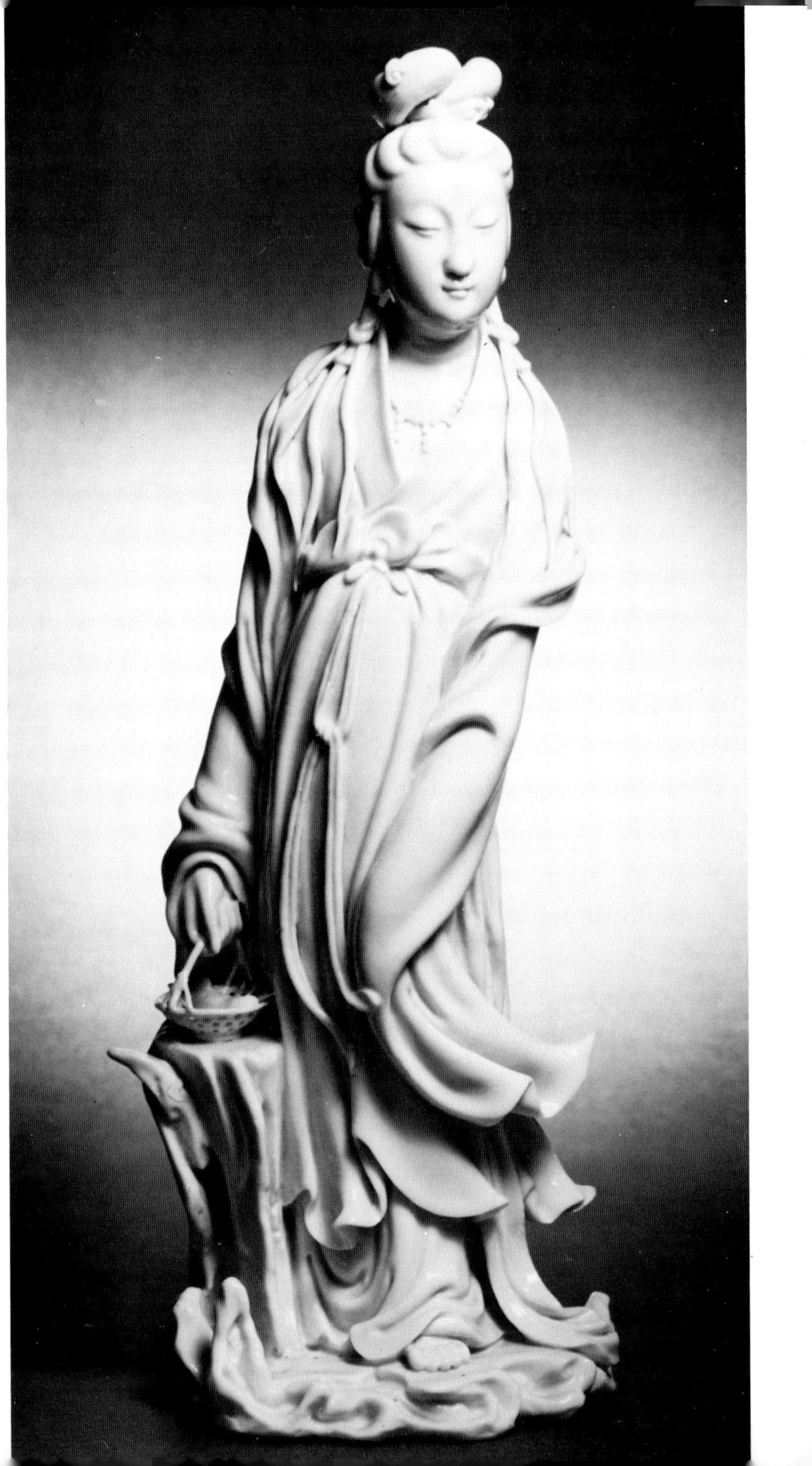

man ein undurchsichtiges, glasurähnliches Material auf die Gefäßoberfläche auf, die man vorher durch aufgelötete Metallbänder in Felder unterteilt hatte. Der anschließende Brand und eine sorgfältige Politur ergaben einen edelsteinartigen, reichen Dekor. Wenn eine besonders prächtige Ausstattung gefragt war, wie zum Beispiel beim Grabschatz des Kaisers Wan Li (1573 bis 1619), wurden Halbedelsteine in filigranes Metall gefaßt und auf undekorierten Porzellan- oder Jadegefäßen angebracht. Aber auch private Sammler statteten ihre Häuser reich aus mit kostbaren Seiden und Teppichen, luxuriösen Schnitzereien aus rotem Lack, schweren Goldbronzen und natürlich auch mit 137, 138
den farbenfrohen Bildern der Zeit.

Zur selben Zeit befaßten sich Gelehrte und Dichter mit Fragen der Ästhetik und der Literaturkritik. Sie machten es sich zur Aufgabe, Literatur und Dichtung von der Tang-Periode im 10. Jahrhundert bis in ihre eigene Zeit hinein systematisch zu erfassen, und sorgten auf diese Weise um 1500 für eine Wiederbelebung der Klassik. Sie stellten exakte Qualitätskriterien auf, wobei *dunwu,* ein buddhistischer Begriff der Chan-Sekte, der soviel wie »plötzliches Erwachen« oder »Geistesblitz« bedeutet, über die reine Gelehrsamkeit gestellt wurde. Auch die Malerei wurde in entsprechender Weise systematisiert. Dong Qichang (1555 bis 1636) und sein Mitarbeiter Mo Shilong (1540 bis 1587) schrieben eine Geschichte der chinesischen Malerei. Mo Shilong starb vor der Vollendung dieses Werks. Dong Qichang, der ein Anhänger der Chan-Sekte und ein äußerst erfolgreicher Beamter war, setzte die Arbeit unter einem neuen Aspekt fort und schrieb eine Kritik der Malkunst. Das Werk übt noch heute in der chinesischen Ästhetiktheorie maßgeblichen Einfluß aus. Unter dem Titel »Huashou« (»Gespräche über Malerei«) wird ein Überblick über die chinesische Malerei gegeben, eingeteilt in historische und stilistische Epochen, ergänzt durch einen Kommentarteil, der Sammlern über die Kriterien wahrer Kennerschaft und über die Klassifizierung der Werke der Malerei Auskunft gibt.

Dong Qichangs Buch ist insofern von fundamentaler Bedeutung, als er die Theorie aufstellt, in der Landschaftsmalerei des Nordens und in der des Südens seien zwei völlig konträre Schulrichtungen repräsentiert. Im späten 7. Jahrhundert n. Chr. hatte sich eine puritanische Fraktion innerhalb der Sekte gebildet, die Sutra und Studium, Rituale und jede Form von Zurschaustellung ablehnte. Diese Fraktion ließ sich im Süden nieder, während die Chan-Sekte selbst am Hof, also im Norden blieb. Analog dazu unterteilt Dong die Malerei in solche, die sich mit poetischer Innenschau befaßt und mit dem, was

132 Stehender Guanyin mit einem Fischkorb. Weißes Porzellan mit einer leicht elfenbeingetönten Glasur aus Dehua, Fujian (Weiße China-Ware). 17. Jahrhundert.

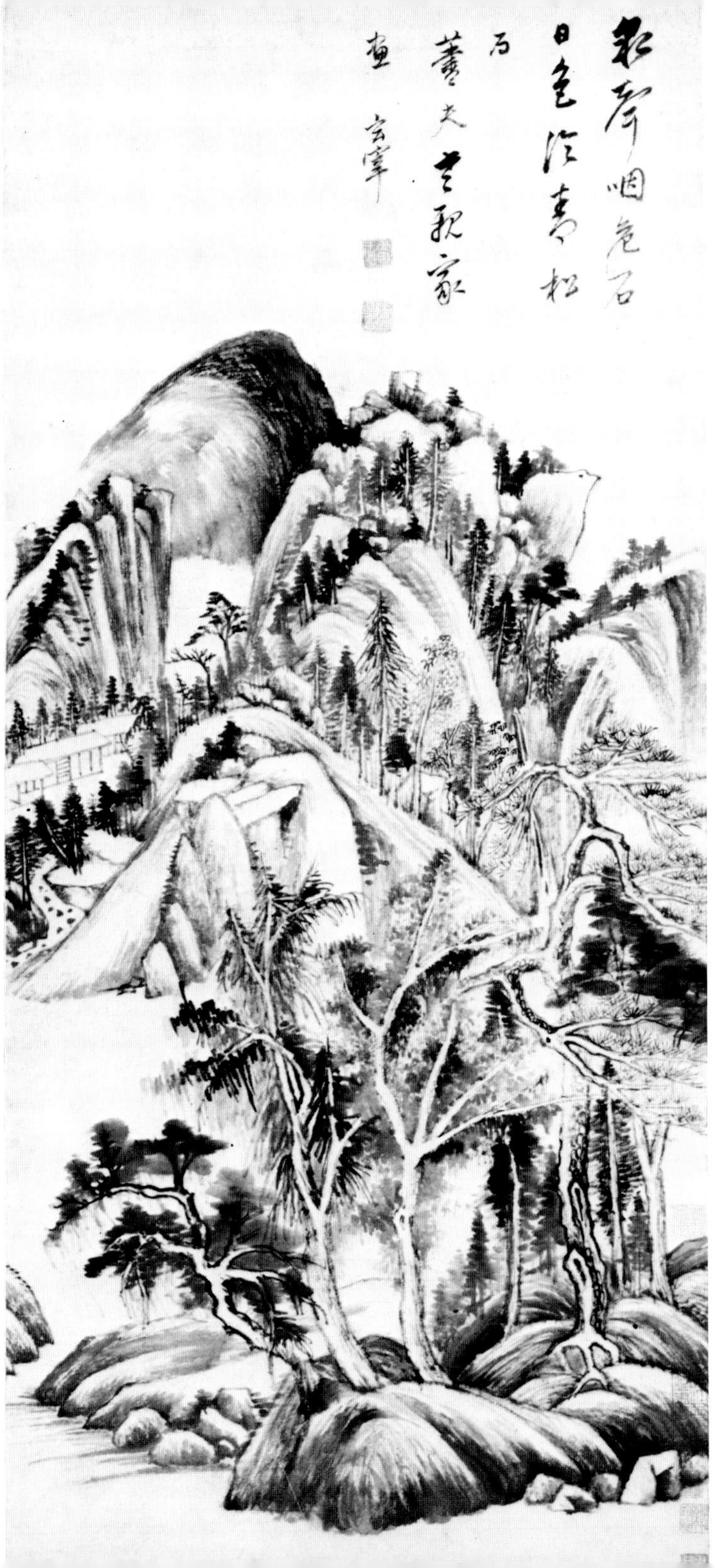
玄宰

er »Verwandlung« nennt, und in solche, die oberflächlich und dekorativ ist, was für ihn jeweils südlich und nördlich ist. Da Dongs Sympathien ganz unverhohlen der südlichen Schule gelten, sind auch seine Anschauungen über das Wesen der Süd-Malerei ausgereifter und von größerem Interesse. Der Begriff der »Verwandlung« schließt sowohl die künstlerischen Ausdrucksmöglichkeiten für eine wahrgenommene Realität ein, als auch, im Rahmen der allgemeinen Theorie über die Weitergabe einer Tradition, die Umwandlung der Vision eines Künstlers durch einen anderen – der Inbegriff des Eklektizismus. Dieser zweite Aspekt könnte als Befürwortung eines strikten Traditionalismus ausgelegt werden. Dong warnt jedoch vor einer derart engstirnigen Auslegung in einer Passage, die mit dem Titel »Anpassung und Ablösung« überschrieben ist: »Selbst ein großer Meister der Malkunst muß mit Nachahmungen beginnen. Mit der Zeit wird sich Kunstfertigkeit einstellen, und aus der Kunstfertigkeit wird Spontaneität erwachsen. Wenn der Maler erst einmal die Methode beherrscht und verarbeitet hat, dann kann er sie nach eigenem Belieben variieren und sich vollständig von seinen Vorbildern lösen.« Und über seine Auffassung von der »Verwandlung« der wahrgenommenen Realität in die Darstellung der Bilder, dem eigentlichen Wesen der Kunst also, sagt er nachdrücklich: »Malerei ist nicht dazu da, Berge und Wasser um der wunderbaren Szenerie willen abzubilden. Berge und Wasser sind dazu da, um in der Malerei die Wunder von Pinsel und Tusche zu zeigen.« Es ist deshalb kaum überraschend, daß Dong die Süd-Schule direkt von Wang Wei aus der Tang-Zeit herleitet und die Linie über die Landschaftsmeister des 10. Jahrhunderts und die akademischen Maler der Yuan bis hin zu der Wu-Schule der Ming-Zeit weiterführt. In seinen eigenen Bildern erweist sich Dong als Ana- 133
lytiker. Seine nüchternen Arbeiten sind Ausdruck eines forschenden und analysierenden Umgangs mit Komposition und Pinseltechnik. Sie müssen wohl, zumindest teilweise, als Lernübungen angesehen werden und als Kommentare zu den Werken der Yuan-Meister. Dongs Albumblätter sind wesentlich direkter und im gekonnten Stil des hochgebildeten Künstlers seiner Zeit gemalt.

Dong Qichangs kritische Untersuchungen und Klassifizierungen, sein Versuch, parallel zur Geschichte der Literatur eine Geschichte der Malerei zu entwerfen, übten auf die nachfolgenden Jahrhunderte großen Einfluß aus.

133 Dong Qichang (1555 bis 1636), *Landschaft*. Tusche auf Papier. Diese Landschaft kann als Kommentar eines gelehrten Künstlers des 17. Jahrhunderts zur Kunst der alten Meister des 14. und auch früherer Jahrhunderte angesehen werden.

11 Individualismus und Exzentrik

17. bis 18. Jahrhundert

Die zunehmende Komplexität der chinesischen Gesellschaft im ausgehenden 16. Jahrhundert sorgte für ein vielfältiges kulturelles Leben und für viele unterschiedliche Geschmacksrichtungen, die einer großen Zahl von Künstlern und Kunsthandwerkern Beschäftigungsmöglichkeiten boten. Die Anwesenheit von Ausländern am Kaiserhof und der wachsende Handel, der die Kaufleute wohlhabend machte und damit aus der Abhängigkeit vom Kaiserhof und der Beamtenschaft befreite, waren nur zwei von zahlreichen Faktoren, die einer Erweiterung der künstlerischen Ausdrucksmittel förderlich waren. Originalität und Individualität galten jetzt zunehmend als die wichtigsten Qualitäten eines Künstlers, und es gab sogar eine kleine Gruppierung von Künstlern, die allgemein als die »Individualisten« bezeichnet wurden.

Der bemerkenswerteste unter den Individualisten war Zhu Da, der auch unter dem Namen Badashanren bekannt ist (1626 bis 1705). Da er mit der Ming-Familie in verwandtschaftlicher Beziehung stand, versteckte er sich nach dem Sturz der Dynastie in einem Kloster. Sein Malstil ist von der Chan-Schule geprägt. Er galt als exzentrischer Sonderling, der die Sprache verloren und sogar an epileptischen Anfällen gelitten haben soll. Seine Tuschbilder von Vögeln, Fischen und Blumen tragen alle eine ganz persönliche Handschrift. Pinsel- und Kompositionstechnik sprechen den Betrachter des 20. Jahrhunderts sofort an, da der Stil geistreich ist und keiner weiteren Erklärung bedarf. Badashanrens subtiler und doch zwingender Kompositionsstil zeigt eine Verwandtschaft zur Chan-Tradition des Mu Qi und des Liang Kai. Vor allem die Japaner waren von der Bravour seiner Arbeiten so beeindruckt, daß sein Stil praktisch zum Synonym für die Zen-Malerei in ihrem Land wurde. Aber auch
135 Landschaften gehörten zu seinem Repertoire und sind meist in Tusche auf Seidensatin oder auf rauhem Papier gemalt. In diesem Genre zeigte er große Nähe zu Dong Qichang. Während sich Dong aber ganz auf die Lösung kompositioneller Probleme konzentrierte, nutzte Badashanren die räumlichen Strukturen und die Konturen einer Landschaft nur als Vorgabe, um »Verwandlungen« daran vorzunehmen, mit denen er Bilder von großer Ausdruckskraft hervorbrachte. Zu seiner Zeit waren diese Bilder bei Kunstlieb-

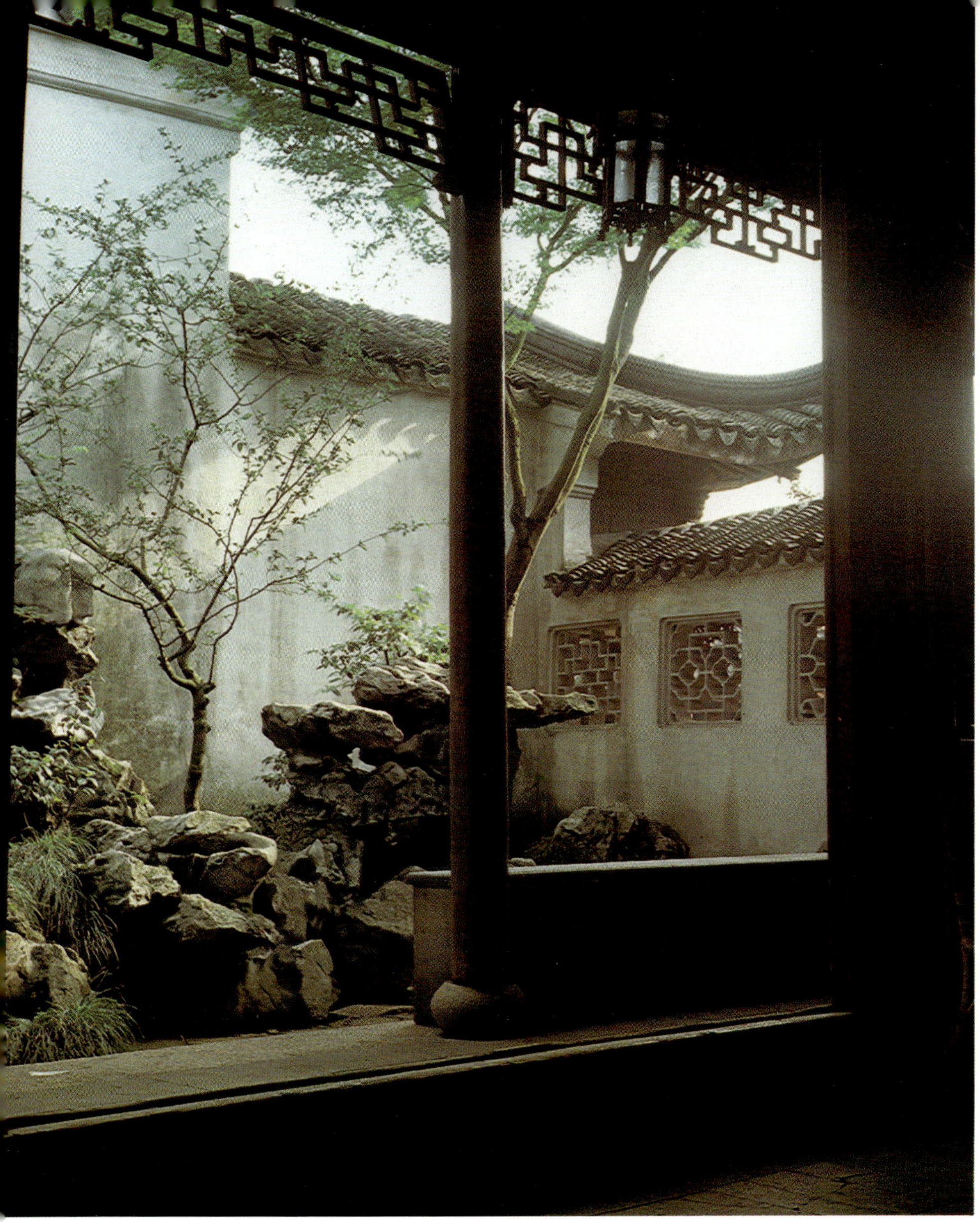

134 Wang-Shiyuan-Garten, Suzhou. Ein kleiner Hofgarten, durch eine Tür gesehen. Der überdachte Gang zur Rechten mit den Fenstergittern aus Keramik bietet unterschiedliche Ausblicke auf Bäume und Felsen vor dem Hintergrund weißer Wände. (Siehe S. 151).

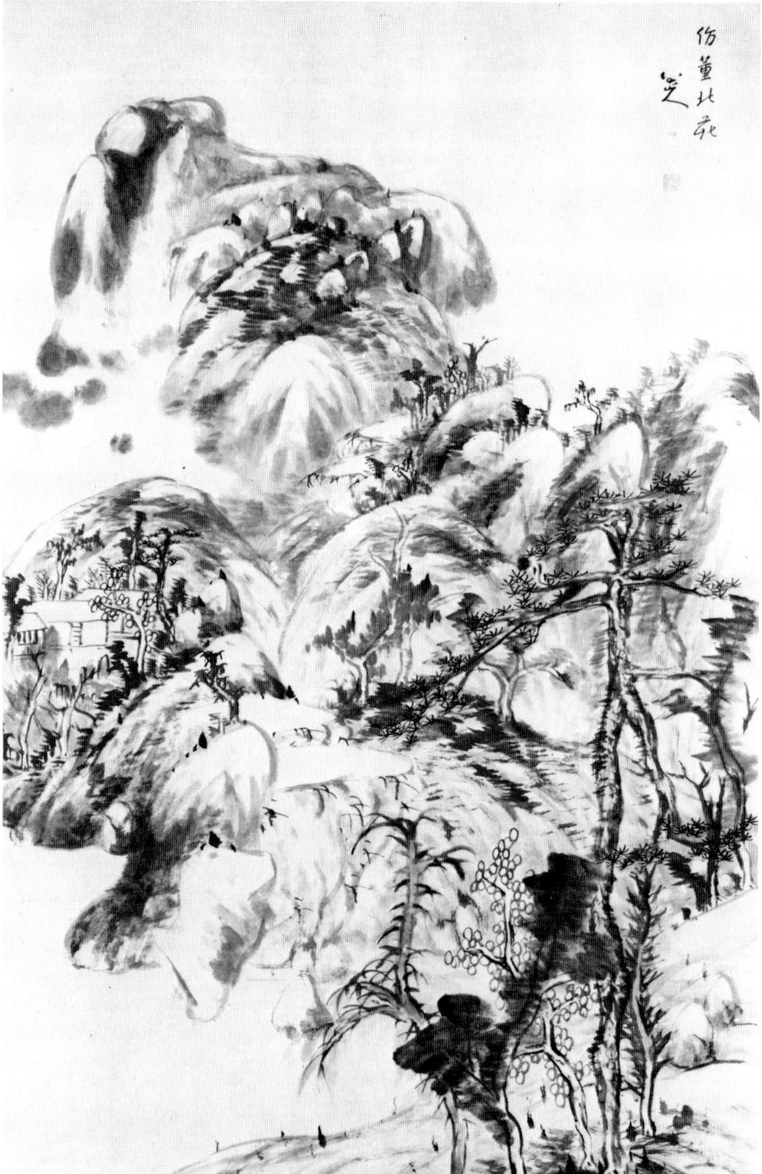
仿董北苑

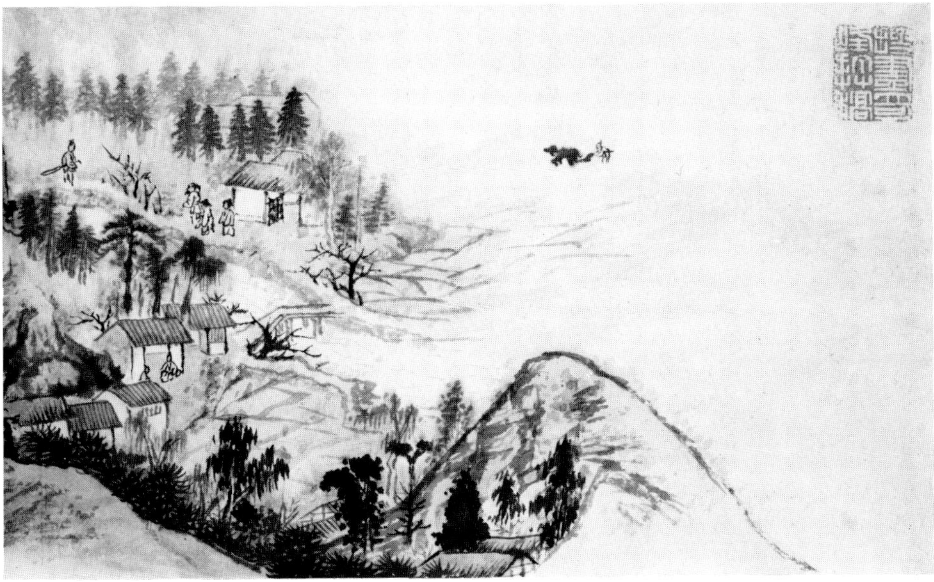

135 (links) Badashanren (Zhu Da) (1626 bis 1705), *Landschaft nach Dong Yuan.* Tusche auf Papier. Ein Vergleich mit Abb. 133 läßt zwar viele Gemeinsamkeiten erkennen, zeigt aber doch, daß Badashanren im Gegensatz zu Dong Qichang noch über die Anmut und Lebenskraft eines großen Chan-Malers verfügt.

136 Shi Tao (1630 bis 1707), *Pfirsichblüte im Frühling.* Rechtsseitiges Ende einer kleinen Handrolle. Tusche auf farbigem Papier. Der Reisende nimmt den Weg aus dem idyllischen Tal hinaus in die graue jenseitige Welt.

habern begehrte Sammlerobjekte. Auf die Künstler übt Badashanren auch heute noch großen Einfluß aus, und zwar sowohl in China als auch in Japan. Auch Shi Tao oder Dao Ji (1630 bis 1707) war ein Abkömmling der Ming und zog sich nach dem Sturz der Dynastie in ein Kloster zurück. In der Gegend von Yangzhou führte er ein friedvolles Leben als Mönch, Maler und Gelehrter. Er verfaßte das berühmte Traktat »Hua Yu Lu« (»Sammlung von Reden über die Malerei«), eine brillante Darstellung der Aufgaben eines Malers. Darin vertritt er einen Standpunkt, der dem seines Vorläufers Dong Qichang mehr oder weniger entgegengesetzt ist. Das heißt, er versucht die Ansichten Dongs, die er für zu akademisch hält, zu widerlegen. Seiner Meinung nach sollte der Maler eine klare Vision und deren direkte Übermittlung in den Mittelpunkt seines künstlerischen Schaffens stellen. Sich selbst ordnete er keiner bestimmten Malschule zu, da er, wie er von sich behauptete, selbst eine Malschule bilde. Auf dem festen Fundament der Yuan-Meister und in der Nachfolge Shen Zhous malte Shi Tao phantasievolle Landschaften und Genrebil- 136

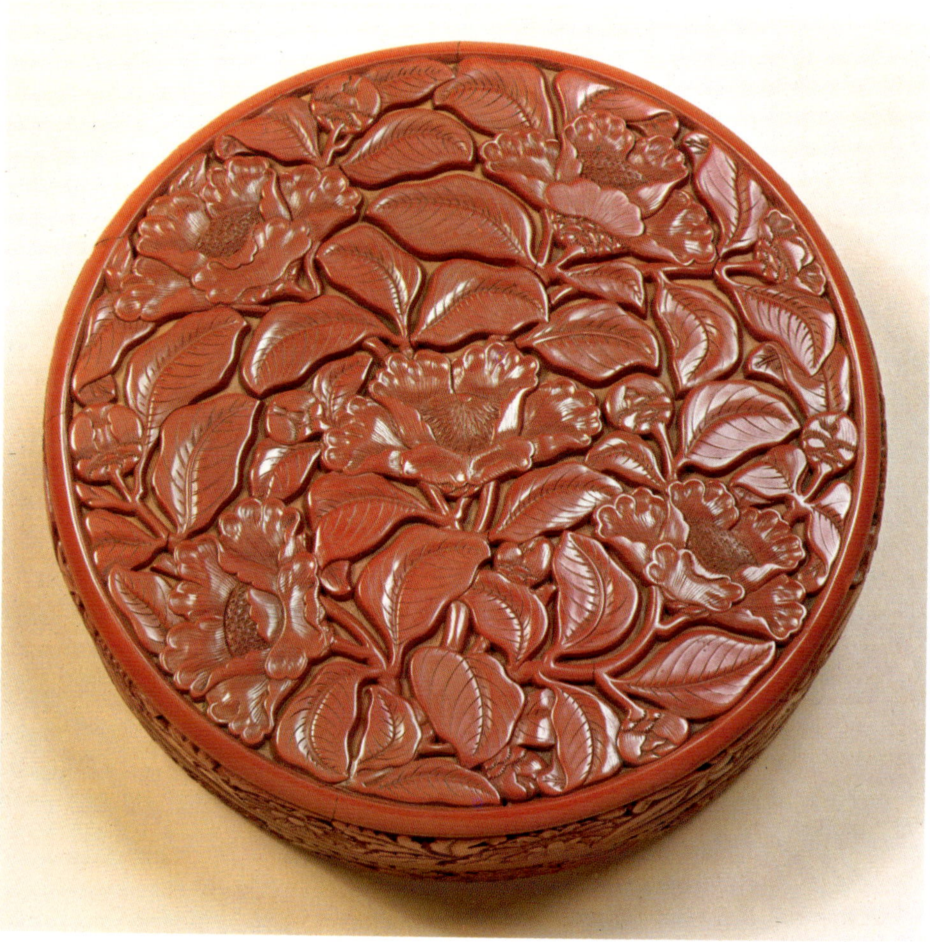

137 Deckeldose aus roter Lackschnitzerei mit ornamentierten Kamelienzweigen. Die üppige Dekoration und die tiefe, weiche Schnitzerei sind kennzeichnend für die Lackarbeiten der Ming-Zeit. Die nachfolgenden Qing-Stücke werden wesentlich komplizierter und scharfkantiger. 1. Hälfte 15. Jahrhundert. (Siehe S. 162)

138 (rechts) Bian Wenjin (um 1400 bis 1430), *Drei Freunde und einhundert Vögel.* Tusche und Farbe auf Seide. Großzügigkeit der Dekoration zeigt diese große Hängerolle, die ein gutes Beispiel für die Vogel- und Blumenmalerei der Ming-Zeit darstellt. (S. S. 154, 162)

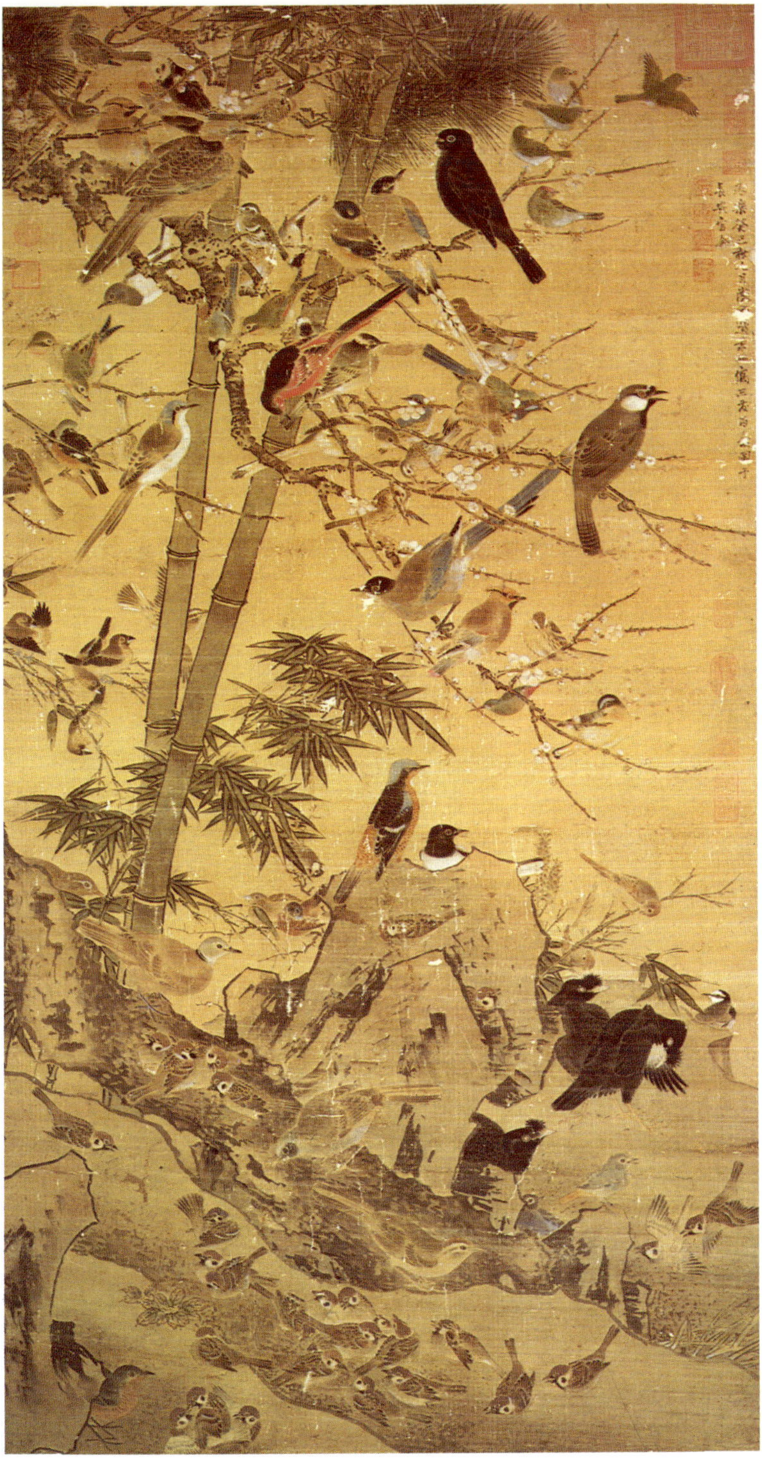

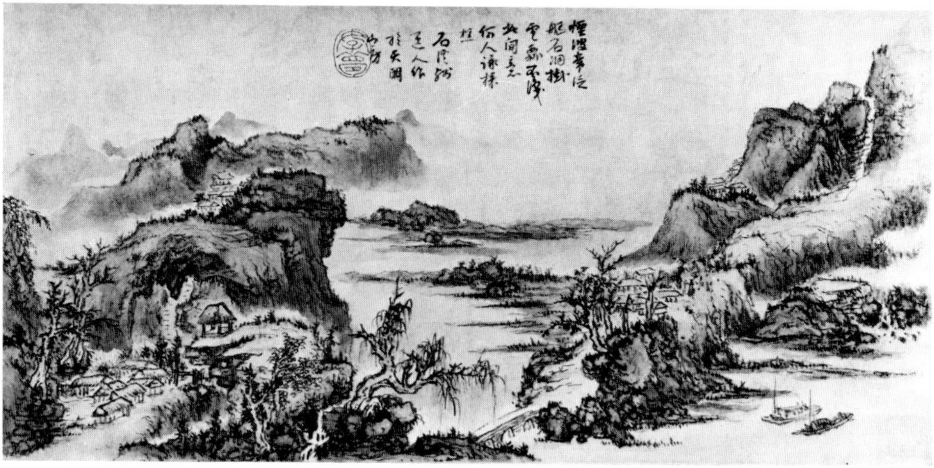

139 Kun Can (um 1610 bis 1693), *Herbstlandschaft.* Handrolle, Tusche und leichte Kolorierung auf Papier. Der Eindruck großer Ferne wird noch verstärkt durch die Kolorierung.

der. Farbe diente ihm dazu, Atmosphäre und Licht zu schaffen, wobei er insbesondere den *dian,* den getupften Strich, mit dem gewöhnlich Akzente und Strukturierungen in die Lineatur gesetzt wurden, farbig gestaltete. Auch Tuschmalereien unterlegte er mit Farbe, was eine Kombination von Tusch- und Farbkompositionen ermöglichte und die Probleme der polychromen Malereien des vorherigen Jahrhunderts löste. Ganz im Dienst seiner künstlerischen Vision experimentierte Shi Tao mit neuen Techniken, was seinen Werken in Pinselführung und Komposition einen fast wilden und exzentrischen Charakter verleiht. Sein Erfindungsreichtum war dabei jedoch so groß, daß seine Bilder anderen Malern auch heute noch zur Inspiration dienen.

139 Der dritte bedeutende Maler unter den Individualisten war Kun Can. Auch er war Mönch, allerdings ist über ihn wenig bekannt, und von seinem Werk haben sich nur ein paar Landschaften und einige Albumblätter erhalten. Seine großen Bilder zeigen einen Hang zu Weitschweifigkeit und epischer Breite. Seine Kompositionen zerfallen in viele Einzelepisoden, die durch dunstige, undefinierbare Zonen voneinander abgesetzt sind. So wird jede dieser Szenen zu einem eigenständigen Bild. Diese Handhabung von Lichteffekten ist selten und stellt eine Neuerung dar, die auf die Verwendung von Aquarellfarben in der Landschaftsmalerei vorauszudeuten scheint.

Diese drei großen Künstlerpersönlichkeiten standen außerhalb der Normen, die bislang für die Malerei Geltung besessen hatten. Keiner von ihnen stand in staatlichen Diensten, keiner gehörte zu den professionellen Künstlern, die im Auftrag malten, obwohl sich Shi Tao einmal darüber beklagt haben soll,

daß von ihm verlangt würde, auf Seidensatin zu malen, obwohl das ein Material war, das er verabscheute. Die Bilder der Individualisten galten als Sammlerobjekte für Kenner. Sie standen aber auch bei Hofmalern und kommerziellen Auftragsmalern in hohem Ansehen. Shi Tao unterhielt enge Kontakte zu allen namhaften Malern seiner Zeit und korrespondierte mit ihnen. Nur der Kaiserhof blieb den Individualisten verschlossen.
Wie schon erwähnt, differenzierte sich die chinesische Gesellschaft zu Beginn der Qing-Dynastie in viele Schichten, was ein breitgefächertes Mäzenatentum hervorbrachte und damit auch eine steigende Nachfrage nach Werken der unterschiedlichsten Stilrichtungen. Der Kaiserhof und die eher konservative Beamtenschaft unterstützten eine Gruppe von Künstlern, die als die »Vier Wang« bekannt sind. Diese vier Männer, die alle den Familiennamen Wang trugen, aber nicht miteinander verwandt waren und zwei verschiedenen Generationen angehörten, repräsentierten eine Malrichtung, die sich von der Wu-Schule und dem Malergelehrten Dong Qichang herleiten läßt. Wang Shimin, der älteste der vier (1592 bis 1680), bekleidete eine hohe Beamtenposition und zog sich nach dem Ende der Ming-Dynastie nach Taicang in Jiangsu zurück. Er malte vorwiegend großformatige, streng komponierte, meist kolorierte Landschaften. Er war zwar kein Neuerer im Sinne von Shi Tao, aber er malte großartige Bilder nach Art der alten Meister, wobei er eine besondere Vorliebe für Huang Gongwang zeigte.
Wang Jian (1598 bis 1677) lebte zur gleichen Zeit und malte im gleichen Stil ebenso imposante Landschaftsbilder wie Wang Shimin.
Wang Hui (1632 bis 1717), der erste der beiden jüngeren Wangs, wurde von Wang Jian mit Wang Shimin zusammengebracht und von diesem als Schüler angenommen. Sein Malstil war von einer natürlichen Schönheit, die seinen Bildern einen ganz eigenen Zauber verlieh. In der Bildgestaltung hielt er sich zwar an die Vorgaben seines Lehrers, wich aber oft auch in bemerkenswerter Weise von ihm ab, wenn er zum Beispiel Landschaften in einem übertrieben langen Format malte. Seine Freunde Yun Shouping und Wu Li, die oft den Vier Wang zugerechnet werden, bevorzugten einen dekorativen Stil mit freierer Farbgebung. Yun Shouping malte Blumen in einer Manier, die als »knochenlos« bezeichnet wurde, d. h. ohne Konturlinien. Wu Li malte idyllische Sommerlandschaften im Stile Wen Zhengmings. Es gibt auch einige Gemeinschaftsbilder von ihnen, die nach einer damals unter Gelehrtenmalern allgemein üblichen Methode hergestellt wurden: Einer malte die Felsen, der andere die Bäume oder den Bambus. Solche Gemeinschaftsbilder wurden zu einer Form öffentlicher Zusammenarbeit, die im Leben dieser Maler eine wichtige Rolle spielte. Man traf sich in geselliger Runde, bemalte Fächer oder Albumblätter, schrieb Gedichte und arbeitete gemeinsam an einem Bild.

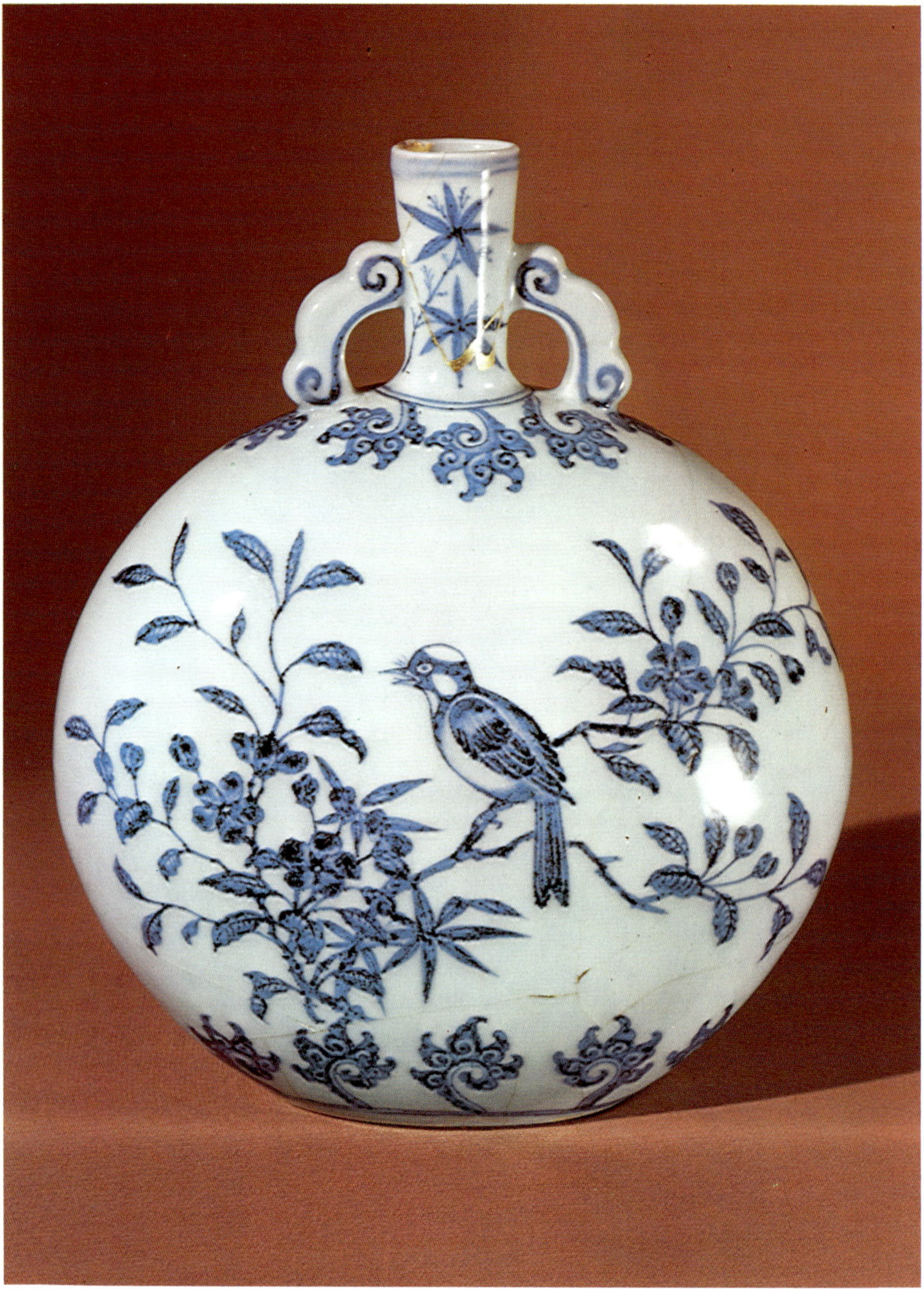

140 (links) Mondförmige Flasche aus Blau-Weiß-Porzellan. Die zwanglose und elegante Blumen- und Vogelmalerei wird mehr und mehr von schwerfälligeren und konventionellen Motiven des 14. Jahrhunderts verdrängt. (Siehe Abb. 117 und 118). Aus Jingdezhen. 15. Jahrhundert. (Siehe S. 162).

141 Porzellanschüssel mit Überglasurdekor. Die Farben Grün und Rot wurden auf die Porzellanglasur aufgetragen, die Schüssel daraufhin noch einmal glasiert und bei niedriger Temperatur ein zweites Mal gebrannt.

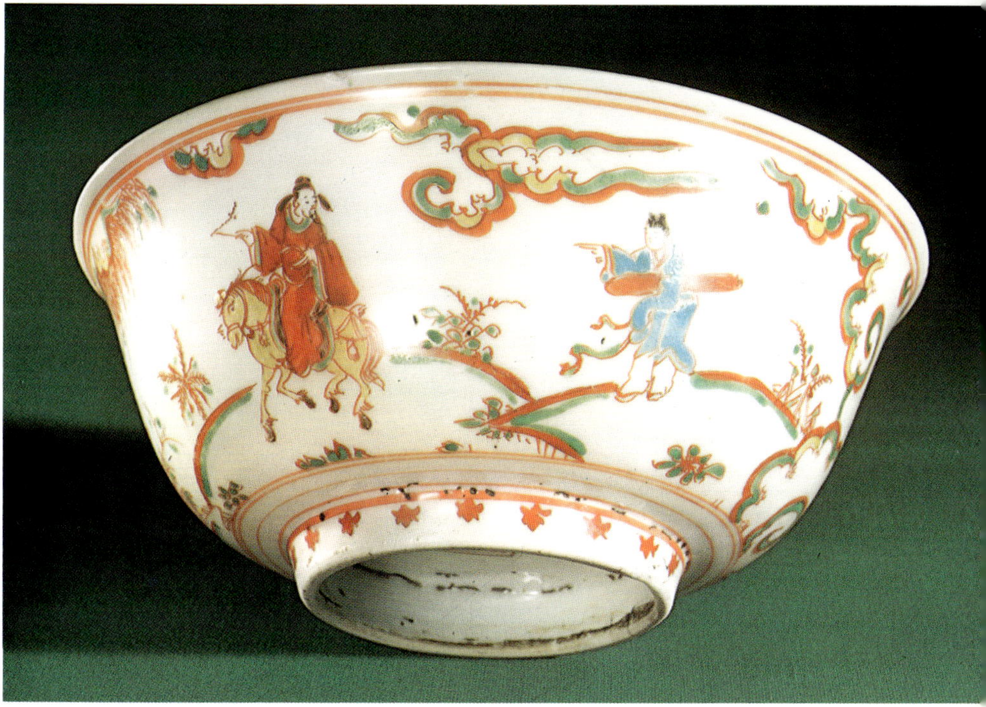

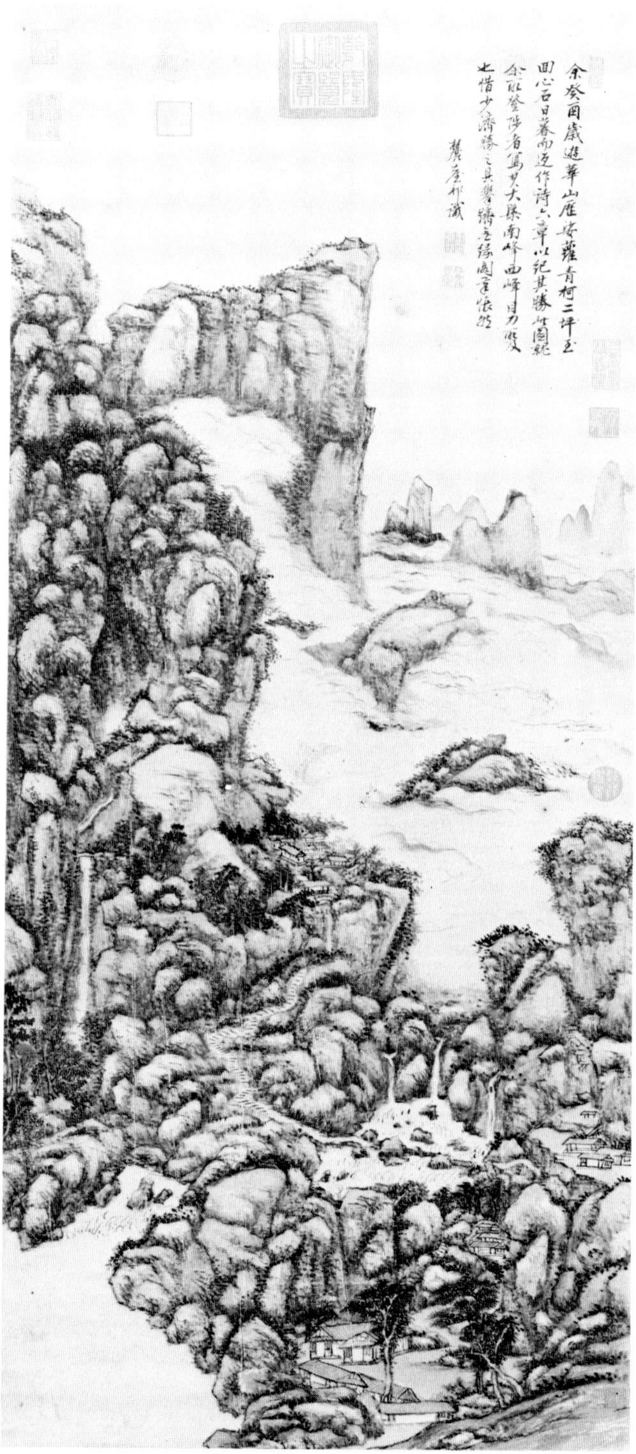
余癸酉歲遊華山歷娑羅青柯二坪至
回心石日暮而返作詩六章以紀其勝此圖就
余所登陟者寫其大概南峰西峰目力所及
也惜少濟勝之具攀躋無緣爲之悵然
麓臺祁識

Der letzte der Vier Wang, Wang Yuanqi (1642 bis 1715) war ein Enkel des Wang Shimin und bekleidete ein hohes Hofamt, in dem er verantwortlich war für die kaiserlichen Bilder- und Kalligraphiesammlungen. Kennzeichnend für ihn ist, daß er Raum und Tiefe in beinahe kubistischer Manier darstellte, ohne die traditionelle Technik des wechselnden Blickwinkels aufzugeben. Besonders interessant ist diesbezüglich ein Vergleich seiner Landschaften mit denen Badashanrens. Der kalligraphisch geprägte Stil des alten Meisters steht in starkem Kontrast zu der räumlichen Darstellung Yuanqis. Das wird vor al-
lem deutlich in der Landschaft *Ansicht des Hua-Berges*. Er verwendete nur 142
einen Hauch Farbe, um Raumstrukturen anzudeuten und Lichteffekte zu setzen und um seinem Bild einen besseren Zusammenhalt zu geben, in einer Art, die an Cézanne erinnert.

Die beiden jüngeren Wang und ihre Freunde arbeiteten am Hofe Kaiser Kang Xis, des dritten Mandschu-Herrschers der Qing-Dynastie. Er umgab sich mit einem bemerkenswert offenen Hofstaat, zu dem auch Maler, Dichter und Kalligraphen gehörten. Diese Künstler widmeten sich den traditionellen chinesischen Künsten, die den Mandschu-Herrschern im Grunde immer fremd blieben. Anders war es in der dekorativen Kunst und im Kunsthandwerk. Hier setzten die Mandschu auch ihre eigenen Geschmacksvorstellungen durch und brachten eigene Traditionen mit. Um diese Traditionen zu pflegen, ließ der Kaiser innerhalb des Palastbezirks Werkstätten einrichten, in denen hervorragende Kunsthandwerker Emaillearbeiten, Jadeschnitzereien, Stickereien und Porzellan mit Überglasurdekor herstellten. Obwohl dieses Palasthandwerker alle aus China stammten, spiegeln ihre Produkte unverkennbar den speziellen Kunstgeschmack des Mandschu-Hofes wieder.

Jingdezhen und die kaiserlichen Porzellanmanufakturen in Jiangxi hatten unter den Unruhen beim Wechsel von der Ming-Dynastie zur Mandschu-Herrschaft stark gelitten. Aber zur Regierungszeit Kaiser Kang Xis waren die
Brennöfen wieder in Betrieb und produzierten Blau-Weiß-Porzellan von her- 145
vorragender Qualität. Der Dekor war in einem Stil gehalten, der ursprünglich für Holzschnittillustrationen entwickelt und im späteren 17. Jahrhundert zu einem kalligraphischen Stil verfeinert worden war und allgemein als »Kang-Xi-Stil« bekannt ist. Bei der Überglasurdekoration von Porzellan verwendete
man eine erweiterte Farbpalette, indem man Farbtöne der Ming-Zeit hinzu- 143

142 Wang Yuanqi (1642 bis 1715), *Ansicht des Hua-Berges.* Tusche und leichte Kolorierung auf Papier. Das in der Landschaftsmalerei übliche Flußtal ist hier mit Nebel gefüllt. Die steil abfallende Bergwand ist in einzelne Felsblöcke gegliedert, die dem Bild noch mehr Tiefe geben. Der Vordergrund ist aus einem hohen Blickwinkel dargestellt, weshalb dem Maler hier ein einziger Blickwinkel genügt.

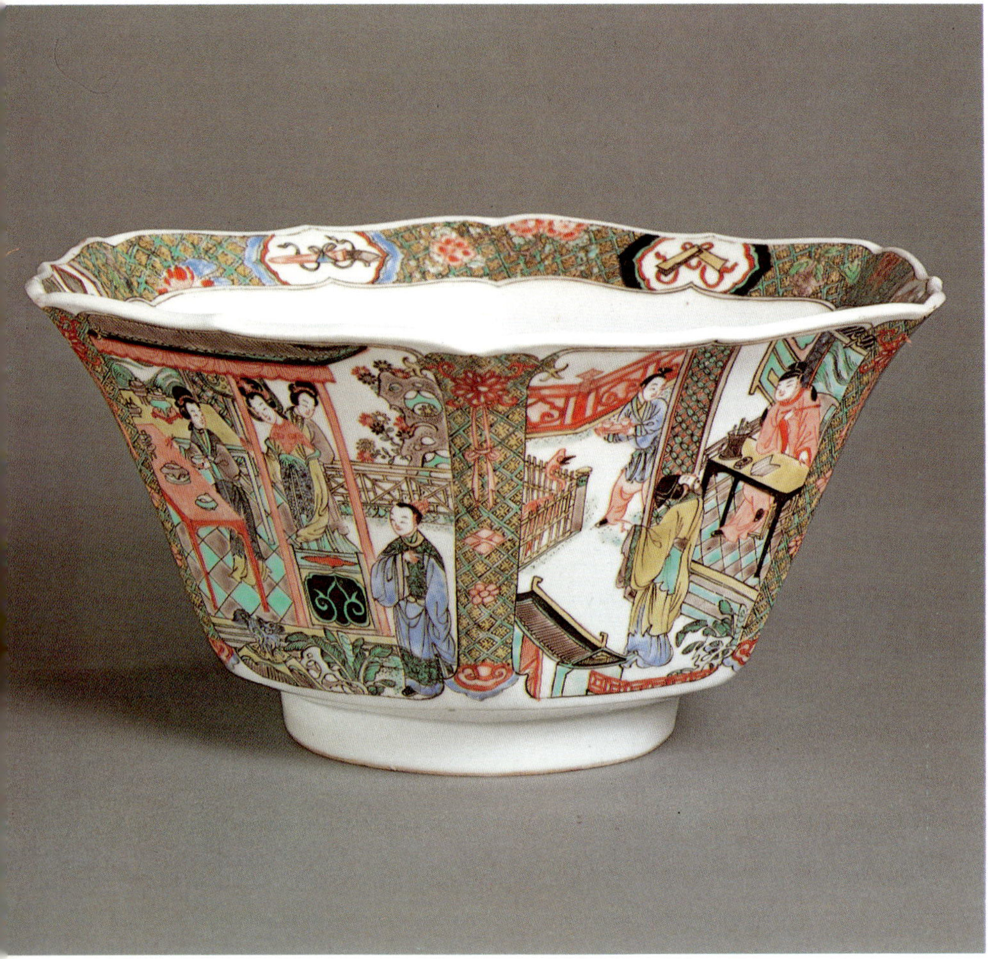

143 Blattförmige Porzellanschüssel vom »famille verte«-Typ. Alle fünf Farben der Porzellanmalerei der Ming-Zeit kamen bei dieser kleinen Gartenszene mit Damen zur Anwendung. Aus Jingdezhen. Frühes 18. Jahrhundert.

144 (rechts) Kleine Porzellanvase vom »famille rose«-Typ. Eine Ausführung, die unter dem Namen Guyuexuan bekannt ist. Man nimmt an, daß diese Stücke in Jingdezhen hergestellt und in den Palastwerkstätten in Beijing bemalt wurden. Mitte 18. Jahrhundert.

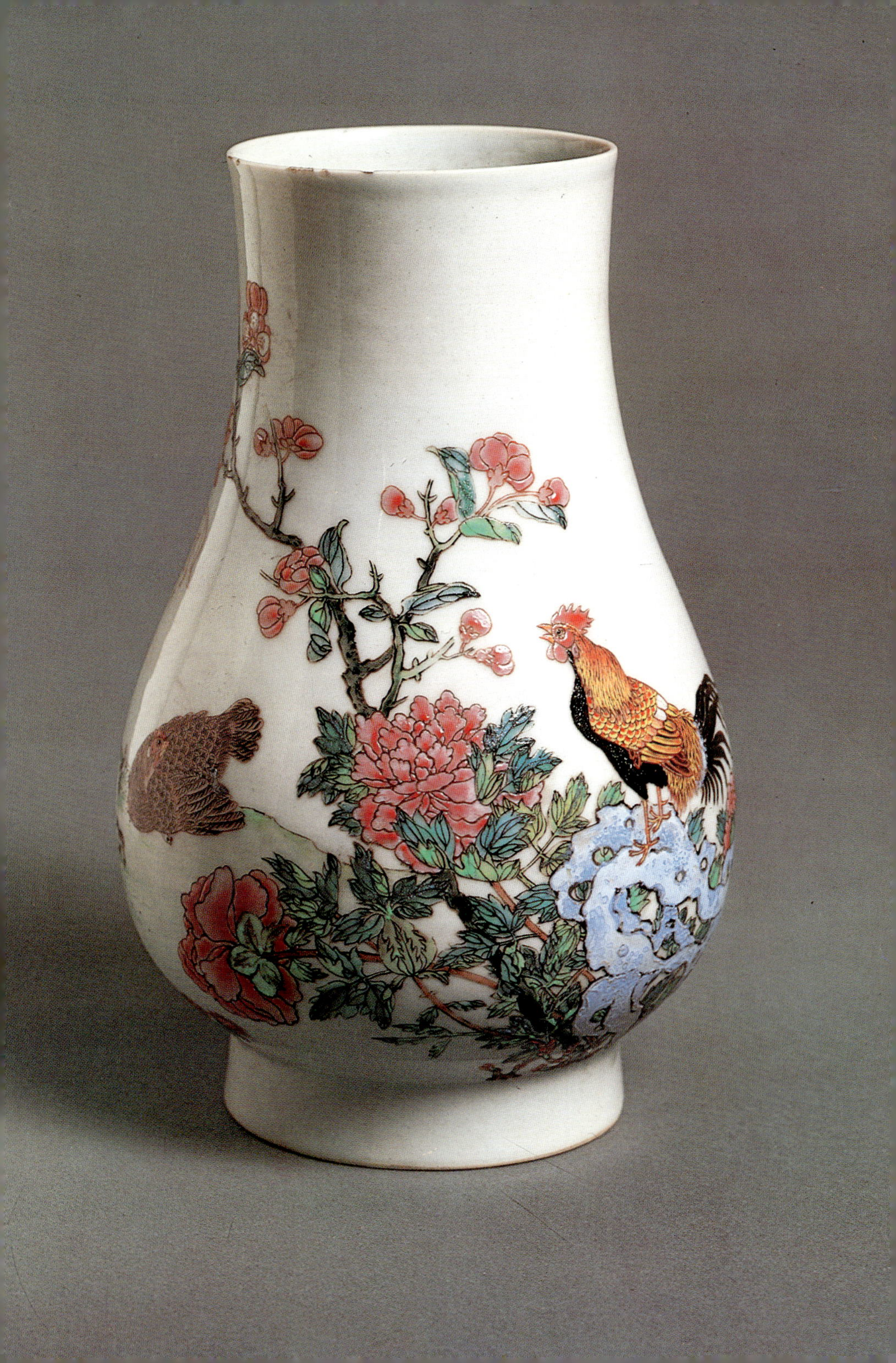

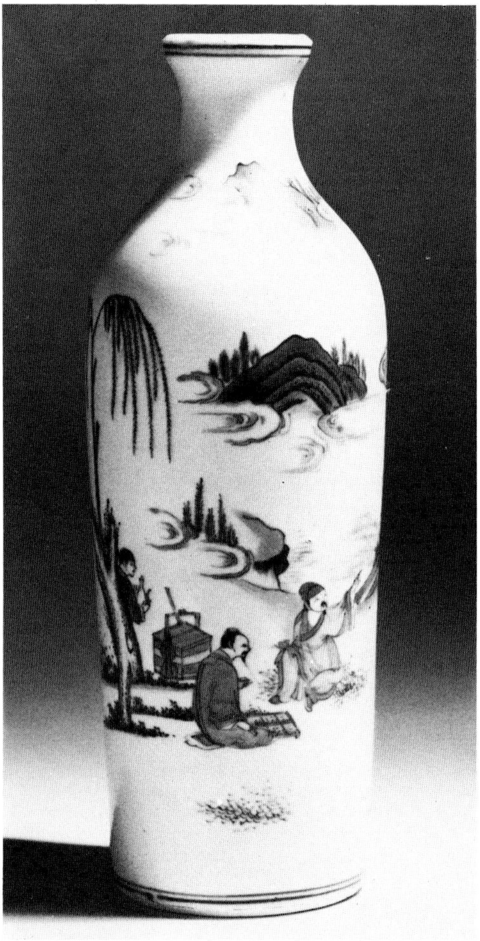

145 Blau-Weiß-Porzellanvase in Form einer europäischen Glasflasche. Aus Jingdezhen. Mitte bis spätes 17. Jahrhundert.

fügte. Porzellan dieser Art, das von den Europäern »famille verte« genannt wurde, war ebenso fein verziert wie das Blau-Weiß-Porzellan.

Der neue Trend zeigte sich auch beim Zierrat, vor allem bei emaillierten Me-
146 tallarbeiten, in einer Erweiterung der Farbskala und in einer Verfeinerung der Dekorationsmuster: Rosarote Töne (mit Hilfe von Goldkolloid) und weiße Töne (mit Hilfe von Arsen) wurden aus Europa eingeführt und vervollstän-
144 digen eine Farbpalette, die im Westen als »famille rose« bekannt ist.

Parallel zu der zunehmenden Verwendung hübscher Dekors wurde nach wie vor auch noch ein historisierender Stil gepflegt. Besonders stark ausgeprägt war diese Richtung während der Regierungszeit Yong Zhengs (1723 bis 1735), als man Keramik im exklusiven Song-Stil herstellte (vom Typus *ru*

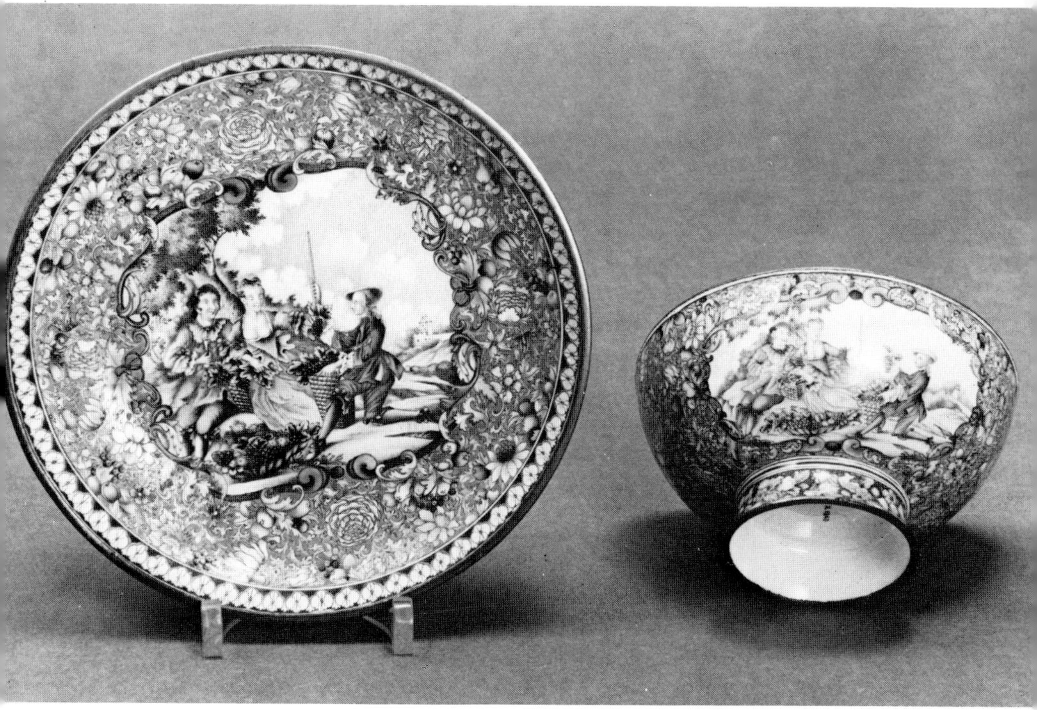

146 Tasse und Untertasse aus Bronze mit »Canton«-Emailledekor. Emaillemalereien auf Metall waren am Hof äußerst beliebt und wurden erfolgreich exportiert. Die auffallend fremdartige Bemalung dieser Stücke, die einem europäischen Stich nachempfunden ist, zeigt die damalige Vorliebe des Hofes für Exotisches. 18. Jahrhundert.

und *guan*), und Bronzegefäße, die mit Intarsien verziert waren. Eine Kombination aus farbenprächtigen Dekors mit nüchternem, historisierendem Design entsprach auch ganz dem Geschmack der Europäer des 18. Jahrhunderts. Das führte dazu, daß chinesisches Kunsthandwerk zu einem bedeutendem Faktor im Handel mit Europa wurde und dort eine regelrechte Chinamode auslöste, die sogar in selbst hergestellten Chinoiserien Ausdruck fand.
Der Kang-Xi-Palast in Beijing wurde neu erbaut und mit leuchtenden Farben bemalt, wie man noch heute sieht. Auch neue Gärten wurden angelegt. Die Mandschu liebten leuchtende Farben, was auch die Hofkleidung und den Stickereistil der Qing-Zeit beeinflußte. Die Jadeschnitzerei erreichte ein hohes Qualitätsniveau und wurde in der Regierungszeit von Kaiser Qian Long (1736 bis 1795) immer extravaganter. Der Gebrauch von Halbedelsteinen für Intarsienarbeiten wurde wiederbelebt, und zwar in einem Stil, der an die Jadekunst der indischen Mogulen erinnert. Tatsächlich läßt sich in dieser Zeit

auf allen Gebieten des Kunsthandwerks ein Trend zur Exotik feststellen, der sich sowohl in zunehmend aufwendigeren Verzierungen als auch in fremdartigen, ungewohnten Formen äußert. Das ist möglicherweise durch die Anwesenheit zahlreicher europäischer Kunsthandwerker am Kaiserhof zu erklären. Jesuiten hatte es am chinesischen Kaiserhof seit 1601 gegeben, als Matteo Ricci an den Hof Wan Lis kam. Kaiser Kang Xi zeigte Interesse an europäischen Emaillemalereien und Zierat, wie Spiegeln, Uhren und Schmuckwaren, die man ihm zum Geschenk gemacht hatte. Und er holte eigene Handwerker an den Hof, die ähnliche Arbeiten in den Werkstätten im nordwestlichen Teil des Palastbezirks anfertigen sollten. Unter den Jesuiten am Hofe war Giuseppe Castiglione (1688 bis 1766), besser bekannt unter seinem chinesischen Namen Lang Shining. Er benutzte das Rollbildformat und setzte in seiner Vogel- und Blumenmalerei die damals üblichen Kompositionstechniken ein. In der Linienführung blieb er jedoch Italiener, ebenso wie in der
147 Farbgebung, der Verteilung von Licht und Schatten, der Raumgestaltung und in der Verwendung der europäischen Linearperspektive. Sein Mischstil erfreute sich am Hofe großer Beliebtheit und wurde von einer ganzen Reihe chinesischer Maler übernommen. Das Ergebnis war ein neuer »Realismus« in der Malerei, der in seltsamen Widerspruch zu allem stand, was Shi Tao, Badashanren oder die Vier Wang verkörperten.

Außerhalb der höfischen Kreise verlief das Leben der chinesischen Oberschicht in Wohlstand und geistiger Unabhängigkeit. In blühenden Provinzen wie Yangzhou, Suzhou und Nanjing stießen Künstler und Kunsthandwerker auf rege Nachfrage. Eine Reihe von Malern, die zwar aus der gebildeten Schicht stammten, aber auch am Kommerz interessiert waren, eröffneten in den großen Handelszentren Werkstätten, produzierten kleine Bilder in großen Auflagen und sicherten sich damit ein einträgliches Leben. Diese Maler, die als Exzentriker bezeichnet wurden, hatten einige Schwierigkeiten, einen erkennbar eigenen Stil hervorzubringen. Obwohl keiner von ihnen über das Format eines Shi Tao oder Badashanren verfügte, waren sie doch alle bis zu einem gewissen Grad Neuerer. Mei Qing war ein Freund und Bewunderer Shi

147 (rechts oben) Lang Shining (Castiglione) (1688 bis 1766), *Tributpflichtige Kasachen präsentieren Pferde vor Kaiser Qian Long* (Ausschnitt): Handrolle, Tusche und Farbe auf Papier. Ein weiteres Beispiel für die Vermischung von europäischen und chinesischen Stilen, die am Hof in Beijing Gefallen fand.

148 (rechts unten) Mei Qing (1623 bis 1697), *Landschaft im Stile Jing Haos und Guan Tongs*. Albumblatt, Tusche und Farbe auf Papier. Im Stil der romantischen Malerei. Der Künstler verzichtete auf alle unwesentlichen Elemente, um Leichtigkeit zu erzeugen, ohne Abstriche an einer naturnahen Darstellung zu machen.

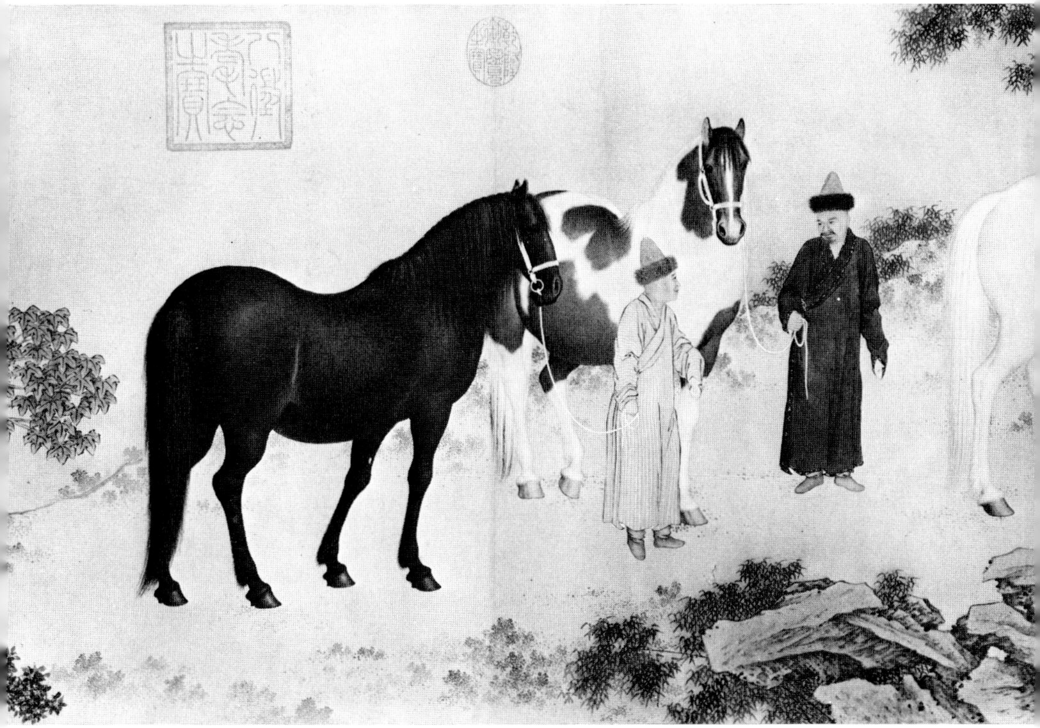

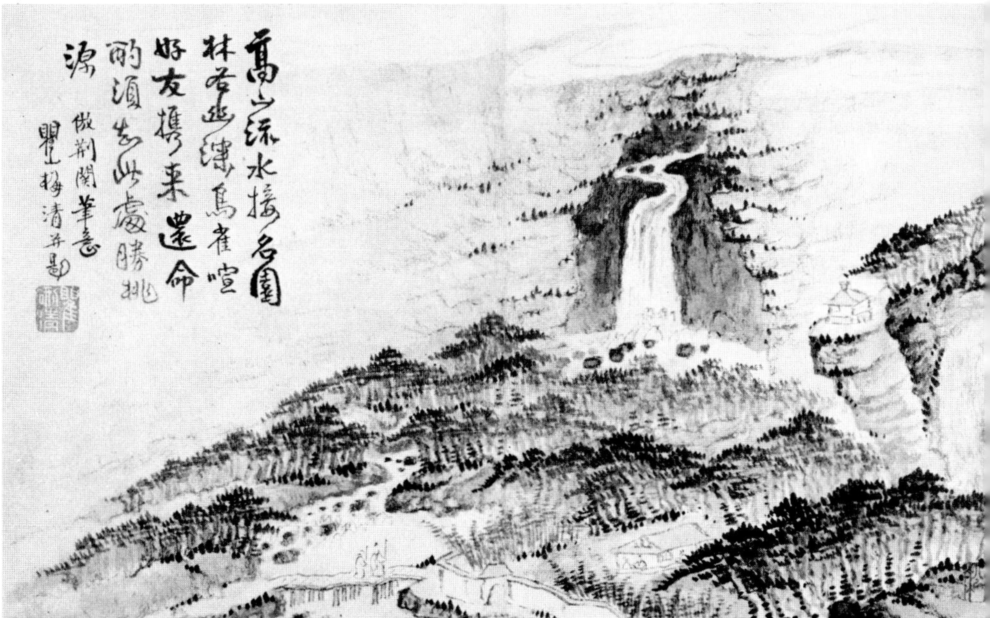
高山流水接名園
林谷幽深鳥雀喧
好友攜來還命
酌酒高此處勝桃
源
倣荊關筆意
瞿山梅清并題

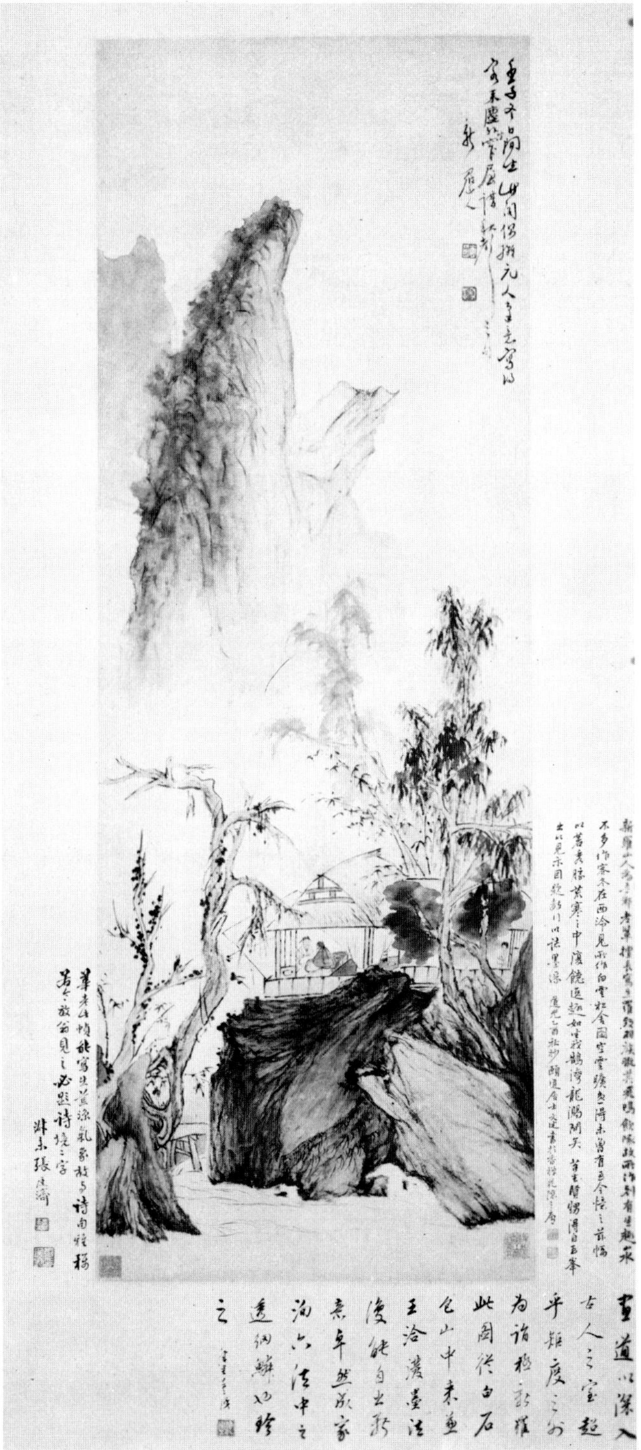

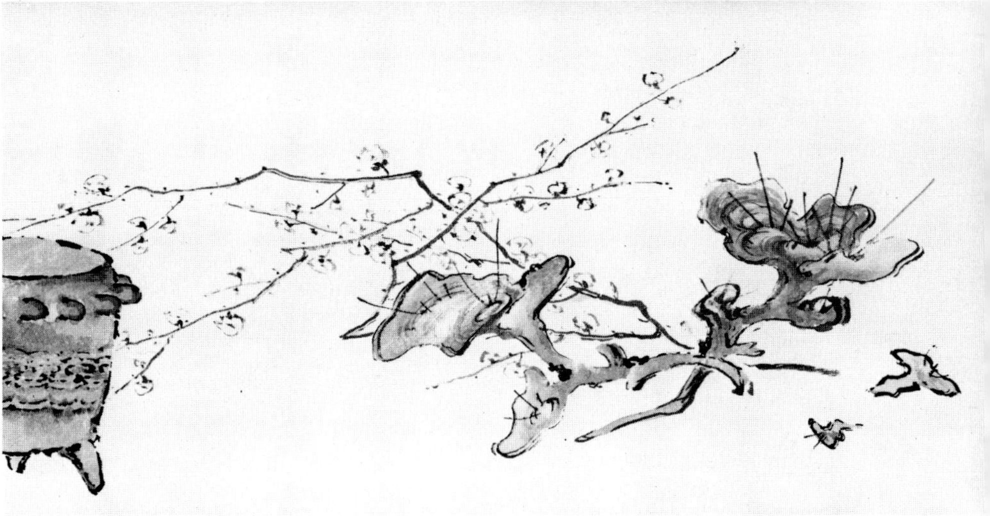

149 (links) Hua Yan (1682 bis 1755), *Gespräche im Herbst.* Tusche und Farbe auf Papier, datiert 1732. Auch hier ist äußerste Sparsamkeit in den Mitteln zu erkennen. Die Bildgestaltung und die Darstellung von Bäumen und Felsen erinnert an Wang Fu (Abb. 126) und Badashanren (Abb. 135).

150 Gao Qipei (um 1672 bis 1754), *Die vier Jahreszeiten* (Ausschnitt). Handrolle, Tusche und Farbe auf Papier. Mit einem Fingernagel gezeichnet, den Gao eigens dafür wachsen ließ und wie eine Zeichenfeder benutzte, eine Technik, die er sich gegen Ende seines Lebens aneignete. Pflaumenblüte und Lingzhi-Pilz stehen für Frühling.

Taos. Mit einer Maltechnik, die stark an sein Vorbild erinnerte, schuf er ein-
drucksvolle Bilder von einsamen, sturmgepeitschten Landschaften. Hua Yan 148
setzte Menschen und Pferde in Nebellandschaften, die eine ähnliche Stim- 149
mung vermittelten.

Gao Qipei, ein Mandschu, der zur Zeit der Invasion in den Süden kam, war
ein erfolgreicher Landschaftsmaler, der anfangs in einem übergenauen, tra- 150
ditionellen Stil arbeitete. Es wird behauptet, er habe unter seiner Mandschu-Herkunft gelitten, obwohl der Absatz seiner Bilder dadurch gefördert wurde. Die Tatsache, daß auf die Herkunft überhaupt Bezug genommen wurde, spricht jedenfalls dafür, daß sich die Künstler damals in einer Situation befanden, die in gewisser Weise mit der Situation der westlichen Künstler im 20. Jahrhundert verglichen werden kann. Viele Maler aus der Region um Jiangnan brachen ganz mit den alten Traditionen, die seit dem 16. Jahrhundert zunehmend in Frage gestellt worden waren. Man gab sich exzentrisch und extravagant, sowohl in der Wahl der Themen wie in der Technik.

12 Neugier und Entwurzelung

19. bis 20. Jahrhundert

Nach der langen Phase inspirierten Mäzenatentums und künstlerischer Kreativität, die im vorigen Kapitel beschrieben wurde, setzte im 19. Jahrhundert eine gewisse Stagnation ein, weil sowohl im Kunsthandwerk als auch in den schönen Künsten nur noch auf technische Perfektion Wert gelegt wurde. Dennoch kam es auch in dieser Zeit in der chinesischen Kunstszene zu Veränderungen. Der Kaiserhof trat in seiner Bedeutung als Förderer der Künste zurück. Um die Mitte des Jahrhunderts verdienten die Künstler ihren Lebensunterhalt hauptsächlich damit, daß sie ihre Werke auf einem wachsenden freien Markt anboten, der vor allem Sammler und Kaufleute in den größeren Städten bediente. Einer der führenden Maler dieser Zeit war
151 Ren Bonian (1840 bis 1895). Er stammte aus Zhejiang und verlegte seinen Wohnsitz später nach Shanghai, wo er zum Führer der einflußreichen »Weißen Lotus« Gesellschaft wurde. Er malte auf großen Formaten mit kühnem, lässigem Pinselstrich, in bravouröser Tuschtechnik und in kräftigen Farben figürliche Szenen oder Vögel und Blumen. Sein Stil wurde später von Wu
152–154 Changshi (1844 bis 1927) und Qi Baishi (1863 bis 1957) übernommen, in deren Werken der späte Qing-Stil exemplarisch verkörpert ist.

155, 156 Auch das chinesische Kunsthandwerk ließ im 19. Jahrhundert einen Mangel an kultureller Eigenart erkennen. Eine Vorliebe für auffälliges Design und grelle Farben machte sich breit. Die Arbeiten dieser Zeit sind teilweise von recht zweifelhafter Qualität. Die Kunsthandwerker, die in Werkstätten oder Großmanufakturen arbeiteten, vertrieben ihre Produkte auf dem Binnenmarkt, belieferten aber auch die Exporthändler in den Hafenstädten an der Küste. Japaner, Russen, Europäer und später auch die Amerikaner betrachteten das große, reiche China mehr und mehr als Entwicklungsland, das ausgebeutet werden konnte. Gegen diese offenkundige Bedrohung versuchte sich die chinesische Administration zunächst einmal damit zur Wehr zu setzen, daß sie sich Kenntnisse über die bis dahin weitgehend unbekannte Kultur des Westens verschaffte. Schon zu Beginn des 19. Jahrhunderts hatten chinesische Schriftsteller und Intellektuelle angefangen, auf eine Modernisierung ihres Landes zu drängen. Ein Ergebnis dieser Bemühungen war die Entscheidung, Beamte, Verwaltungsfachleute und Studenten zum Studium ins

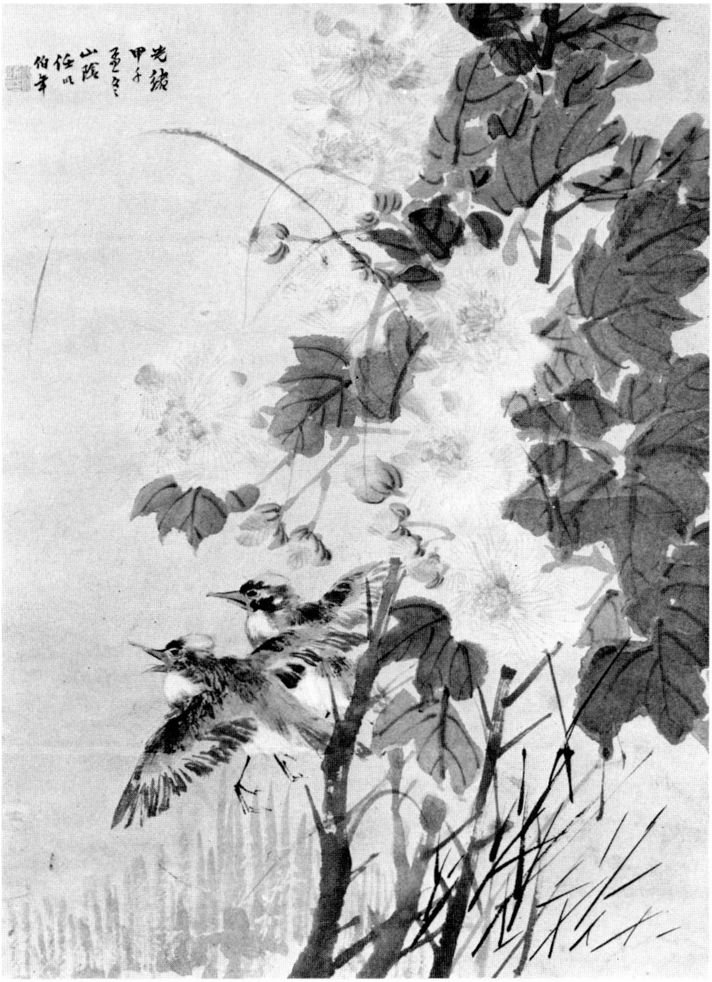

151 Ren Bonian (1840 bis 1895), *Hibiskus und fliegende Königsfischer.* Tusche und Farbe auf Papier, datiert 1894. Ein kleines Bild im sogenannten »knochenlosen« Stil, der ohne Konturlinien auskommt.

Ausland zu schicken. Um die Wende zum 20. Jahrhundert wurden auch einige Künstler nach Japan und in den Westen geschickt. Sie hatten den Auftrag, sich vor allem über die Kunstausbildung und die Technik der Ölmalerei und der westlichen Graphik zu informieren. Zu diesen Malern gehörten Xu Beihong (1896 bis 1953) und Lin Fengmian (1901 bis 1991).

Xu Beihong ging nach Paris und wurde dort ein begeisterter Anhänger der akademischen Historienmalerei. Unter dem Künstlernamen Ju Péon kam er selbst zu Ruhm und stellte zwischen 1919 und 1927 in Paris, Berlin und Zürich aus. Nach seiner Rückkehr nach China ließ er sich in Chonqing nieder und malte später, während der Zeit der japanischen Besetzung, großformatige

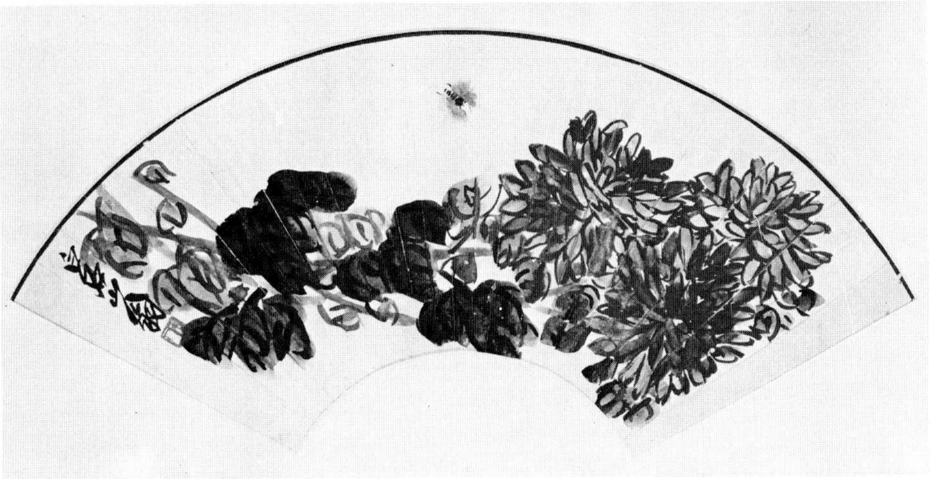

152 Qi Baishi (1863 bis 1957), *Chrysantheme und Biene.* Bildvorlage für einen Fächer. Farbe auf Papier. Obwohl es sich um ein Spätwerk handelt, zeigt sich im Stil nach wie vor eine enge Verwandtschaft zu Wu Changshi (Abb. 154).

Historienbilder in Öl auf Leinwand. Eines seiner berühmtesten Bilder, *Tian Heng und seine fünfhundert Gefolgsleute* wurde innerhalb der sozialistischen Bewegung, die in China von Schriftstellern, Dramatikern und Illustratoren getragen wurde, äußerst populär. Xu bietet das interessante Beispiel eines Malers, der im Westen durch gekonnte Tuschzeichnungen von Vögeln und Tieren im chinesischen Stil bekannt wurde, in China dagegen durch europäische Historienmalerei zu Ruhm kam. Auch Lin Fengmian ging nach Paris,

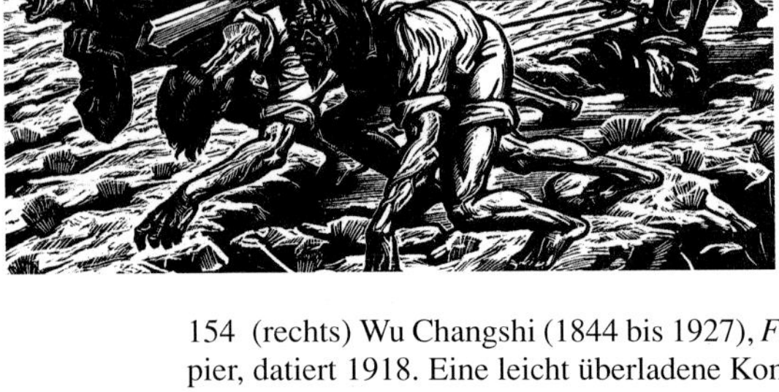

153 Li Hua (geb. 1907). *Das Toben der Flut I.* Farblithographie auf Papier. Li Hua war tonangebend in einer vom Stil des frühen sozialistischen Realismus geprägten Bewegung, die die Kunst des Holzschnitts wiederbelebte. Die kräftigen Diagonallinien und das eindringlich gestaltete Motiv verknüpfen das Werk stilistisch mit der europäischen Graphik des frühen 20. Jahrhunderts.

154 (rechts) Wu Changshi (1844 bis 1927), *Felsen und Blumen.* Tusche und Farbe auf Papier, datiert 1918. Eine leicht überladene Komposition mit kräftiger Tuschzeichnung und leuchtenden Farben in einem Stil, wie er auch heute noch populär ist.

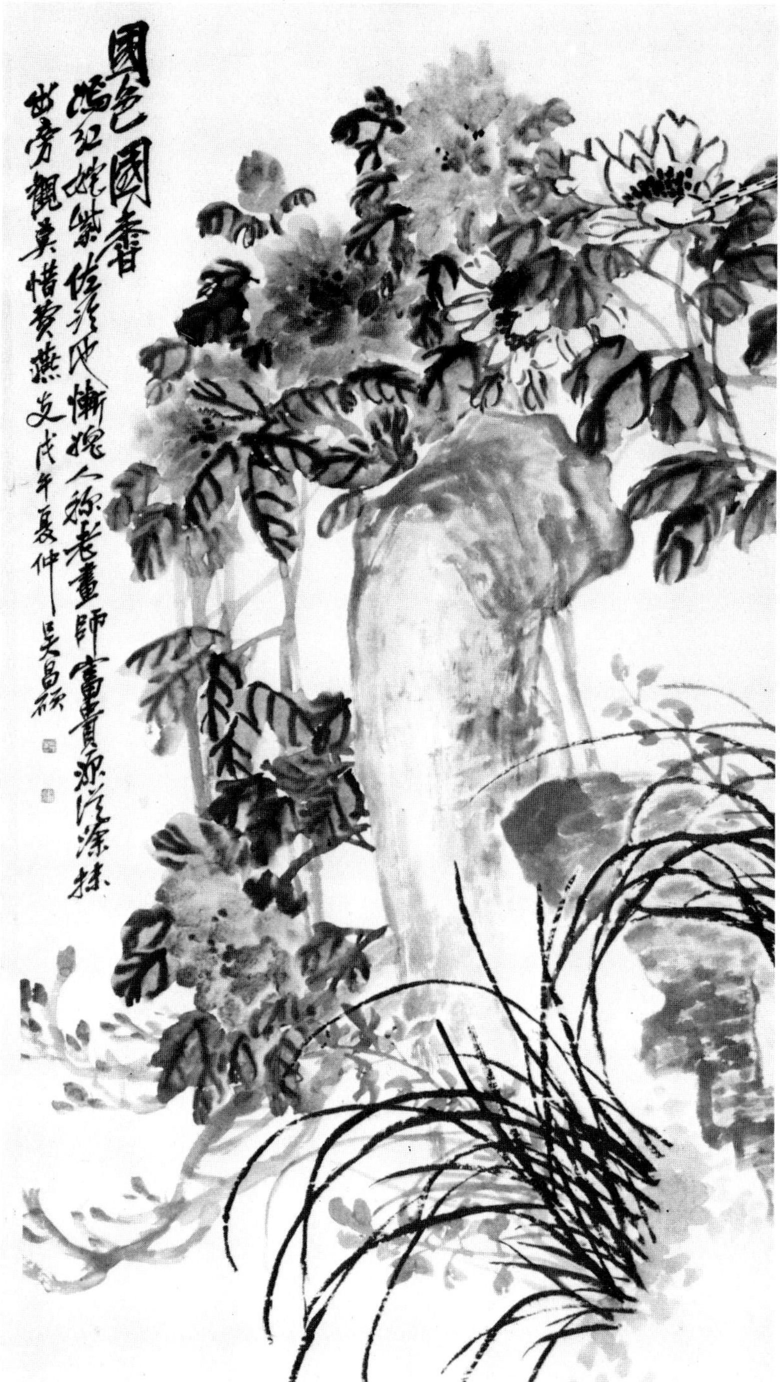
國色國香
戊午夏仲
吳昌碩

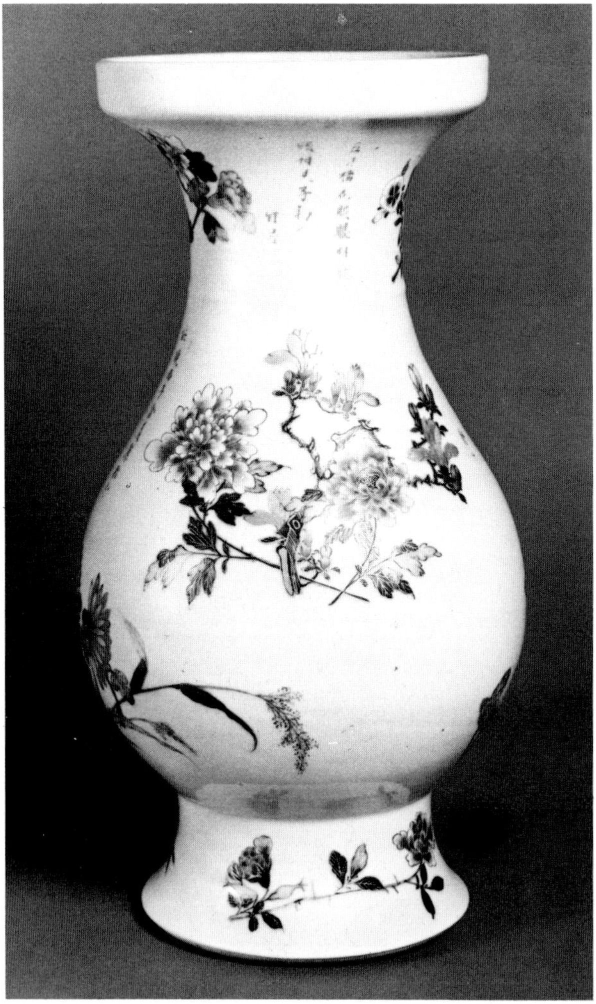

155 Porzellanvase mit Dekor in Rosa, Gold und Schwarz. Sowohl in der Form als auch in der Bemalung ist dieses Stück charakteristisch für das späte 19. und das frühe 20. Jahrhundert. Aus Jingdezhen.

156 (rechts) Seidengewand mit Schmetterling- und Blumenmuster, entworfen für die Kaiserin Ci Xi. Dieses Kleidungsstück wurde sowohl als Unter- wie als Übergewand getragen. Spätes 19. oder frühes 20. Jahrhundert.

aber im Gegensatz zu Xu Beihong wurde er ein Anhänger und Bewunderer von Matisse und Picasso. Nach seiner Rückkehr nach China lehrte er an der Akademie in Hangzhou, wurde allerdings von seinen Fachkollegen nie akzeptiert, weil er keinerlei Zugeständnisse an den chinesischen Kunstgeschmack machte und schließlich auch Akte und abstrakte Bilder malte. Er wurde jedoch zum Mentor für die mutigeren Maler, die mit zeitgenössischen westlichen Stilen experimentierten und in der Regel kein Interesse an politischen Zeitströmungen zeigten.

Ein dritter einflußreicher Zeitgenosse von Xu und Lin war Jiang Feng (1910

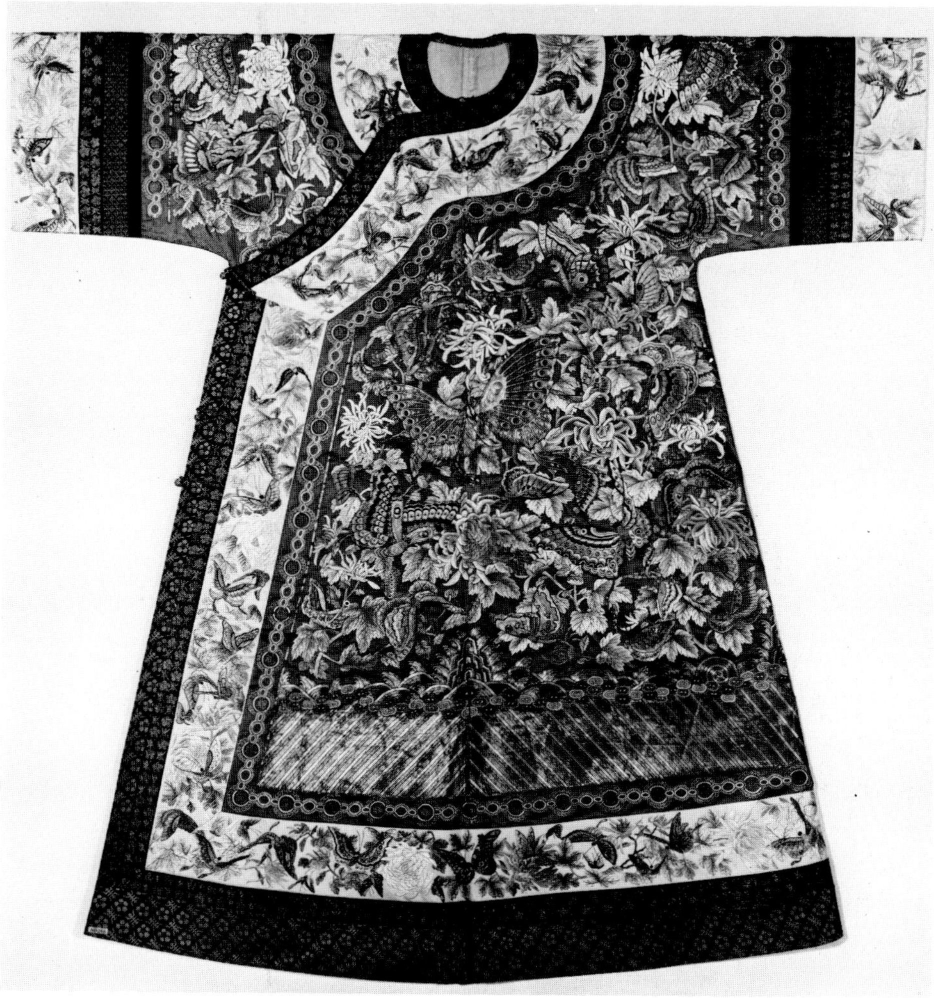

bis 1982). Er kam aus einer Arbeiterfamilie in Shanghai und war ein links gerichteter Aktivist, der dem Schriftsteller Lu Xun nahestand. Er war als Maler ausgebildet, interessierte sich jedoch mehr für den Holzdruck als geeignetes Medium für die Illustration von Erzählungen und politischen Traktaten. Obwohl China selbst eine robuste, jahrhundertealte Tradition des Holzdrucks in 153
der Buchillustration besitzt, begann man sich nun für die Arbeiten solcher Künstler wie Käthe Kollwitz zu interessieren. Nach ihrem Vorbild entstanden Graphiken, meist in kleinerem Format, die sich durch eine dramatische Gegenüberstellung von schwarzen und weißen Flächen auszeichnen, ein Stil,

der sich gut für den Zeitungsdruck eignet und in den Illustrationen vieler sozialistischer Romane und Erzählungen dieser Epoche wiederkehrt. Er ist auch heute noch in der Propaganda-Literatur in Gebrauch.
1937 wurde China von den Japanern besetzt. Die Besatzung erstreckte sich jedoch nicht über das ganze Land. Die chinesische Regierung zog sich in den Westen, nach Chongqing in Sichuan zurück. Xu Beihong, der dort lebte, trat damals eine weitere Auslandsreise an. Zwischen 1938 und 1941 hielt er sich in Indien auf. Es waren harte Zeiten für die Künstler in China. Unmittelbar auf die Okkupation, die erst mit der Niederlage Japans am Ende des Zweiten Weltkrieges endete, folgte der Bürgerkrieg zwischen Nationalisten und Kommunisten, der bis zum Jahr 1949 andauerte, als Mao Zedong in Beijing einzog. In den folgenden 40 Jahren wurden alle Künstler und Kunsthandwerker von einer ideologisch gelenkten Bürokratie kontrolliert.
Während dieser Jahre war die Politik der Regierung darauf gerichtet, die Künstler dem Staat nutzbar zu machen. Kunstschulen, die die traditionellen Techniken der Malerei und der Kalligraphie gelehrt hatten, waren in den zwanziger Jahren gegründet, aber später unter der japanischen Besatzung oder im Bürgerkrieg aufgelöst worden. In den frühen fünfziger Jahren gründete man neue Akademien in Hangzhou (wo Lin Fengmian und Fu Baoshi [1904 bis 1965] lehrten), in Shanghai und in Beijing. Zum Leiter der Akademie in Beijing wurde Xu Beihong ernannt, der zusammen mit Jiang Feng großen Einfluß ausübte. Unter der neuen Devise, daß sich der Künstler »in den Dienst des Volkes zu stellen habe«, wurden den Malern bestimmte Aufgaben zugeteilt. Der traditionelle Malstil wurde als zu elitär und zu weit entfernt vom Alltagsleben eingestuft. Die Kunst sollte in Stil und Themenwahl auch den Massen zugänglich sein. Politiker und einflußreiche Künstler entwarfen einen allgemein verbindlichen Ausbildungsgang für die Fachbereiche Zeichnen, Ölmalerei und Skulptur. Im Rahmen dieses Objekts wurden chinesische Künstler nach Rußland geschickt und russische Künstler nach China geholt. Alle Kunststudenten und Lehrer mußten die staatliche Ausbildung absolvieren. Heroische Porträts der politischen Führer und Gemälde, die große Staatsereignisse aufzeichneten, wurden in Auftrag gegeben. Der russische Malstil wurde für vorbildlich erklärt. Das brachte einen ausländischen Stil in die chinesischen Kunstakademien, der aber als staatlich verordneter Stil in der kurzen Zeit, in der er Geltung hatte, keine besondere Entwicklung durch-

157 Li Keran (1907–1989), *Landschaft nach einem Gedicht des Vorsitzenden Mao.* Tusche und leichte Kolorierung auf Papier, sechziger Jahre. Die kräftige Tuschzeichnung ist ein charakteristisches Merkmal des Künstlers. Die rechteckige Bildfassung und der sehr hohe Blickwinkel erinnern an Techniken, wie sie in der Druckgraphik üblich waren.

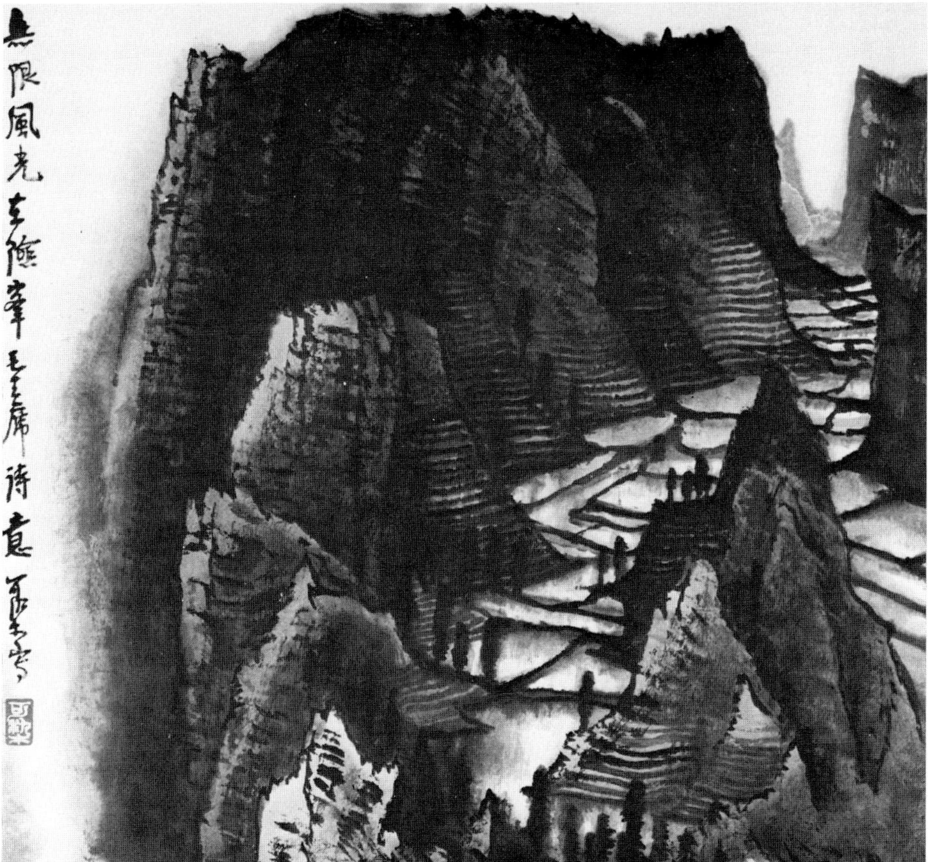
無限風光在險峯 毛主席詩意 可染寫

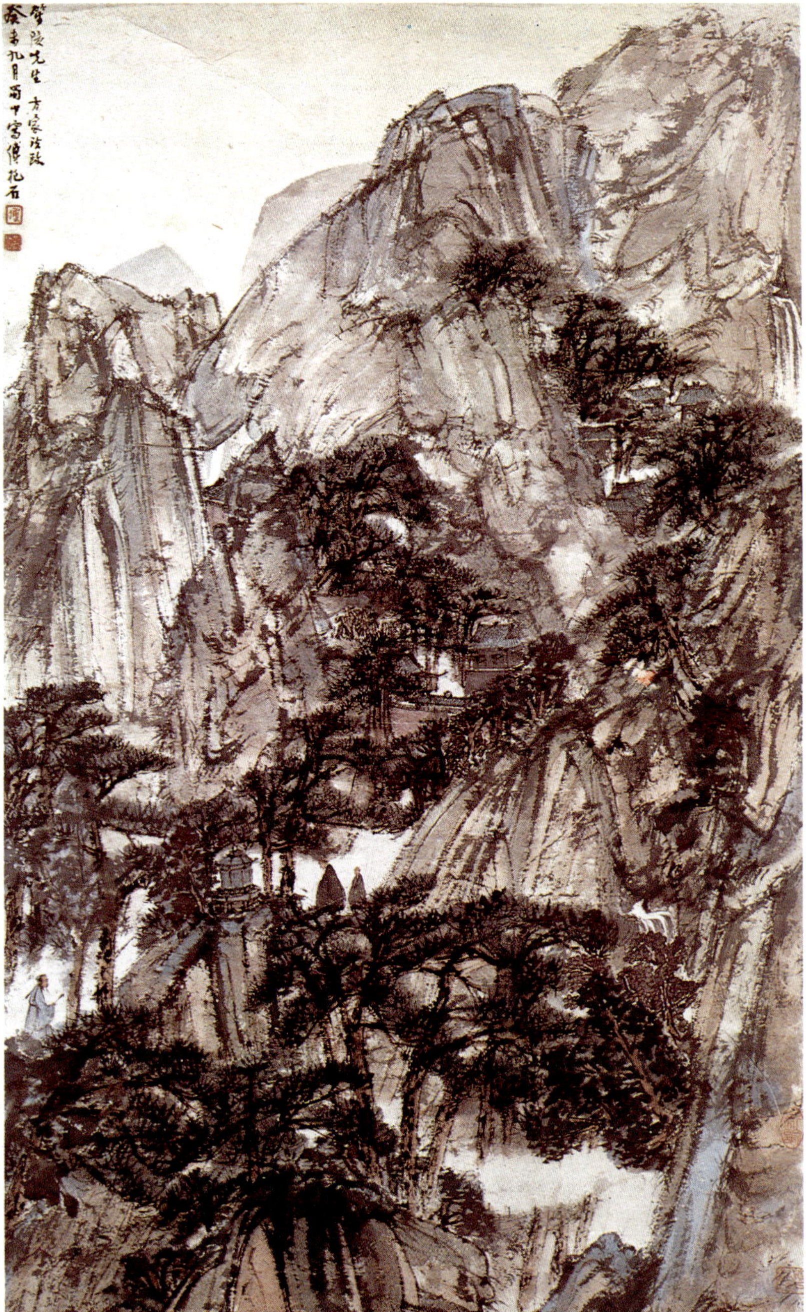
癸未九月蜀中寫傅抱石

158 (links) Fu Baoshi (1904 bis 1965), *Berglandschaft.* Tusche und Farbe auf Papier, datiert 1944. Als Malgrund diente hier ein stark aufgerauhtes Papier, das die Tusche in ungleichem Maß aufsaugte, und der Tuschzeichnung eine ganz eigene Struktur verlieh.

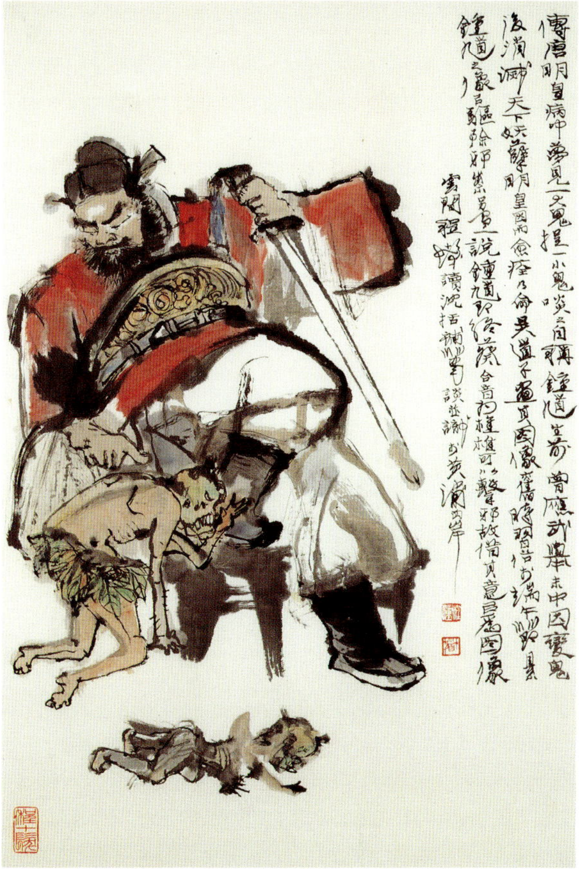

159 Cheng Shifa (geb. 1921). *Zhong Kuei, der Dämonenbezwinger.* Tusche und Farbe auf Papier. Dieses eindringliche, im traditionellen Stil gemalte Bild, das Zhong Kuei als Retter der Rechtschaffenen darstellt, ist in den achtziger Jahren entstanden und vielleicht als zeitkritischer Kommentar zu verstehen.

machte, und, soweit sich das heute beurteilen läßt, auch keinen tiefen Eindruck hinterließ. Ein Ergebnis dieser Kunstpolitik ist allerdings doch zu konstatieren: Die meisten chinesischen Maler beherrschen heute die Techniken der Ölmalerei und der westlichen Graphik.

Maler und Schriftsteller wurden, ebenso wie die übrige Bevölkerung, stark politisiert und einer selbstkritischen Disziplin unterworfen. Zu den führenden Künstlern im traditionellen Stil gehörten damals die schon erwähnten Xu
Beihong und Fu Baoshi, außerdem Li Keran (1907 bis 1989), Guan Shanyue 157, 158
(um 1910 bis 1986) und Wu Guanzhong (geboren 1919). Maler wie Lin Fengmian, Shi Lu (1919 bis 1982) und Fu Baoshi stießen manchmal auf Schwierigkeiten, aber als angesehene Künstler der älteren Generation hatten sie Freunde in der Regierung und wurden unbehelligt gelassen. Auf Betreiben Maos wurde im Jahr 1956 die »Hundert-Blumen-Bewegung« ins Leben ge-

rufen, in deren Rahmen Künstler und Schriftsteller ihre Ansichten zur Kultur diskutieren sollten. Zu den Folgeerscheinungen gehörte die Ausschaltung einer Reihe von Künstlern, die abweichende Meinungen vertraten und als Dissidenten ausgegrenzt wurden. Viele Maler wurden zudem eingeschüchtert, kritisiert, in abgelegene Landesteile verbannt, zur Umschulung gezwungen, in einigen Fällen auch inhaftiert. Sogar der in gesicherter Stellung lebende Jiang Feng fiel in Ungnade. Nur Qi Baishi blieb unbeschadet, gleichsam als Symbol für einen angesehenen und anerkannten großen Maler.

Nach dem Bruch mit Rußland in den frühen fünfziger Jahren setzte China ab 1957 zum »Großen Sprung nach vorn« an. Es war ein verzweifelter Versuch, nach einer Reihe schwerer Naturkatastrophen und selbstverschuldeter Rückschläge das Land wieder zu konsolidieren. Architekten wurden damit beauftragt, Repräsentationsbauten zu errichten, die wiederum ausgestaltet werden mußten und damit auch für die Beschäftigung von Künstlern und Kunsthandwerkern sorgten. Das große Vorzeigeobjekt aus dieser Zeit sind die Anlagen und Bauten des Tiananmen-Bezirks. Die Große Halle im westlichen Teil, eine gewaltige Zeremonienhalle mit einem langen, freitragenden Balkon, ähnlich dem des Gebäudes der Vereinten Nationen in New York, galt damals als architektonisch äußerst fortschrittlich. Der zentrale Bau ist umgeben von weiteren Hallen, die den einzelnen Provinzen des Landes zugeordnet sind. Im Treppenhaus der Großen Halle befindet sich ein monumentales Landschaftsbild mit dem Titel *Dieses so wunderschöne Land.* Es wurde von Fu Baoshi und Guan Shanyue in Tusche und roter Farbe gemalt und gehört zweifellos zu den größten auf Papier gemalten Bildern (5,5 x 9 Meter). Der Betrachter blickt aus der Vogelperspektive über Berggipfel in eine romantische Landschaft, die in einen rosa Lichtschleier und rote Sonnenstrahlen getaucht ist.

Das Historische Museum auf der gegenüberliegenden Seite des Tiananmen-Platzes wurde als didaktische Lehrstätte angelegt mit Dioramen und historischen Bildern. Hier, wie auch in den anderen großen öffentlichen Bauten jener Zeit, hängen sowohl Ölbilder als auch traditionell gemalte Bilder. An die Künstler, die für Dauerausstellungen wie für periodisch abgehaltene prätentiöse Großausstellungen malen mußten, wurden hohe Anforderungen gestellt. Sie standen häufig im Kreuzfeuer der Kritik und waren auf die Unterstützung einflußreicher Freunde angewiesen. Zhou Enlai, der damals Ministerpräsident war, und Guo Moruo, ein angesehener Intellektueller, setzten sich beispielsweise für die Traditionalisten ein, indem sie die Akademien in
159 Hangzhou und Shanghai unterstützen. Cheng Shifa (geb. 1921) und Fu Baoshi (von der Shanghai-Akademie), Li Keran und Ya Ming (geb. 1924) trotzten aller Kritik und brachten es fertig, sich in ihren Stellungen zu behaupten.

Die Vertreter des Sozialistischen Realismus verloren relativ früh ihre beiden

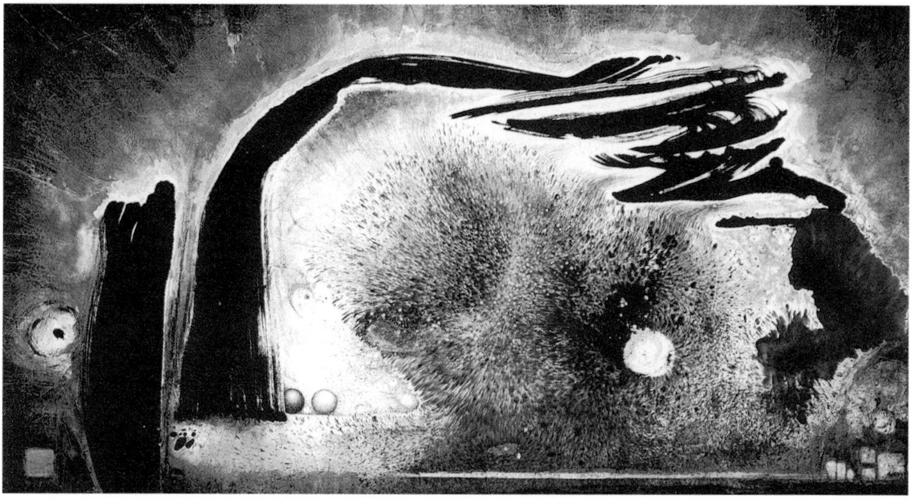

160 Irene Zhou Lüyun (geb. 1924), *Umlaufbahn*. Tusche und chinesische Farben auf Papier, datiert 1990. Eines von mehreren sehr expressiven, abstrakten Bildern, die in den neunziger Jahren entstanden sind. Die anspruchsvolle Pinseltechnik dieses Werks ist charakteristisch für ihre Arbeiten, in denen eine kräftige, schwarze Tuschzeichnung jeweils in harten Kontrast zu zarten Farben gesetzt wird. Die Künstlerin lebt heute in Australien.

großen Vorbilder: Xu Beihong starb 1953. Jiang Feng fiel in Ungnade und wurde 1979 lediglich begnadigt. Die Partei hatte sich nie offiziell dazu geäußert, welcher Stellenwert den kulturellen Angelegenheiten eingeräumt oder wie sie gehandhabt werden sollten, und als es zu Unstimmigkeiten kam und Kritik an den Intellektuellen einsetzte, verkündete Mao im Jahre 1966 eine Kulturrevolution, die die Roten Garden auf den Plan brachte. Alle Intellektuellen, die Künstler eingeschlossen, gerieten nicht nur geistig, sondern oft auch physisch unter Druck, als den jugendlichen Roten Garden freie Hand gelassen wurde. Zeitweise übten die Garden eine unkontrollierte Macht aus, mit dem Ergebnis, daß Denunziationen zu Hausarrest, Gefängnis, Exil, Zwangsarbeit oder sogar zum Tode führen konnten. Die Periode der Repression und der Unsicherheit hielt mehr als zehn Jahre an, bis zu Maos Tod im Jahre 1976 und dem nachfolgenden Gerichtsprozeß gegen seine Witwe. Erst danach kehrte China wieder zur Normalität zurück.

Viele Künstler überlebten diese unruhige Zeit nicht, und vielen Museen, Galerien und Kunstwerken wurde schwerer Schaden zugefügt. Fu Baoshi starb unmittelbar vor der Kulturrevolution. Shi Lu wurde eines ihrer Opfer. Lin Fengmian nahm seinen Abschied, vernichtete sein ganzes Werk aus dieser Periode und setzte sich nach Hongkong ab. Zu einer Wende kam es erst nach 1979, als die strengen Auflagen für die Kunstausbildung und -ausübung

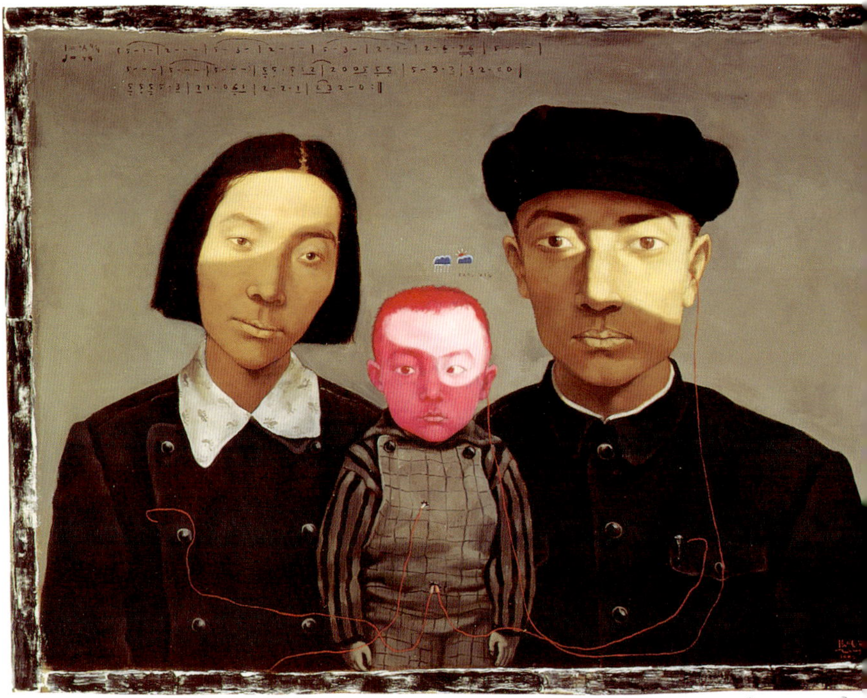

161 Zhang Xiaogang (geb. 1958), *Blutsverwandt: Ein Familienporträt.* Öl auf Leinwand, datiert 1993. Zhang Xiaogang beendete 1982 eine Ausbildung an der Sichuan-Akademie. Seine Arbeiten sind sehr persönlich und Ausdruck eigener Ansichten über die zeitgenössischen Verhältnisse. In einer Serie von Bildern befaßte er sich mit dem Thema Familienbeziehungen und porträtierte dabei auch die vom Staat propagierte Ein-Kind-Familie.

gelockert wurden. Die Künstler können seither in größerer Unabhängigkeit arbeiten. In den Akademien und Kunstschulen läuft wieder ein normaler Aus-
161 bildungsbetrieb. In den achtziger Jahren gab es eine Periode, in der die chinesische Porträtmalerei in Öl im Westen populär wurde, aber die traditionelle Malerei ist doch der wichtigste künstlerische Exportartikel geblieben. Die Bilder im traditionellen Stil sind meist in der Manier der Akademie von Shanghai gemalt, mit Tusche und Pinsel und klassischer Kolorierung. Als einflußreichste Vertreter dieser Richtung gelten Cheng Shifa, Ya Ming und Li Keran. Wu Guanzhong und Wu Zuoren (geb. 1908) machten sich sowohl auf dem Gebiet der Ölmalerei als auch im traditionellen Malstil einen Namen. Unter dem Druck der allgegenwärtigen Zensur rückte die Themenwahl in den Mittelpunkt der künstlerischen Arbeit. Die Expressivität chinesischer Male-

rei neigte in dieser Epoche zur Mystifizierung. Ebenso wie die Dichter äußer-
ten sich die Maler auf indirektem Weg. Es gibt eine auffällige Verwandtschaft
zu anderen, in ähnlich revolutionärer Umgebung entstandenen Werken.

Das Kunsthandwerk, also die Keramik- und Porzellanherstellung, die Elfen-
bein- und Jadebearbeitung, die Holzschnitzerei und die Bronzeverarbeitung,
wurden jeweils von eigenen staatlichen Ämtern kontrolliert. Es gab keine
großen Neuerungen, obwohl man die traditionellen Techniken auch auf neue
Motive anwandte, wie zum Beispiel auf Mao-Figuren und heroische Solda-
tengruppen. Seit den zwanziger Jahren zeigten sich die Maler auch an der
Porzellanmalerei interessiert, aber das Bemühen war vor allem darauf gerich-
tet, die Qualitätsstandards aufrechtzuerhalten, als der Handel sich erweiterte.
Gegenwärtig gibt es einen Stab von Künstlern, der neben dem traditionellen
Malstil auch die westlichen Techniken beherrscht. Mit zunehmender Han-
delsfreiheit wurden auch die Künstler beweglicher. Die modernen Maler or-
ganisierten ihre Verkäufe häufig auf eigene Faust und machten sich die Vor-
teile zunutze, die sich aus der Möglichkeit zu reisen ergeben.

Befreit von strenger ideologischer Überwachung, begannen die Künstler seit
den frühen achtziger Jahren voller Enthusiasmus mit den vielen Medien, die
ihnen zur Verfügung standen, zu experimentieren. Daraus resultierte unter an-
derem ein sozialkritischer Expressionismus, der sich einerseits bitter, ande-
rerseits auch melancholisch gefühlvoll äußerte. Mit der Zeit wurde die Kritik
scharfsinniger, der Stil gewagter und der Bildinhalt persönlicher im Aus-
druck. Die Akademien begannen, neue Kunstrichtungen zu erkunden, wie
Aktionen und Installationen. Und sie veranstalteten Ausstellungen zeitgenös-
sischer Arbeiten, die in Ost und West gezeigt wurden. Nicht selten war daraus
auch eine kritische Stellungnahme zur zeitgenössischen Situation abzulesen,
ein charakteristisches Merkmal der Kunstszene im modernen China, das
ebenso in den Bereichen Film, Photographie, Drama und Musik offenbar
wird und eine enge Verbindung der chinesischen Künstler zur zeitgenössi-
schen Kunst in Japan und anderen asiatischen Ländern erkennen läßt. In jüng-
ster Zeit scheinen sich alle Entwicklungen zu beschleunigen. Der traditionel-
le Stil wird zwar als wichtig eingeschätzt, ist aber nicht vorherrschend. Die
Farbe ist zu einem sehr wichtigen Element der Malerei geworden, aber die
stimmungsmalerischen europäischen Farben treten zurück gegenüber den
wildromantischen Farben Indiens und Südostasiens. Figürliche Darstellun-
gen sind wichtig und bestimmen häufig den Bildinhalt. Der abstrakte Stil, der
von vielen Exilchinesen gepflegt wird, muß in China selbst noch erprobt wer- 160
den. Gegen Ende dieses ereignisreichen Jahrhunderts erlebt die chinesische
Kunstszene eine neue Herausforderung durch fremde Ideen und Techniken
und begegnet ihnen mit vielversprechender Vitalität.

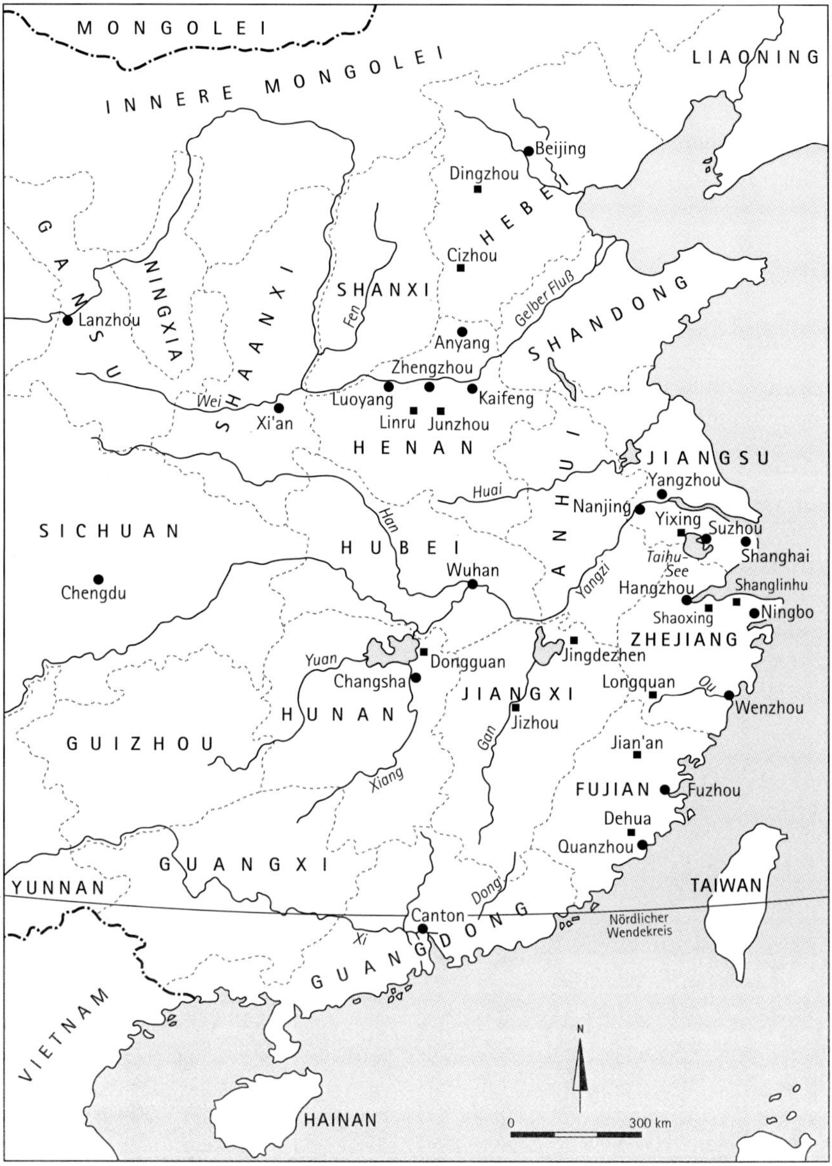

1 China: Provinzen und wichtigste Keramikzentren

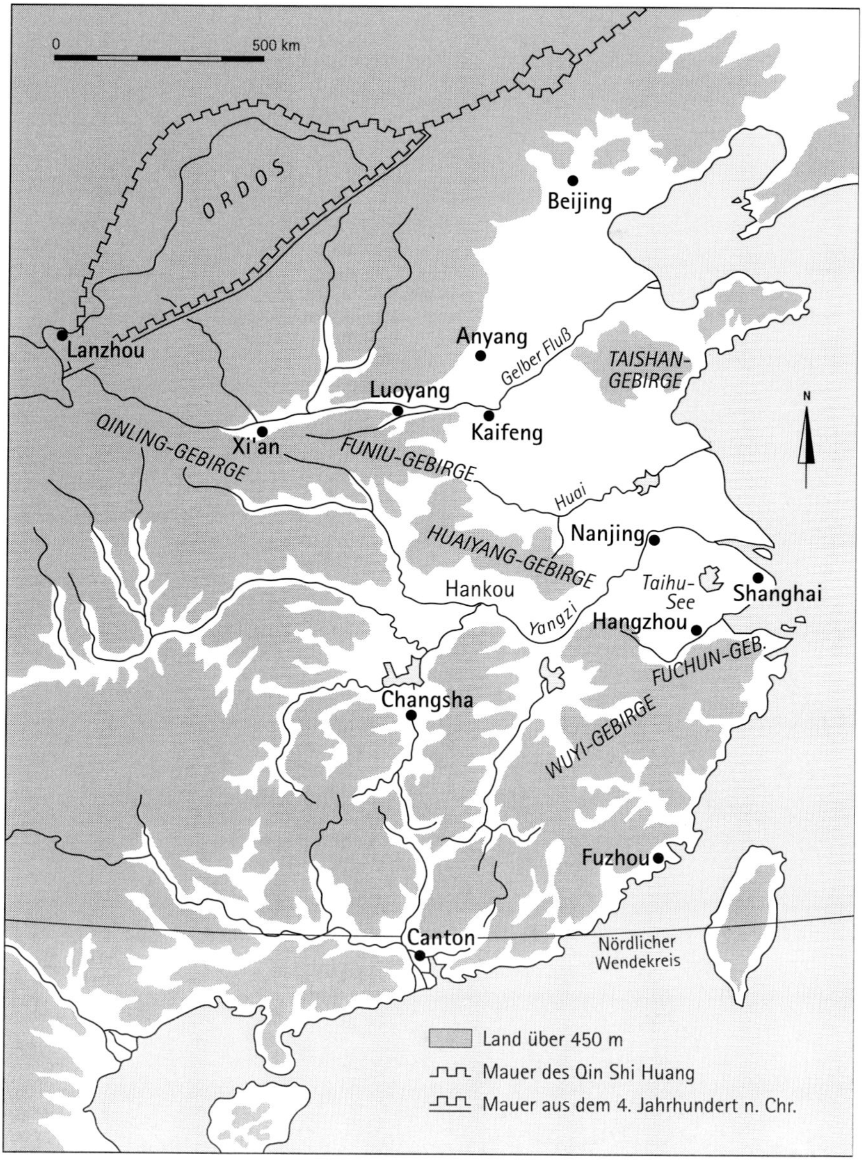

2 Reliefkarte von China

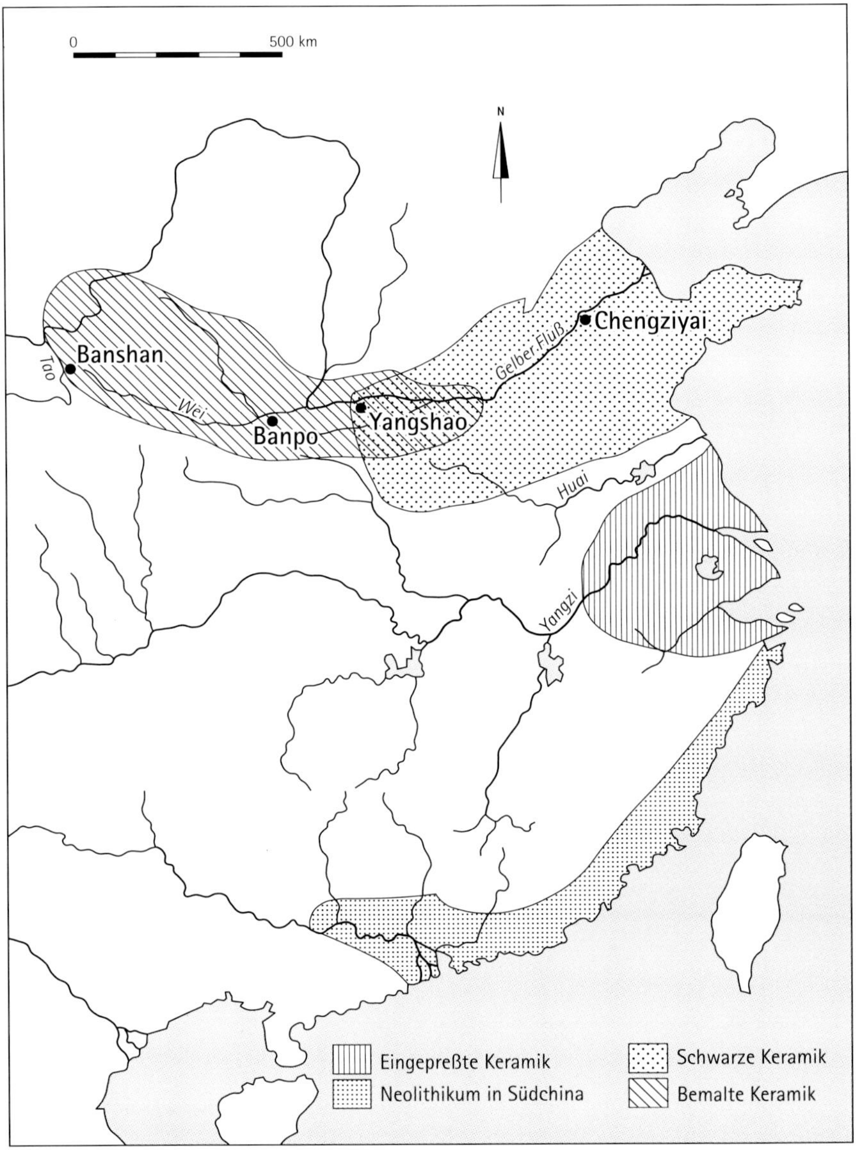

3 Hauptsiedlungsgebiete des Neolithikums

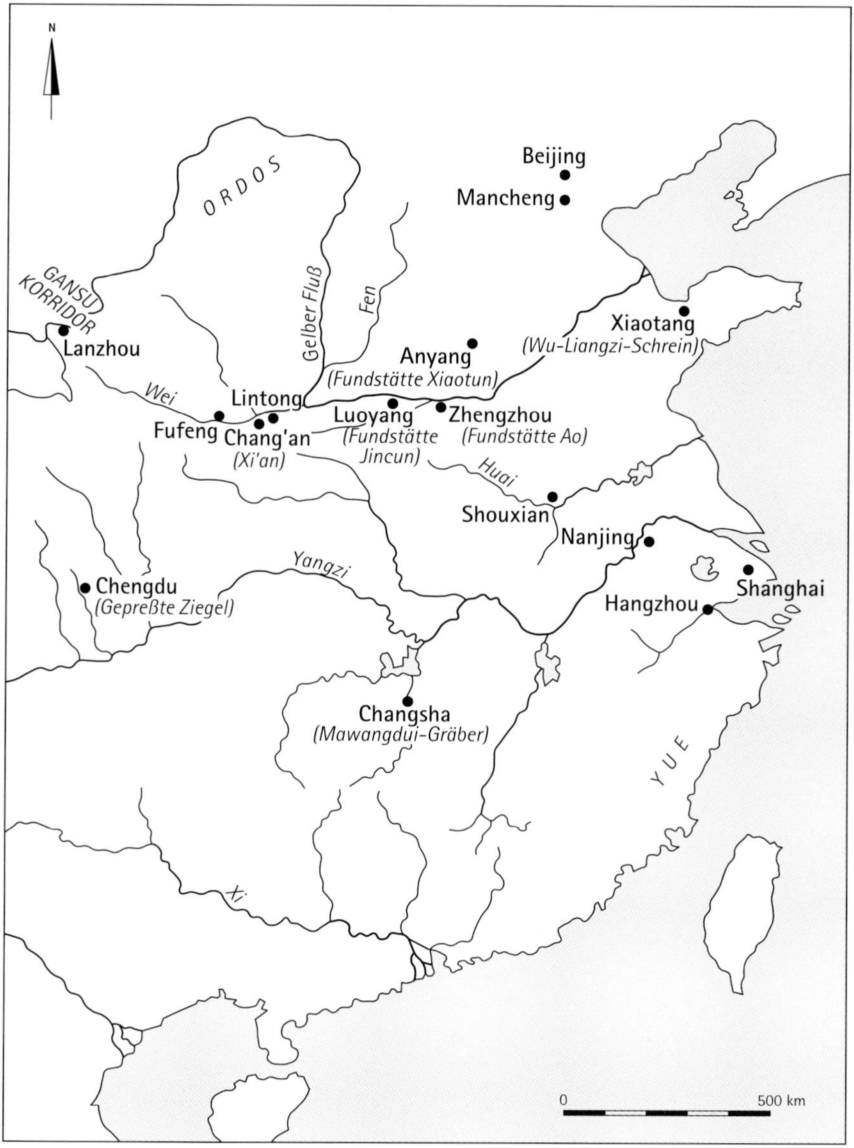

4 Fundstätten der Bronzezeit und der Han-Dynastie

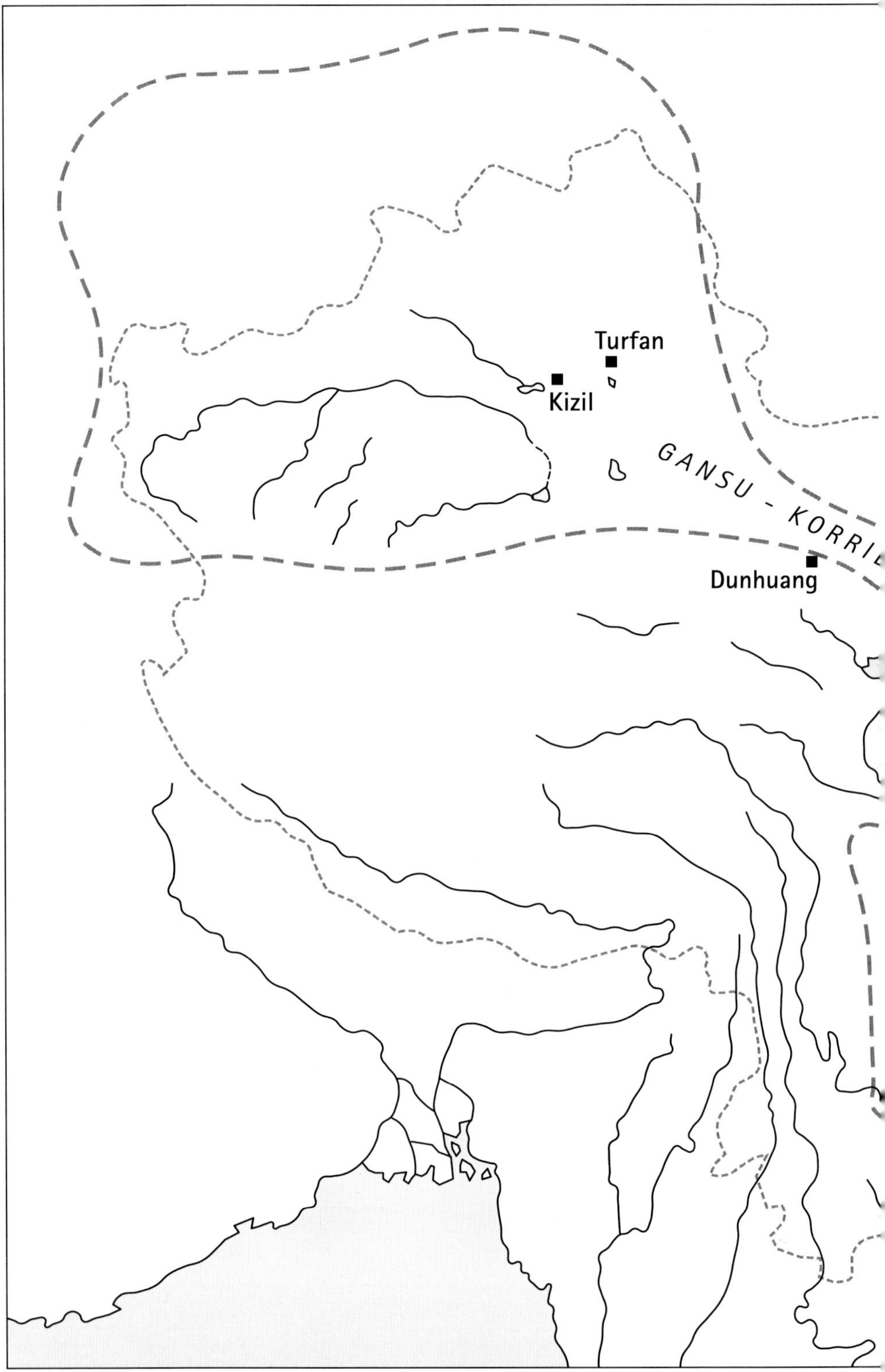

Turfan
Kizil
GANSU - KORRI
Dunhuang

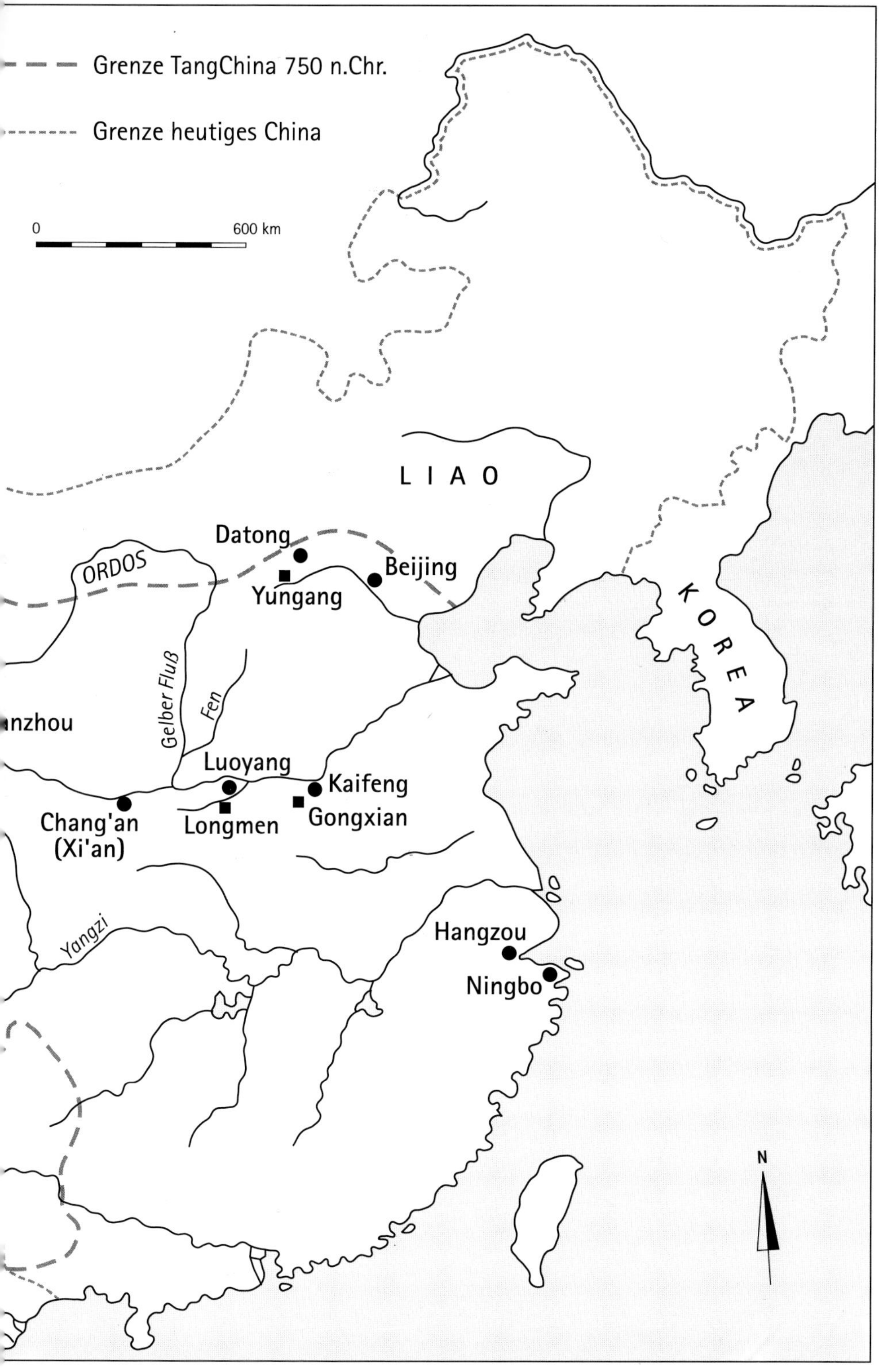
Grenze TangChina 750 n.Chr.
Grenze heutiges China
0
600 km
LIAO
KOREA
ORDOS
Datong
Yungang
Beijing
Gelber Fluß
Fen
nzhou
Luoyang
Kaifeng
Chang'an
(Xi'an)
Longmen
Gongxian
Yangzi
Hangzou
Ningbo
N

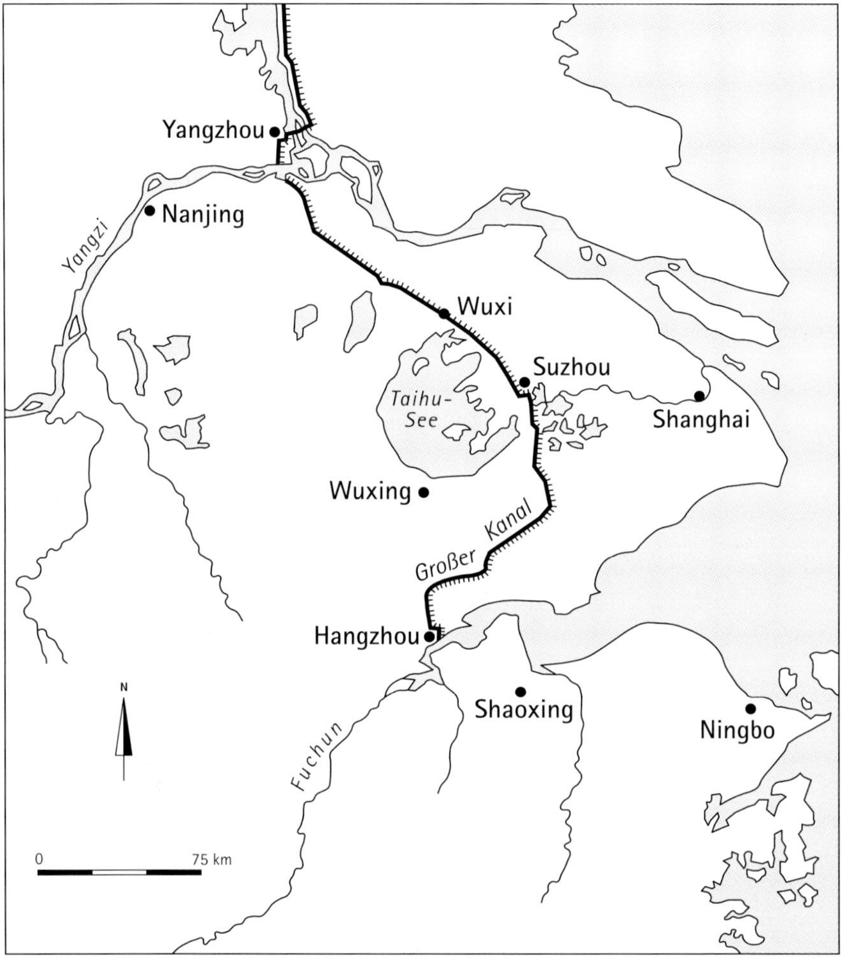

6 Jiangnan-Region

Abbildungsverzeichnis

lery – Atkins Museum, Kansas City, Missouri (Nelson Fund).

33 Geschnitzte Scheibe aus grünem Jade. Typus *bi*. Vermutlich 8. Jahrhundert v. Chr. Durchmesser 24,5 cm. Seattle Art Museum.

34 Topf aus grauem Steinzeug mit leichter, gelblicher Glasur. Aus der nördlichen Zhejiang-Region. 4. Jahrhundert v. Chr. Höhe 27,9 cm. Ashmolean Museum, Oxford.

35 Agraffe mit Tiger und Baum aus Bronze. Ordos-Stil. 4.–3. Jahrhundert v. Chr. 6,2 x 9,9 cm. British Museum, London.

36 Kanzlei- oder Beamtenschrift *(lishu)*. Tusche auf Holz. Aus Yumen, Gansu. 100 n. Chr. 12 x 6,5 cm. British Museum, London

37 Begräbnisgefäße aus der Gansu-Region. 3.–2. Jahrtausend v. Chr. British Museum, London.

38 Bronzegefäß. Typus *jue*. 13.–12. Jahrhundert v. Chr. Höhe 21,6 cm. Ashmolean Museum, Oxford.

39 Bemalter Ziegel von einem Fries aus einem Grab in der Nähe von Luoyang (Ausschnitt). Han-Zeit. 19 x 35 cm. Museum of Fine Arts, Boston.

40 Zeichnung des Seelenbanners aus den Mawangdui-Gräbern, Changsha, Mitte 2. Jahrhundert v. Chr. Volksrepublik China.

41 Unterer Teil des Mawangdui-Banners. Mitte 2. Jahrhundert v. Chr. Volksrepublik China.

42 Rückseite eines Bronzespiegels mit kosmischen Motiven. Han-Zeit. Durchmesser 14 cm. Barlow Collection, University of Sussex. Foto Jeff Teasdale.

43 Steinrelief eines Konzerts in einem Palast. Aus einer Begräbnishalle in Jingpingxian. Shandong. Um 114 n. Chr. Metropolitan Museum of Art, New York (Rogers Fund, 1920).

44 Schlachtenszene auf einer Brücke (Ausschnitt). Tuschabreibung eines Steinreliefs aus dem Wu-Liangzi-Schrein, Shandong. 147–168 n. Chr. Foto mit Genehmigung der School of Oriental and African Studies, London.

45 Tuschabreibung eines gepreßten Ziegels von Chengdu, Sichuan, der Jagd- und Ernteszenen zeigt. Späte Han-Zeit. Höhe 42 cm. Volksrepublik China.

46 Gepreßter Ziegel aus Chengdu, Sichuan, der einen Lehrer mit Schülern zeigt. Späte Han-Zeit. Sichuan Provincial Museum.

47 Stehende Grabfigur eines Dieners aus grauem Steinzeug. Wahrscheinlich Han-Zeit. Höhe 76,2 cm. Ashmolean Museum, Oxford.

48 Unglasiertes Grabmodell eines Bauernhauses aus Ton. Aus Canton. Han-Zeit. Höhe 23,5 cm. Ashmolean Museum, Oxford.

49 Ringer- oder Akrobatenpaar aus gegossener Bronze. Späte Zhou-Zeit oder frühe Han-Zeit. 15,3 x 15,3 cm. British Museum, London.

50 Spiegelbehälter aus vergoldeter Bronze. Typus *lian*. Han-Zeit. Deckelbreite 17,8 cm. Victoria and Albert Museum, London.

51 Räuchervase in Form eines Berges. Bronze mit Gold- und Silberintarsien. Aus dem Grab des Prinzen Liu Sheng, Mancheng, Hebei. Spätes 2. Jahrhundert v. Chr. Höhe 26 cm. Volksrepublik China.

52 Öllampe in Form einer knienden Dienerin. Vergoldete Bronze. Aus dem Grab der Prinzessin Dou Wan, Mancheng, Hebei. Um 2. Jahrhundert v. Chr. Höhe 48 cm. Volksrepublik China.

53 Großer Vorratskrug aus Steinzeug mit eingeschnittener Verzierung und grüner Glasur. Han-Zeit. Höhe 58,4 cm. Ashmolean Museum, Oxford.

54 Bronzepferd auf einer fliegenden Schwalbe. Aus Wuwei, Gansu. Han-Zeit. 35,4 x 45 cm. Volksrepublik China.

55 Projektionszeichnung und Pläne des Horyuji, Nara, Japan. 7. Jahrhundert. Aus: R. T. Paine u. A. Soper, »The Art and Architecture of Japan«, Harmondsworth 1974.

56 Schnittzeichnung und Vorderansicht der Foguangsi-Halle auf dem Berg Wutai. Mitte 9. Jahrhundert. Aus: L. Sickman und A. Soper, »The Art and Architecture of China«, Harmondsworth 1968.

57 Teilansicht des Gesimsgebälks und der Traufkante der Foguangsi-Halle. Aus: L. Sickman und A. Soper, »The Art and Architecture of China«, Harmondsworth 1968.

58 Höhle Nr. 428 in Dunhuang, Gansu. 5. Jahrhundert.

59 Ansicht einzelner Höhlen in Yungang, Shaanxi. Foto mit Genehmigung von Lawrence Sickman.

60 Kolossalbuddha mit Bodhisattva aus rotem Sandstein, Yungang. Höhe Kolossalbuddha 13,7 Meter. Um 460–470. Foto: British Museum, London.

61 Sitzender Buddha mit Bodhisattva im Shikusi, Yungang. 460–494. Foto: Werner Forman Archive.

62 Teilansicht eines Reliefs aus Höhle Nr. 6, Yungang. 2. Hälfte 5. Jahrhundert. Foto: Werner Forman Archive.

63 Himmlischer Musikant, Skulptur aus grauem Kalkstein. Vermutlich Longmen, Henan. Frühes 6. Jahrhundert. Höhe 64,1 cm. Victoria and Albert Museum, London.

64 Das Paradies des Amitabha. Malerei auf Seide aus Dunhuang. 8. Jahrhundert. 139 x 101,7 cm. British Museum, London.

65 Ausschnitt der Wandmalereien in der Grabkammer Prinzessin Yong Tais (Ausschnitt), nahe Chang'an. 706. Höhe 192 cm.

66 Der Kolossalbuddha des Fengxiansi-Tempels, Longmen, Henan. 672 und 675. Höhe des Buddhas 15,2 Meter. Foto: Werner Forman Archive.

67 Zentrale Lotusblüte des Lianhuadong, Longmen. 6. Jahrhundert. Foto: Werner Forman Archive.

68 *Die Reise des Kaisers Ming Huang nach Shu*. Farbe auf Seide. Original: 8. Jahrhundert. Spätere Kopie. 55,9 x 81 cm. Collection of National Palace Museum, Taibei, Taiwan. Republik China.

69 Stehender Buddha mit Jüngern, Bingyangdong, Longmen. Um 523. Foto: Werner Forman Archive.

70 Stehender Kolossalbuddha des Amitabha, Marmor. Aus Xiangbei nahe Dingzhou, Hebei. 585. Höhe 548,6 cm. British Museum, London.

71 Bodhisattva-Torso ohne Kopf, Marmor. Aus Longyanshan, Baoding, Hebei. Um 670. Höhe 185,4 cm.

72 Ausschnitt einer Gravierung auf einem Sarkophag aus Kalkstein. Um 525. 62,2 x 223,5 cm. Nelson Gallery – Atkins-Museum, Kansas City, Missouri.

73 Gu Kaizhi (um 344–406). *Die Nymphe vom Luo-Fluß* (Ausschnitt). Handrolle, Tusche und Farbe auf Seide. Spätere Kopie. Höhe 53,6 cm. British Museum, London.

74 Gu Kaizhi (um 344–406), *Ermahnungen an die Hofdamen* (Ausschnitt). Handrolle. Rote und schwarze Tusche auf Seide. 25 x 347 cm. British Museum, London.

75 Teller aus Steinzeug mit dreifarbiger Bleiglasur. 8. Jahrhundert. Durchmesser 35,5 cm. Victoria and Albert Museum, London.

76 Vase vom Keramiktyp *ru* mit Kupferrand. 12. Jahrhundert. Höhe 25 cm. Percival David Foundation of Chinese Art, London.

77 Zhao Mengfu (1254–1322), *Herbstfarben über den Bergen Qiao und Hua* (Ausschnitt). Handrolle. Tusche und leichte Kolorierung auf Papier. 1295. Höhe 28,4 cm. Collection of National Palace Museum, Taibei, Taiwan, Republik China.

78 Abreibung einer Steingravierung auf dem Sarkophag der Prinzessin Yong Tai, Chang'an. 706. 136 x 81 cm.

79 Bodhisattva, auf einer Wolke fliegend. Tuschmalerei auf Hanf. 8. Jahrhundert. 132 x 137,2 cm. Shosoin, Nara, Japan.

80 Wassergefäß Typ *yue*. Aus Shanglinhu, Zhejiang. 10. Jahrhundert. Höhe 8,3 cm. Ashmolean Museum, Oxford.

81 Eingebuchteter Krug aus der weißen Keramik des Nordens. Vermutlich aus der Dingzhou-Region. 10. Jahrhundert. Höhe 21,6 cm. Ashmolean Museum, Oxford.

82 Schüsselpaar mit Deckel aus Silber mit ziselierter Goldverzierung. Um 750–850. Durchmesser 24,1 cm. Seattle Art Museum (Eugene Fuller Memorial Collection).

83 Blattförmige Spiegelrückseite aus Bronze mit Silberdekor und Goldintarsien. Mitte 8. Jahrhundert. Mit Genehmigung der Smithsonian Institution, Freer Gallery of Art, Washington D. C.

84 Pilgerflasche aus Steinzeug mit brauner Glasur und gegossenem Dekor. Mitte 8. Jahrhundert. 21,9 x 19 cm. Victoria and Albert Museum, London.

85 Fragment eines Seidentuchs mit Muster, zwei Weintrinker darstellend. Aus Astana, nahe Turfan, Xiniang. 8. Jahrhundert. Breite 12,8 cm. Volksrepublik China.

86 Grabmodell eines gesattelten Kamels mit cremefarbener, grüner und gelber Glasur. 8. Jahrhundert. Höhe 82,5 cm. British Museum, London.

87 Ausschnitt einer Landschaft in Lackmalerei auf der Vorderseite einer *pipa,* eines lautenähnlichen Instruments. Breite ungefähr 22,2 cm. 8. Jahrhundert. Shosoin, Nara, Japan.

88 Dong Yuan (um 947–970), *Regenbeschwörung*. Tusche und leichte Kolorierung auf Seide. 156,8 x 161,3 cm. Collection of National Palace Museum, Taibei, Taiwan, Republik China.

89 Zhu Ran (um 947–980). *Auf der Suche nach dem Tao in den Herbsttagen*. Tusche auf Seide. 156,2 x 78,1 cm. Collection of National Palace Museum, Taibei, Taiwan, Republik China.

90 Fan Kuan (um 950–1050), *Reisende zwischen Strömen und Bergen*. Tusche und leichte Kolorierung auf Seide. 154,9 x 74,3 cm. Collection of National Palace Museum, Taibei, Taiwan, Republik China.

91 Guo Xi (um 1020–1090), *Zeitiges Frühjahr.* 158 x 108,7 cm. Collection of National Palace Museum, Taibei, Taiwan, Republik China.

92 Xu Daoning (11. Jahrhundert), *Fischen in einem Bergfluß* (Ausschnitt). Handrolle, Tusche auf Seide. 48,3 x 209,6 cm. Nelson Gallery – Atkins Museum, Kansas City, Missouri.

93 Su Shi (1036–1101), *Tag des erloschenen Herdfeuers*. Tusche auf Papier. Ausschnitt eines Gedichts, gemalt und verfaßt von Su Shi.

94 Blattförmige Schale, Ding-Keramik. 11.–12. Jahrhundert. Durchmesser 20,3 cm. Ashmolean Museum, Oxford.

95 Blaßblau glasierter Teller aus lederfarbenem Steinzeug, *jun*-Keramik. 12. Jahrhundert. Durchmesser 17,1 cm. Ashmolean Museum, Oxford.

96 Birnenförmige Vase aus Steinzeug mit fast schwarzer Glasur. Vermutlich aus Henan. 12.–13. Jahrhundert. Höhe 27 cm. Ashmolean Museum, Oxford.

97 Nackenstütze aus Steinzeug. Cizhou-Ware. 12. Jahrhundert. Höhe x Breite x Tiefe 15,2 x 43,2 x 17,1 cm. Victoria and Albert Museum, London.

98 Kaiser Hui Zong (1082–1135), *Fünffarbiger Papagei auf einem blühenden Aprikosenzweig*. Handrolle, Farbe auf Seide. Höhe 53 cm. Museum of Fine Arts, Boston (Maria Antoinette Evans Fund).

99 Zhang Zeduan (spätes 11. bis frühes 12. Jahrhundert). *Flußaufwärts zum Frühlingsfest* (Ausschnitt). Handrolle, Tusche und leichte Kolorierung auf Seide. Höhe 25,5 cm. Collection of Palace Museum, Beijing.

100 Xia Gui (1180–1230). *Reinheit und Weite von Berg und Strom* (Ausschnitt). Handrolle, Tusche auf Papier. Höhe 46,5 cm. Collection of National Palace Museum, Taibei, Taiwan, Republik China.

101 Ma Yuan (1190–1225). *Spaziergang im Frühling* (Ausschnitt). Albumblatt, Tusche und leichte Kolorierung auf Seide. Höhe 27,4 cm. Collection of National Palace Museum, Taibei, Taiwan, Republik China.

102 Ma Lin (frühes 13. Jahrhundert), *Warten auf Gäste im Lampenschein.* Albumblatt, Tusche und leichte Kolorierung auf Seide. 24,8 x 25 cm. Collection of National Palace Museum, Taibei, Taiwan, Republik China.

103 Mu Qi (aktiv 1269), *Weiß gekleideter Guanyin.* Tusche auf Seide. 142 x 96 cm. Daitokuji, Kyoto, Japan. Foto mit Genehmigung der School of Oriental and African Studies, London.

104 Mu Qi (aktiv 1269), *Dattelpflaumen.* Tusche auf Papier. 36,2 x 38,1 cm. Daitokuji, Kyoto, Japan

105 Liang Kai (um 1140–1210), *Chan-Priester.* Tusche auf Papier. 48,7 x 27,6 cm. Collection of National Palace Museum, Taibei, Taiwan, Republik China.

106 Porzellanschale mit eingepreßtem Dekor, Yingqing-Keramik. Aus Jingdezhen. 13.–14. Jahrhundert. Durchmesser 17,1 cm. Ashmolean Museum, Oxford.

107 Seladonschale mit reliefierter Lotusblume. 13. bis 14. Jahrhundert. Durchmesser 14,6 cm. Ashmolean Museum, Oxford.

108 Teeschale, Temmoku-Ware im »Hasenpelz«-Stil. Aus Jian'an, Fujian. 13.–14. Jahrhundert. Durchmesser 10,2 cm. Ashmolean Museum, Oxford.

109 Bodhisattva aus Goldbronze, Song-Zeit. Höhe 19 cm. Ashmolean Museum, Oxford.

110 Sittich auf einem Kirschzweig. Wandteppich aus gewebter Seide. 25,4 x 30,5 cm. Museum of Fine Arts, Boston.

111 Qian Xuan (um 1235–1301), *Eichhörnchen auf einem Pfirsichzweig.* Tusche und Farbe auf Papier. 26 x 43,8 cm. Collection of National Palace Museum, Taibei, Taiwan, Republik China.

112 Huang Gongwang (1269–1354), *Spaziergang in den Fuchun-Bergen* (Ausschnitt). Handrolle, Tusche auf Papier. 1350. Höhe 33 cm. Collection of National Palace Museum, Taibei, Taiwan, Republik China.

113 Wu Zhen (1280–1354), *Fischer* (Ausschnitt). Handrolle, Tusche auf Papier. 1352. 32,5 x 562,2 cm. Mit Genehmigung der Smithsonian Institution, Freer Gallery of Art, Washington D. C.

114 Ni Zan (1301–1374). *Das Rongxi-Atelier.* Tusche auf Papier. 73 x 34,9 cm. Collection of National Palace Museum, Taibei, Taiwan, Republik China.

115 Wang Meng (1308–1385), *Strohgedeckte Hallen auf dem Tai-Berg.* Tusche und Farbe auf Papier. 111,4 x 34,8 cm. Collection of National Palace Museum, Taibei, Taiwan, Republik China.

116 Teller aus Steinzeug mit Unterglasurdekor aus Eisenoxyd. Vermutlich aus Jizhou, Jiangxi. 14. Jahrhundert. Durchmesser 45,7 cm. Ashmolean Museum, Oxford.

117 Großer Porzellanteller mit blauem Unterglasurdekor. Aus Jingdezhen. Spätes 14. Jahrhundert. Durchmesser 46,4 cm. Ashmolean Museum, Oxford.

118 Birnenförmige Vase mit kupferrotem Unterglasurdekor. Aus Jingdezhen. 14. Jahrhundert. Höhe 30,5 cm. Ashmolean Museum, Oxford.

119 Porzellanfigur eines sitzenden Guanyin. Aus Jingdezhen. 1298 oder 1299. 51,4 x 30,5 x 19,7 cm. Nelson Gallery – Atkins Museum, Kansas City, Missouri.

120 Die Verbotene Stadt, Beijing. Blick auf einen der Innenhöfe des Palastes. Baubeginn 15. Jahrhundert. Foto: Werner Forman Archive.

121 Die Verbotene Stadt, Beijing. Blick auf den Kanal und den überdachten Gang zu den Haupthallen. Baubeginn 15. Jahrhundert. Foto: Werner Forman Archive.

122 Der Himmelstempel nahe Beijing. Späte Qing-Zeit. Foto: Russel A. Thompson.

123 Das Innere der Zeremonienhalle bei den Ming-Gräbern außerhalb Beijings. Baubeginn 15. Jahrhundert. Foto: Werner Forman Archive.

124 Marmorkamele auf dem »Weg der Seelen«, einer Allee, die zu den Ming-Gräbern in Nanjing führt. Foto: Werner Forman Archive.

125 Dai Jin (1388–1452), *Heimkehr am Abend* (Ausschnitt). Hängerolle, Tusche und leichte Kolorierung auf Seide. 187 x 92 cm. Collection of National Palace Museum, Taibei, Taiwan, Republik China.

126 Wang Fu (1362–1416), *Abschied bei Fengcheng.* Tusche auf Papier. 91,4 x 31 cm. Collection of National Palace Museum, Taibei, Taiwan, Republik China.

127 Shen Zhou (1427–1509), *Der Poet auf dem Felsen.* Albumblatt, Tusche auf Papier. 38,7 x 60,3 cm. Nelson Gallery – Atkins Museum, Kansas City, Missouri.

128 Wen Zhengming (1470–1559), *Erhebende Mußestunde auf einem steilen Kliff* (Ausschnitt). Große Hängerolle, Tusche und Farbe auf Papier. 148,9 x 177,9 cm. Collection of National Palace Museum, Taibei, Taiwan, Republik China.

129 Zhou Chen (spätes 15. Jahrhundert), *Unsterblichkeitstraum eines taoistischen Gelehrten* (Ausschnitt). Handrolle, Tusche und leichte Kolorierung auf Papier. Höhe 28,3 cm. Mit Genehmigung der Smithsonian Institution, Freer Gallery of Art, Washington D. C.

130 Qiu Ying (um 1494–1552), *Fischerboot an einem Weidenufer.* Farbe auf Seide. 102,9 x 47,2 cm. Collection of National Palace Museum, Taibei, Taiwan, Republik China.

131 Chen Hongshou (1599–1652) *Die Hofdame Xuan erteilt Unterricht in klassischer Literatur* (Ausschnitt). Farbe auf Seide. 188 x 55,6 cm. Cleveland Museum of Art (Mr. and Mrs. William H. Marlatt Fund).

132 Stehender Guanyin mit einem Fischkorb. Weißes

Porzellan. Aus Dehua, Fujian, 17. Jahrhundert. Höhe 40,6 cm. Ashmolean Museum, Oxford.

133 Dong Qichang (1555–1636), *Landschaft*. Tusche auf Papier. 95,5 x 41,3 cm. British Museum, London.

134 Wang-Shiyuan-Garten, Suzhou. 16. Jahrhundert. Foto: Peter Hayden.

135 Badashanren (Zhu Da) (1626–1705), *Landschaft nach Dong Yuan*. Tusche auf Papier. 180 x 93,5 cm. Östasiatiska Museet, Stockholm.

136 Shi Tao (1630–1707), *Pfirsichblüte im Frühling*. Handrolle, Tusche auf farbigem Papier. 25 x 157,8 cm. Mit Genehmigung der Smithsonian Institution, Freer Gallery of Art, Washington D. C.

137 Deckeldose aus roter Lackschnitzerei mit ornamentierten Kamelienzweigen. 1. Hälfte 15. Jahrhundert. Durchmesser 22,2 cm. Victoria and Albert Museum, London.

138 Bian Wenjin (um 1400–1430), *Drei Freunde und einhundert Vögel*. Tusche und Farbe auf Seide. 151,3 x 78,1 cm. Collection of National Palace Museum, Taibei, Taiwan, Republik China.

139 Kun Can (um 1610–1693), *Herbstlandschaft*. Handrolle. Tusche und leichte Kolorierung auf Papier. 1666. 31,4 x 64,1 cm. British Museum, London.

140 Mondförmige Flasche aus Blau-Weiß-Porzellan. Aus Jingdezhen. 15. Jahrhundert. Höhe 30,7 cm. Percival David Foundation of Chinese Art, London.

141 Porzellanschüssel mit Überglasurdekor. Aus Jingdezhen. 16. Jahrhundert. Durchmesser 22 cm. Percival David Foundation of Chinese Art, London.

142 Wang Yuanqi (1642–1715), *Ansicht des Hua-Berges*. Tusche und leichte Kolorierung auf Papier. 1693. 115,9 x 49,7 cm. Collection of National Palace Museum, Taibei, Taiwan, Republik China.

143 Blattförmige Porzellanschüssel vom »famille verte«-Typ. Aus Jingdezhen. Frühes 18. Jahrhundert. Durchmesser 16,5 cm. Ashmolean Museum, Oxford.

144 Kleine Porzellanvase vom »famille rose«-Typ. Mitte 18. Jahrhundert. Höhe 17,8 cm. Ashmolean Museum, Oxford.

145 Blau-Weiß-Porzellanvase in Form einer europäischen Glasflasche. Aus Jingdezhen. Mitte bis spätes 17. Jahrhundert. Höhe 24,1 cm. Ashmolean Museum, Oxford.

146 Tasse und Untertasse aus Bronze mit »Canton«-Emailledekor. 18. Jahrhundert. Durchmesser Untertasse 14,6 cm. Ashmolean Museum, Oxford.

147 Giuseppe Castiglione (1688–1766), *Tributpflichtige Kasachen präsentieren Pferde vor Kaiser Qian Long* (Ausschnitt). Handrolle, Tusche und Farbe auf Papier. 45 x 267 cm. Musée Guimet, Paris. Foto: Musées Nationaux, Paris.

148 Mei Qing (1623–1697), *Landschaft im Stile Jong Haos und Guan Tongs*. Albumblatt, Tusche und Farbe auf Papier. 28,6 x 44 cm. Cleveland Museum of Art (John L. Severance Fund).

149 Hua Yan (1682–1755), *Gespräche im Herbst*. Tusche und Farbe auf Papier. 115,3 x 39,7 cm. Cleveland Museum of Art. (John L. Severance Fund).

150 Gao Qipei (um 1672–1754), *Die vier Jahreszeiten* (Ausschnitt). Handrolle, Tusche und Farbe auf Papier. Höhe 22,2 cm. Ashmolean Museum, Oxford.

151 Ren Bonian (1840–1895), *Hibiskus und fliegende Königsfischer*. Tusche und Farbe auf Papier. 1894. 65,6 x 46 cm. Ashmolean Museum, Oxford.

152 Qi Baishi (1863–1957), *Chrysantheme und Biene*. Bildvorlage für einen Fächer. Farbe auf Papier. 19 x 55,9 cm. Ashmolean Museum, Oxford.

153 Li Hua (geb. 1907), *Das Toben der Flut I*. Farblithographie auf Papier. 19,5 x 27 cm. British Museum, London.

154 Wu Changshi (1844–1927), *Felsen und Blumen*. Tusche und Farbe auf Papier. 1918. 157 x 80 cm. Privatbesitz.

155 Porzellanvase mit Dekor in Rosa, Gold und Schwarz. Aus Jingdezhen. Spätes 19. oder frühes 20. Jahrhundert. Höhe 41,9 cm. Ashmolean Museum, Oxford.

156 Seidengewand mit Schmetterling- und Blumenmuster, entworfen für die Kaiserin Ci Xi. Spätes 19. oder frühes 20. Jahrhundert. Royal Ontario Museum, Toronto.

157 Li Keran (1907–1989), *Landschaft nach einem Gedicht des Vorsitzenden Mao*. Tusche und leichte Kolorierung auf Papier. Sechziger Jahre. 70 x 46,25 cm. C. A. Drenowatz Collection, Museum Rietberg, Zürich.

158 Fu Baoshi (1904–1965), *Berglandschaft*. Tusche und Farbe auf Papier. 1944. 109,5 x 61,3 cm. Ashmolean Museum, Oxford.

159 Cheng Shifa (geb. 1921), *Zhong Kuei, der Dämonenbezwinger*. Tusche und Farbe auf Papier. Undatiert. 103,2 x 68,5 cm. Ashmolean Museum, Oxford.

160 Irene Zhou Lüyun (geb. 1924), *Umlaufbahn*. Tusche und chinesische Farben auf Papier. 91,4 x 182,9 cm. Collection Paul. W. Cheng. Foto überlassen von Susan Munro, Hongkong.

161 Zhang Xiaogang (geb. 1958), *Blutsverwandt: Ein Familienporträt*. Öl auf Leinwand. 1993. 100 x 130 cm. Collection of the Fukuoka Museum of Contemporary Art, Japan.

Register

Welt der Kunst

Melissa McQuillan
Van Gogh
ISBN 3-7852-8423-3

Belinda Thomson
Gauguin
ISBN 3-7852-8405-5

Lawrence Gowing
Matisse
ISBN 3-7852-8406-3

Timothy Hilton
Picasso
ISBN 3-7852-8404-7

Frank Whitford
Egon Schiele
ISBN 3-7852-8420-9

John Russell
Francis Bacon
ISBN 3-7852-8422-5

Alan Bowness
Die Kunst der Moderne
ISBN 3-7852-8418-7

Edward Lucie-Smith
Erotik in der Kunst
ISBN 3-7852-8402-0

Frank Willett
Afrikanische Kunst
ISBN 3-7852-8419-5

Mary Tregear
Chinesische Kunst
ISBN 3-7852-8421-7

Wally Caruana
Die Kunst der Aborigines
ISBN 3-7852-8403-9

Edward Lucie-Smith
Die Kunst Lateinamerikas im 20. Jahrhundert
ISBN 3-7852-8401-2

LICHTENBERG